THE RISE AND SPLENDOUR
OF THE CHINESE EMPIRE

伟大的历史

中华民族五千年的兴盛与辉煌

［法］勒内·格鲁塞◎著　秦传安◎译

江苏人民出版社

图书在版编目(CIP)数据

伟大的历史：中华民族五千年的兴盛与辉煌 /(法)格鲁塞著；秦传安译. -- 南京：江苏人民出版社，2015.4
ISBN 978-7-214-15355-5

Ⅰ. ①伟… Ⅱ. ①格… ②秦 Ⅲ. ①中国历史 Ⅳ. ①K20

中国版本图书馆 CIP 数据核字(2015)第 082039 号

书　　　名	伟大的历史——中华民族五千年的兴盛与辉煌
著　　　者	【法】格鲁塞
译　　　者	秦传安
责 任 编 辑	朱　超
装 帧 设 计	异　一
版 式 设 计	张文艺
出 版 发 行	凤凰出版传媒股份有限公司 江苏人民出版社
出版社地址	南京市湖南路1号A楼，邮编：210009
出版社网址	http://www.book-wind.com http://jsrmcbs.tmall.com
经　　　销	凤凰出版传媒股份有限公司
印　　　刷	北京中印联印务有限公司
开　　　本	718毫米×1000毫米 1/16
印　　　张	22
字　　　数	198千字
版　　　次	2015年8月第1版　2015年8月第1次印刷
标 准 书 号	ISBN978-7-214-15355-5
定　　　价	38.00元

目录

第 1 章　华夏肇始 …………………… 001
第 2 章　先民的扩张 ………………… 015
第 3 章　封建制度与侠士精神 ……… 021
第 4 章　先圣前贤 …………………… 027
第 5 章　诸侯争霸 …………………… 039
第 6 章　天下一统 …………………… 045
第 7 章　大风歌起 …………………… 053
第 8 章　匈奴的没落 ………………… 061
第 9 章　文人治国 …………………… 071
第10章　丝绸之路 …………………… 079
第11章　佛教传入中国 ……………… 093
第12章　汉代的盛衰 ………………… 103
第13章　三国鼎立 …………………… 113
第14章　南北纷争 …………………… 123
第15章　北魏的艺术 ………………… 133
第16章　又见长安 …………………… 141

第17章	中国西进	147
第18章	武皇开边	169
第19章	大时代	179
第20章	社会危机	199
第21章	宋代与改革的难题	207
第22章	一路南迁	221
第23章	生活的优雅	229
第24章	中国思想的结晶	245
第25章	世界征服者	259
第26章	一张大版图	269
第27章	欧洲人的寻梦	287
第28章	民族的救赎	299
第29章	1644年的大戏	315
第30章	最后的王朝	323

译后记 346

第 1 章

华夏肇始

第一章 华夏肇始

亚洲文明是众多美索不达米亚之类的大冲积平原的产物，这些地方，土壤的天然肥沃激发了人的农业才能。这就是巴比伦在西亚的情形，也是中国的"中原"在东亚的情形。

这片大平原，从北方的北京到南方的淮河，从西部洛阳的通衢大道到东部山东的崇山峻岭，覆盖范围超过12万5千平方英里，面积比英格兰和爱尔兰还要大。按照希罗多德的说法，埃及是"尼罗河的馈赠"，同样，中原也是黄河及其支流的馈赠。"在相对晚近的时期里——我们是在地质学家所赋予的意义上来使用这个说法——这块平原是一片海湾，大海的波涛冲刷着山西的绝壁悬崖，而今天的山东半岛，当时还是一座岛屿。"从远古时期起，黄河就从更远的西部黄土高原携带着巨大的泥土冲积层滚滚而下，把它们堆积到这一区域，因此创造了一片非常肥沃的冲积土。作为这一泥土沉积物不断积累的结果，大海被阻挡住了，海岸线不断向东延伸；这个过程今天依然在继续。就这样，年复一年，泥浆抬升了黄河的河床，两岸的居民不得不相应地筑高他们的堤坝，结果，这条大河流到下游的时候已经远远高出于平原之上；这是一种荒谬的情境，充满了极度的危险。

再向西，在中原的那边，绵延着层层叠叠的黄土梯田，覆盖面积超过26万平方公里，那条营养丰富的大河就是从这里发源。

这一丘陵起伏的地区，整个都被浩瀚无垠的黄土层所覆盖，它类似于阿尔萨斯黄土，是在过去数千年里被大风所堆积起来的细腻的黏土、沙粒和石灰岩的尘粉，形成了大块的整体，岁月的侵蚀把它们切割成层层梯田。总的来看，这是一块像中原一样肥沃的土地（那时候这里并不缺雨）。这里是黍稷和小麦的王国[1]。最后，还有一些广袤的区域，从北京到开封，再从开封到南京的门户，西北梯田的黄土与中原的冲积泥层在这里悄无声息地融合，组成了整个地区最肥沃的部分。在这一区域，黍稷耕作与水稻耕作[2]结合了起来，前者适合于黄土梯田，后者则更适合于淮河流域和长江[3]流域。

中华文明就是从这一地区兴起，与农业的发展携手并进，或者毋宁说，是与黍稷耕作以及后来的水稻耕作携手并进。史前时期不为人知的那几百年时间，被用来焚烧并清理覆盖着西北黄土高原的灌木丛林，被用来排干浸润着东北中央平原的沼泽湿地。《诗经》中的远古歌谣颂扬了这项劳作："载芟载柞，其耕泽泽。千耦其耘，徂隰徂畛。"还有："楚楚者茨，言抽其棘，自昔何为？我艺黍稷。"[4]在那些因为指导这种集体劳动而受到颂扬的神性英雄中，有一位是神农，他教会人们刀耕火种、使用锄头；另一位是后稷——"黍稷之王"。还有一项同样重要的劳动，要归功于传说中夏朝的创立者大禹。他通过挖沟排水的工作，从水中开拓土地，"让江河退回大海"，并增加了沟渠与河道的数量。

正是汉人的祖先们所过的这种农业和定居的生活，把他们与那些一直过着游牧打猎生活的部落区别开来，这些游牧部落，要么生活在陕西和山西北部的大草原上，要么生活在淮河与长江流域的沼泽森林里——他们大概属于同一种族血统。没有理由认为存在种族的差异，更无法想象他们是原始中国人种的移民——有人说他们来自中亚。而且，这些"野蛮"部落，环绕着远古中原的狭小领地，他们注定终有一天也要采用汉人的生活方式和思维方式。从古风时期[5]的末叶开始,他们逐渐放弃了自己的游牧生活,开始从事农业(在长江下游的游牧部落中,这个过程是自然而然的)。在东京湾[6]也是一样,如果说安南人与他们的芒族同胞有什么不同的话,那是因为他们成了海滨地区稻田的耕种者,而生活在内陆森林中的芒族人却没有尝试去学习关于农业的任何东西。

就同样的地区而言,古代中国农民的社会生活,跟今日的乡村生活并无大的不同。在大平原上,他们住在泥屋里(砖要到后来才得以使用),这些泥屋抵抗不了季风雨和侵蚀所造成的毁坏;而在黄土高原上,他们则居住在从峭壁上挖出的窑洞里,田地悬于农舍之上,窑洞的通风口有时候古怪地通到耕地的中间。蚕的饲养看来也有着非常古老的起源。如果我们可以相信《禹贡》(约公元前5世纪)中提到的经济地图的话,山东及毗邻地区就很可能一直是"桑土"[7]。除此之外,在传说中的"三皇"当中,排名第二的黄帝曾亲自教汉人养蚕,用纺织品取代他们用稻草或野兽毛皮所制成的"粗"衣。而中原农民自古以来就从灌木丛和沼泽地里开垦土地,为的是确保他们的征服地能采用一套精耕制度,这套制度在他们今天的后代中依然有效。有人写道:"中国人的农业只不过是更大规模的园艺而已。"我们可以补上一句:在中国农业的发祥地,无论是在黄土高原,还是在中原冲积地,都找不到真正意义上的林地,汉人对森林有一种憎恶感,不管是在哪里发现的。在成了这片土地的主人之后,汉人便系统地开山伐树,远远超出他们对燃料的直接需求,同时也懒得去操心如何进一步利用那些山丘,任由它们光秃秃地躺在那里。因为有西北梯田和东北辽阔低地的养育,他们根本不愿意在高地上定居。平原上的黄土就这样世世代代塑造着汉人。

没有比中国农民的生活更辛苦劳累的了。尽管他们有着顽固倔犟、不屈不挠的耐性,尽管有黄土高原和中原的天然肥沃,但他们始终听由自然环境的摆布。在干旱时节，黄土地面临饥荒的威胁，而在中原，则有黄河泛滥的危险。汉人对他们所说的"河神"怀有一种迷信色彩的畏惧，这种畏惧，佐证了远古时期的河畔居民因这位无法驾驭的邻居而感受到的恐怖。为了让河神息怒，他们总是定期向他献上童男童女作为祭品。这些大片大片的低洼地，因为缺乏造林而无力抵御洪水和干旱，这里的农民，比世界上其他任何地方的农民都更加勉强地依赖于土地。他们日常生活的秩序受到节令的控制。比其他任何农业地区都更加明显，这里的乡村生活被清楚地分割为截然不同的两个阶段：从春至秋在地里劳作，接下来就是在室内过冬。春分时节，冬天的几个月里一直躺在地里的"禁牌"被竖了起来，一个头等重要的仪式——神田的首耕，由国王亲自主持，给土地"驱神"。春分不仅预兆着土地的丰饶，而且预示着种族的繁盛。在"燕燕于归"之日，人们开始举行婚礼，这在冬天是被禁止的。在乡村，当"初雷乍响"的时候，年轻的农夫和乡村少女们便聚集到一起，唱着情歌，在田野里结合：

> 溱与洧，方涣涣兮。
> 士与女，方秉蕳兮。
> 女曰："观乎？"士曰："既且。"
> "且往观乎？"洧之外，洵訏且乐。
> 维士与女，伊其相谑，赠之以勺药。[8]

秋分时节，在举行收获庆典之后，对于村民来说，闭门不出的冬天便开始了，这其间，女人们把她们的时间都用在了纺织上。不难看出，农民的生活范式严格遵循季节的循环。汉人最初的宇宙观，尤其是把事物分为两个一般类别的原始"分类法"，很可能就来源于此，这种分类法直至现代依然在支配着所有的中国哲学体系，无一例外。早期的农民生活被严格地划分为两个时期，一是闭门不出的冬季，此时女性的工作很突出（这是纺织者的季节），另一个是农业劳作时期，主要由男人打理。按照类似的分类方法，万物被分为两种法则或形态：阴和阳，阴对应阴影、寒冷、收缩、潮湿和女性，阳对应热、膨胀和男性。这两种法则，就像它们所效仿的季节阶段一样，是互相对立的，同时又互相更改、互相引发、互相转换。它们之间的互相依存，或者统辖它们的交替与转换的秩序，就是宇宙的秩序，也是社会的秩序，或者照中国人的说法，就是"道"，这是构成后来中国一切哲学学说的一个中心概念。

中国人的原始宗教，其主要目标就是确保季节的循环与农业生活的周而复始相和谐，或者像后来所说的：天人合一。天上的秩序，由居住在大熊座的"皇天"（也称"上帝"）[9]所控制。同样，人间的秩序则由国王来保证，为了这个目的，国王被授以"天命"，这让他成为"天子"。国王的职责就是为管理农事而制定历法，用必须的献祭以及与皇天相协调的仪式活动举行季节仪式。在大祭司这个角色上，国王的首要职责就是主持新年大典，通过祭献一头红牛作为燔祭向皇天祈春。接下来就是耕神田，这是农事开始的信号。在夏天的第二个月，国王要举行另外一场献祭，伴随着祈雨，如果不成功的话，那么就要处死所有的神汉和巫婆，他们因为自己的咒语被证明毫无效果而被活活烧死。最后，在冬天快要到来的时候，国王主持弃田仪式，然后带着祭品返回冬天的住处，这一次，牺牲品是一头黑牛。这次祭祀是献给"太阳神"的，接下来的一次祭祀就是献给祖先的了。最重要的一次庆典——收获庆典——圆满结束了一个周期，全国的百姓都要参加这次庆典，饮酒狂欢，普天同庆。在每个季节，国王都要穿戴合乎季节"方位"的服饰：冬天是黑色，春天是绿色，夏天是红色，秋天是白色；这些就是他在大祭司的职位上行使职能所穿着的僧袍。在他行使五花八门的职责时,协助他的有整个卦师和法师"团队"——这些人在早期中国哲学的苦心经营中所扮演的角色稍后我们会加以分析。

除了这种"季节循环"之外,还有一种"祖先循环",这对今天的所有中国百姓来说是很平常的事,但在远古时期却只局限于贵族阶级。实际上,只有那些有理由被祖先灵魂附体的贵族,才是唯一的拥有一颗能够生存下来的灵魂的阶层。事实上,他们拥有两颗灵魂,一颗是纯粹的动物呼吸,注定要变成一种鬼,围绕着尸体盘旋;另一颗则是精神上的灵魂,死后以神怪的形式升天,但只有当其实体被子孙们的祭品所供养时才能生存。这种"祖先崇拜",本质上与日常或季节性的供奉有关,这些供奉使得死人(被他的牌位所代表)能够参与到家庭生活中来。就它的起源来说(即"地神"崇拜,在原始时期被一棵树或一块粗糙的石头所代表),同样也与这种领主宗教有关。这个神(最早的地域性的神)凶狠而残暴。马伯乐[10]说:"他喜爱祭献给他的鲜血和祭品,献祭的时候首先要用牺牲者的鲜血涂抹他的石碑。这个牺牲者通常是一头牛,不过,要是用人牲也不会让他不快。"

在人类历史上这些鸿蒙初始的时期,我们发现了一个农民社会,他们生活在中原与黄土冲积层的交汇处,在忙着清理这块远古的中国领土上的矮树丛,这是一个有着贵族阶级和君主政体的社会。那些战争领袖的存在,证明了中原农民被迫生活在这样一个国家:他们时刻要警觉地提防着周围的半游牧部落。

由这个农民社会的土地所积累起来的财富,很快就产生了一个高踞于社会顶端的奢侈阶层。尽管对于第一代王朝——夏朝——的政治历史我们实际上一无所知,但关于他们在这个遥远时期里所使用的器具,考古学最近给了我们一些蛛丝马迹,在最近7年里,关于第二个王朝——商朝(前1558?—前1050?),考古学为我们提供了一批意想不到的发现。

鉴定年代来自夏朝时期的最早考古发现，出土了一件粗糙的装饰陶器，饰有所谓的"篦纹"图案。这种装饰风格，在欧洲的俄罗斯被普遍使用，在公元前2000年至1500年之间的西伯利亚尤为著名，它的发现或许表明，这两个国家在那时候就已经存在某些联系了[11]。接着是绘制器皿的发掘，近年在河南省的仰韶和秦王寨两个村子发现了一些砖红色的陶瓷器皿，绘有一种生气饱满、笔法灵动的装饰图案，包括几组意想不到的条纹、三角、斑点、交叉线和带有睫毛的眼睛。仰韶陶器出现在大约公元前1700年，这个日期与夏朝的第二阶段是一致的。

半山陶器（这是以甘肃省内自1921年起开始发掘的一个地点命名的）的鉴定年代是公元前1500年至1400年之间，或者依据某种观点是在公元前1400年至1300年之间，这个年代与商朝的第一个时期相吻合。这些器皿是真正的艺术品，绘有红黑两色螺旋纹的华丽装饰，其装饰品质堪与爱琴海的艺术品相媲美。而且，这种可比性不仅仅是风格上的，因为类似的主题在乌克兰和罗马尼亚的史前绘制陶器中也发现过，这让人不由得猜测：它们可能是通过俄罗斯草原的通路从爱琴海传到中国西北的。但毋庸置疑，这种外来的装饰风格不可能在中国的土壤中持久扎根。在半山，除了这些"爱琴海"螺旋纹装饰之外，我们还得到了很多更简单的装饰形态（棋盘图案）的证据，这些明显是从编织物上模仿来的。这种装饰形态（本土形态）是在下一个时期（约公元前14世纪）所能发现的唯一形态（螺旋纹被抛弃了），它们是从甘肃省的马厂遗址中出土的[12]。我们在那里看到了隔行编织物图案向绘制陶器的转移，在下一个时期里，我们将看到这些图案进入了最早的青铜器装饰。

这里我们触及到了青铜器在中国出现的秘密。据考古学家门京[13]说，青铜器在大约公元前1500年被引入西伯利亚。然而，在中国（特别是在安阳）发现的几件非常早的青铜箭头却显示出了西伯利亚的起源。此外，几件早期商代青铜器还透露出了对木制品的拙朴模仿的痕迹，青铜器制作者忠实地复制他的模型，甚至模仿了槽口和刀痕。突然遭遇到西伯利亚金属制作技术的汉人，仿佛一夜之间就拿起了他们远古的陶制和木制礼器，并把它们转变为青铜器。

1934—1935年间在安阳（位于今河南省的最北端）所做的考古发现，把各种各样的难题摆在了我们面前。在这个公元前12世纪处于鼎盛时期的商朝古都，我们发现自己突如其来地面对着一个已经高度发展的物质文明，尽管迄今为止尚未发现任何东西能够揭示这一文明的发端。有一处发掘现场，占地约6公顷，完全被一幢建筑的基础所占据，这幢建筑规模宏大，被认为是一座皇宫。陵墓显示了用人和动物做牺牲的殡葬祭祀的痕迹。事实上我们知道，人牲曾长期在宗教仪式中扮演重要角色，例如，在朝廷举行的新年仪式上，就用四个牺牲者分别对应四个主要城门的方位。在安阳陵墓中发现的那些用于占卜的骨头与龟甲上，刻有一直流传至今的最早的汉字。这些汉字表明，书写符号与图画符号的差别并不大。埃及人的象形文字，巴比伦人的楔形文字，以及汉字，全都是从类似的图画中发展而来的。然而安阳发现的这些汉字已经充分格式化了，这迫使我们去认识自真正的"原始"图画以来汉字所经历的一个初步精细化的漫长时期，其原型迄今尚未得到揭示。

在安阳的发掘中，最具代表性的发现是那些令人惊叹的青铜器，考古学家们大吃一惊，此时，他们不得不承认，在这样一个遥远的时期，各类青铜器的仪式形态和装饰就已经被完美地确立了[14]。假如此前我们并不知道在中国传说里安阳只不过是商朝最后的都城之一的话，那么我们恐怕会认为，这的确不亚于一项突然出现的奇迹，就像那位全副武装的雅典娜从宙斯的头颅里蹦出来一样[15]。较早的几座都城从未得到过发掘，这些都城无疑跟中国人青铜作品最早的那些简陋成就是同时代的。如果我们承认青铜加工技艺是在(或接近)公元前17世纪末叶从西伯利亚传入中国的话，那么，在我们能够到达中国青铜器的起点之前，还留下了一段大约300年的时期有待探究。

因此，近年在安阳发现的商代青铜器，就这样向我们展示了一座艺术的巅峰，没有必不可少的蹒跚学步阶段。在以后的几个时期里，中国的青铜器制作者从未在礼器上达到过同样的建筑构架能力，也没有实现过类似的总体平衡。最著名的例子，是那些有盖的大烹罐(被称做盉或罍)，但类似的有说服力的例子显示在那些更朴素的形态中，比如三脚罐和三脚杯(前者被称做鬲或鼎，后者被称为爵)。事实上，这种节制绝不会损害形态的典雅，正如你在一种名叫"觚"的钟形大酒杯中可以看到的那样，这种酒杯纤细得令人吃惊。装饰着大多数青铜礼器上都有的几何与神话主题的图案，也同样华丽。这些怪兽面具，尤其是饕餮，其气魄会让你大吃一惊，它们开始是牛、羊、虎、熊等写实风格的头颅，然后逐渐被程式化，成了吓人的鬼怪。在商代青铜器中(还有玉器上)发现的另一个神话形象就是夔龙，"一种声如雷霆的牛龙"。中国传说中的英雄们就是擂响用这种怪物的皮所制成的鼓，"发出雷霆般的命令"。乔治·萨勒说："神话动物赋予它所装饰的对象以一种神秘而强大的力量。"

在安阳遗址中还发现了一些饱满有力的大理石圆雕，或者更准确地说，是雕刻过的大理石块，表现的就是神话中的怪物。(这种"对圆雕的偏爱"，在商代之后似乎停止了，直到很久之后的战国时期，中间再也没有出现过。)

最后，除了青铜器之外，安阳文化还产生了一些不同寻常的玉器，也都具有礼仪的意义。玉是纯洁的象征，根据中国古人的信仰，它拥有一种内在的"美德"。我们从中国古典文献中得知，对王族头饰来说，用玉器做装饰是允许的，而王权的显著象征，就包括一块大玉版(圭),牢牢系在君主的腰带上。商代遗址的发掘,出土了玉制的刀、斧、戈,其中有一些是褐色或黑色,在外表上模仿青铜的颜色,还有两种非常典型的玉制礼器:璧和琮。璧是一种中心有孔的圆片形玉器,代表天;琮是一件外方内圆的立体状玉器,代表地。这两种玉器形态,就像青铜器一样,可能也用在国王为祈求土地丰饶而献给上天的季度献祭中。

这种物质文明的丰富,证实中国古代史书在谈及商代帝王时所讲述的那些事情。商代最后一位国王——纣王,身后留下了"中国的尼禄[16]"这样的名声,是一个精致、奢华、腐败的宫廷的产物,也是一个已经开始衰落的文明的样本。他"知足以距谏,言足以饰非;……益收狗马奇物,充仞宫室。益广沙丘苑台,多取野兽蜚鸟置其中。慢于鬼神。大冣乐戏于沙丘,以酒为池,县肉为林,使男女倮相逐其间,为长夜之饮。"[17]然而,在这奢华堕落的外表的后面,华夏种族的扩张依然在继续。

【注释】

[1] 原注:如今,几乎整个华北都种植粟或小麦。山西大约是43%的粟,16%的高粱,14%的小麦;河南、陕西与甘肃则是45%到60%的小麦。

[2] 原注:稻谷不适宜于华北,但想必很早就在南方种植;早在公元前8世纪,它就被列为"五谷"之一。

[3] 原注:外国人通常把这条河称为扬子江,但只有流至镇江附近才被称为扬子江,而长江才是整个河流的通用名称。

[4] 这两节诗分别出自《诗·周颂·载芟》和《诗·小雅·谷风之什·楚茨》。

[5] 古风时期(Archaic Period),亦称狩猎游牧时期,古希腊史中的一个分期概念,指的是公元前650年至公元前479年这段时期。

[6] 东京湾,东南亚一历史地区,该地现在组成了越南北部的大部分地区。

[7] 《尚书·禹贡》中有"济、河惟兖州,……桑土既蚕"的说法。

[8] 这节诗出自《诗·郑风·溱洧》。

[9] 原注:在中文里,"上帝"也是新教徒用来称呼基督教主神的一个词。

[10] 马伯乐(Henri Maspero,1883—1945),法国汉学家,敦煌学者。

[11] 原注:尤其应注意最近在河南北端安阳附近的后冈村所发现的那些雕刻和绘制陶器,饰有平行线和简单的方格图案。还有侯家庄附近发现的陶器,饰有须根和编织物的印痕。这两批陶器的鉴定年代都来自夏朝初年。(吴金鼎:《中国史前陶器》,1938。)

[12] 原注:事实上,在某些马厂陶器中,你可以发现圆形波纹,它们让人联想到半山陶器的装饰,仅仅在这种情形下,它们才没有那么大量地被用来充当棋盘格图案的圆环饰边。(参见吴金鼎《中国史前陶器》中的插图,1938。)

[13] 奥斯瓦尔德·门京(Oswald Menghin,1888—1973),德国考古学家。

[14] 原注:各种青铜器风格的这种固定,从最早的时期开始,就几乎没有改变过,这显然要归因于它们用于献祭的仪式意义。

[15] 传说雅典娜是从宙斯的头颅中诞生的。当宙斯的头颅裂开时,雅典娜从中跳出,头戴光芒四射的头盔,身披华丽的铠甲,手持闪闪发光的长矛。

[16] 尼禄(37—68),古罗马暴君,公元54—68年在位。

[17] 《史记·殷本纪》卷三。

第 2 章
先民的扩张

第 2 章 先民的扩张

看上去似乎有些荒谬，如果你打算把中国的历史与任何其他伟大人类社会的历史作个比较的话，你应该把目光转向加拿大或美国。无论在中原，还是在美洲，基本而实质的利害关系，远不是政治的此消彼长、盛衰兴替，而是一个勤劳民族对浩瀚无边的处女地的征服，在这条征服之路上，他们只发现了一些半游牧族群。这场奋斗中最艰苦的部分，便是对大自然本身的抗争：清理蛮地荒土，砍倒原始森林，驯服大江大河，到处开拓耕地。然而，法裔加拿大人和盎格鲁－撒克逊人只用了300年时间就把整个北美大陆置于他们的犁锄之下，而中原的农业征服，却耗去了将近4000年的漫长岁月。这场征服，从大约公元前2000年在黄土地和中原的边界之内开始，到今天仍然没有全部完成，因为，在西南边陲的崇山峻岭中，倮倮和苗族的那些"土著居民"依然在阻挡着汉人农民的蚕食。

毋庸置疑，早在商代中期（公元前14世纪），中原的殖民者就结成了紧凑的团体，蜂拥着越过中原的边界，到那些"蛮夷"当中去开垦新的耕地，他们已经征服了这些蛮夷，要么同而化之，要么战而胜之。这个过程，跟汉人的耕地在19世纪对蒙古草原的蚕食或者20世纪对满洲森林的侵蚀比起来，并没有太大的不同。汉人这次最早的扩张，南至长江流域（这里当时几乎完全被森林所覆盖），北至山西的黄土梯田，西北至陕西的渭河流域，这块土地同样是从黄土中开拓出来的。在接近长江的地方，汉人接触到了那些依然处于半开化状态的部落(尽管他们无疑跟自己同种同族)，这些部落靠打猎和捕鱼为生，在汉人榜样的带领下，他们也逐渐采用了农耕的生活方式。

在西北，也发生了同样的事情。在这一地区扎下脚跟的是一个吃苦耐劳的先民部落——周人，他们象征性地把自己置于一位农业神人"后稷"的保护之下，担负起了清理、耕种这片富庶的冲积平原的任务。这一地区是从黄土中开拓出来的，覆盖着细腻的灰黄色黏土，后来的陕西首府西安城(或称长安)就是在这里建起来的。这是一块盛产玉米和稷粟的土地，足以和加拿大相媲美。古代史书带着有所克制的热情说到在这里定居的周人家族的最初的首领们，他们在所有其他人之前就"开始耕种"。他们将拿出一套"屯垦"制度，以便能够不断抵抗周围的戎狄。中国西部荒野的移民们，过着所有处于同样位置的殖民者一样粗糙的生活。他们开辟耕地的顽强决心，不仅损害了在梯田毗邻地区放牧的半游牧部落，也让他们自己付出了沉重的代价。古代史书记载，他们曾一度在野蛮人的猛烈攻击面前被迫撤退，然后，再一次从黄土高原下来，迁往渭河流域，"将士扶老携幼"。

作为边境的保卫者和高原的开拓者，周人的首领们在他们严酷的工作中习惯了战争的艰辛困苦。公元前11世纪中叶，他们中的一位(史称"武王")得益于商纣王的威信扫地，纣王因为残暴和荒淫受到百姓的憎恨。武王领导了一次反叛，大败纣王的大军。纣王逃回王宫，以一种戏剧性的方式自杀了："纣走，入登鹿台，衣其宝玉衣，赴火而死。"[1]武王高奏凯歌，进入都城。"武王持大白旗以麾诸侯，诸侯毕拜武王，……遂入，至纣死所。武王自射之，三发而后下车，以轻剑击之，以黄钺斩纣头，县大白之旗。"[2]

这次胜利，是边境居民及西部高原流域的粗野拓荒者对骄奢淫逸的宫廷和中原富足的耕种者的胜利。周人就这样登上了王座，他们拥有足够的智慧在地处高原的渭河流域坚持了几近300年的时间，他们把自己的力量归功于这里的地理位置，从那里，他们可以俯瞰中原。这个时期的艺术（公元前11世纪及公元前7世纪），以比前一时期风格更粗糙的青铜器为特征，最近，瑞典考古学家高本汉[3]对这一点做出了无可怀疑的鉴定。这些青铜器带有线条的韵律，是一种简朴、有时笨重的几何图案[4]。如果这些迹象靠得住的话，那么我们可以认为，最初的周代统治者们的物质文明，似乎标志着某种回归，从商代那些奢华而炫目的艺术创造中向简朴粗拙回归。

一次灾难终结了周人的势力。公元前771年，他们的都城遭到了西部犬戎的突袭和劫掠。在行军中，王朝放弃了他们的驻地，退守到中原门户洛阳地区，这是那个时期中原的中心。他们发现那里要安全得多，但是，他们很快就丢掉了自己的战士品格，国王们成了有名无实的傀儡，实权落入了封建诸侯之手。

【注释】

[1]《史记·殷本纪》卷三。

[2]《史记·周本纪》卷四。

[3] 高本汉(Klas Bernhard Johannes Karlgren, 1889—1978),瑞典汉学家,是首开中国历史声韵学研究的先驱。

[4] 原注:这一时期出现了多种形态的青铜器,比如钟和锜。

第 3 章
封建制度与侠士精神

第3章 封建制度与侠士精神

从公元前8世纪到公元前3世纪的古代中国，为西方研究中世纪的学者提供了封建制度比较研究的材料。在这一时期的中国社会中，王权衰弱所牵涉到的制度，跟10世纪法国的制度有几分相似之处。封建领地的划分延续了相似的时间长度；其次，像在法国一样，一定数量的大诸侯导致了领土的重组。

我们不会尝试着列举中原所有的诸侯国，但应当指出，在大多数情况下，它们的形成是地理因素的结果。今日中国的行省，常常相当于几个欧洲国家那么大，与永久性单位相一致（像后者所做的那样），在整个历史变迁的过程中，这些单位总是反复出现。这些大的地区性单位，在古代中原的诸侯国中就已经很明显了。比方说，在西北，位于渭河流域——这条河流是从黄土中开掘出来的，俯瞰着河南平原——即今天的陕西省，从这段历史时期开始以来就固定了。我们已经看到周王是如何离开这些西部地区向王座进军的。被周天子们抛弃的这个边境国王的角色，已经被他们分封的诸侯秦伯担当起来了，他们在陕西建立了自己的封地，注定要干一番轰轰烈烈的大事业。在山西的黄土梯田上，建立起了另一个诸侯国，这要归功于它高于中原之上的地理位置在建立霸权上的优势，而且，这一优势让它能够把这种霸权保持相当长的一段时期。第三个强势诸侯国，建立在山东东部，这个个性独特的省份,从神圣的泰山一直延伸到中国的"布列塔尼"[1]——岩石嶙峋的山东半岛。在长江中游的湖北(这是一块湖泊纵横的浅盆地,那年头被森林所覆盖),蛮族部落被汉文明的榜样所吸引,自发地采用了汉人的生活方式和思维方式,他们在这里建立了第四个大诸侯国。迄今为止,我们只提及了最强大的诸侯国。如果打算列举所有其他的诸侯国(包括从封建领地中再分出去的更小的诸侯国),我们应该可以得到大约60块封地。

同样,我们也不应该纠缠于各路诸侯之间龙争虎斗的具体细节。它们就像11世纪法国封建领主之间的纷争一样单调乏味,只有从历史地理学的观点看才是有趣的。在这里,重要的是社会结构本身,以及这段时期的社会生活,这是欧洲封建社会的对等物。

这是中国的骑士时代。这一时期的战争是有侠士风度的战争,用来作战的是那种杰出高贵的武器——战车。这些战车对我们来说已经很熟悉了,不仅仅是通过古代史书的描述,而且还通过汉代的浅浮雕。战车被套在四匹马上,两匹套在车辕上,另外两匹则通过皮带从"两翼"拉动战车。这些马都是矮小、结实、强健的战马,膘肥体壮,充满激情。它们的马嚼子上饰有小铃铛。战车由一个矮而窄的框架所组成,装在两个轮子上,车尾敞开。中国人的战车,像亚述人的战车一样,也载着三个人:御者居中,长矛手在右,弓箭手在左。三个人全都身着胸甲、臂饰和牛皮做的护膝甲。长矛上带有小钩子,为的是能叉住敌人,弓的顶端镶着象牙。三位伙伴都有一块彩绘过的盾牌,他们盔甲上的清漆在阳光底下闪闪发亮,前锋、后卫和两翼都飘扬着军旗,上面绘有代表四个主要方位的象征动物——朱雀代表南方,玄武代表北方,白虎代表西方,青龙代表东方。

当一位诸侯的大军侵略邻国的时候,后者的国君,出于挑衅和虚张声势,往往会派出一支卫队护送粮草给入侵的敌军。有时候这种挑衅会采用更血腥的举动。国君会派出使者至敌军阵前，这些勇士当着他的面割断自己的喉咙。有时候，一辆战车会飞快地驶至敌军城门之下，大声叫骂，凌辱对方。紧接着，就是一场按照亚述人的方式展开的战车混战。"千乘战车互相冲锋，战旗对战旗，荣誉对荣誉。"就像在荷马时代那样，当两军勇士彼此认出对方的时候，他们会高高地站在战车上互相致以"傲慢的问候"。有时候，在战斗之前他们会在一起喝酒，甚至交换武器。这样两军对手之间的战争，不得不遵照严格的礼法来进行。如果被征服者能证明自己的勇敢，或者，如果他们懂得如何以真正的骑士风度向胜利者致词的话，那么他们会得到赦免。就像后来在日本武士中一样，"名声是凭借慷慨大度的行为而赢得的。"日本人的武士道，早就已经有了同样的东西，这就是侠士荣誉的礼法准则，带着这样的准则，勇士们在他们张弓之前表情冷峻地把自己暴露在敌人的箭镞之下，侍从们也是带着这样的准则，从容赴死，为的是给主人的纹章带来荣耀。早期的编年史《左传》中，有许多段落生动描绘了这些英雄美德。秦王的首席御者，尽管被箭矢所穿透，依然擂鼓不止，因为"擐甲执兵，固即死也"。"矢贯余手及肘，余折以御，左轮朱殷，岂敢言病。"[2]

在和平时期，绅士们也抱有同样的理想。他们的腰带装饰着玉佩，发出"清脆和谐的声音"，他们来到国君的宫廷里，参加贵族箭术比赛，伴随着袅袅不绝的轻歌曼曲，点缀着彬彬有礼的问候致意，整个比赛搞得就像是一场芭蕾舞。

这种对君主忠诚、待敌人公平的侠士理想，这种对用兵诚实的尊重，这种和平时期在"礼教"中表现出来的高贵谦恭的准则，将会在中国人的精神中留下深深的烙印。部分儒家教义就出于此。

【注释】

[1] 布列塔尼半岛，法国西北部的一个历史地区，曾被盎格鲁－撒克逊人占领，1532年正式并入法国。

[2] 这两节引文均出自《左传·成公二年》，时齐鲁交战，其事与秦王无关。

第 4 章
先圣前贤

第 4 章 先圣前贤

中国哲学,就像希腊和印度哲学一样,代表着人类思想史中的最初面貌。

在中原,哲学思考很可能来自非常古老的四季交替的自然观念。对这种季节规律的观察,必定塑造了远古时期中国人的思想,这种思想,表现在把客体分成两个一般类别的分类方法中。这两个类别就是阴和阳,它们代表了黑暗与光明,潮湿与温热,由此类推,还有天与地,收缩与膨胀,女性与男性。这两个法则既互相对立、互相交错,又互相依赖,或者更准确地说是互相转换,这种关系解释了宇宙万物和整个生命的过程。然后,在这两个对立的法则之上,添加第三个法则——也可以描述为它们的不可分离、互相依赖和无穷演进的法则。

这些自然观念,在原始思维的最早分类中是与生俱来的,接下来,就是从占卜学派中提取出来的更复杂的观念[1]。在早期的中国社会中扮演着重要角色的占卜者,为了方便自己操作而想象了一个抽象世界,它高于并支配着我们这个可感知的世界,这有点像柏拉图的"理念"学说。然而,中国人的占卜,牵涉到几何抽象,牵涉到对不同组合的认识,从而形成了一整套以"三爻"和"六爻"的形式排列的虚线和实线体系,不同的排列方式,象征着阴和阳的不同组合,亦即宇宙的各种面貌,以及未来的各种可能。在此基础上,又增加了纯粹中国式的关于数量的质量价值的观念[2]，我们不难意识到，这种特殊的观念，为远东哲学后来的发展充当了一个起点。

正是在这种知识背景下，孔子诞生了（相传是在公元前551年）。孔子出生于鲁国（今山东）一个破落的贵族之家，他一度背井离乡，奔走于邻国的宫廷之间，回来之后创立了一个智慧学派。由于其教义的道德特征，人们把他与苏格拉底相提并论。他们之间还有另外一个共同点，那就是，他们身后都没有留下任何成文著作。我们不得不从柏拉图和色诺芬留下的肖像中（有时存在分歧）推想苏格拉底的形象。而就孔子的情形而言，这个任务可能更加棘手。我们所拥有的他的格言和对话，仅仅是经由一个修订本才传到我们手中的，而这个修订本，是在他去世大约500年之后完成的。然而，从这个文本中，浮现出了一个颇具人格魅力的人物轮廓，令人愉快地展现了他敏锐的感受力，以及从容自然的巧妙应答，这绝不是那些惯于歌功颂德的赞美者所能编造出来的。

孔子的思想路径，就我们所能够追寻的范围而言，似乎绝不寻求什么改革。照着守旧派（他跟这一派颇有渊源）书吏们的样子，他的教义看上去似乎是对古代传统的评注。在他的身上，你会再一次发现合乎礼教的对天的敬畏，也就是对宇宙秩序的敬畏。阴和阳的古典理念，以及更高的"道"的观念，在孔子那里通常意味着治国之正道，亦即古道；而他的道教竞争对手们，则是在不同的意义上使用这个概念。

像他这一学派的所有圣哲贤人一样，孔子也宣扬孝道，提倡对亡魂的虔敬，换句话说，就是祖先崇拜。尽管他恪守传统，但某些逸闻趣事却让我们看到，他并不认为自己应该完全被礼仪俗套所束缚。他给予最高评价的东西，看来应该是意图的纯洁和心灵的诚实[3]。他的学说在本质上是一种行为学说，他的教义是一种积极的道德。"看来，正是作为良心的监督者，让他赢得了声望。"

可以把儒学概括在"仁"的概念中，这个概念一方面意味着对他人的仁爱之感，同时又暗示着自己身上的人性的高贵之感。简言之，这是一种对自己以及对拥有这一理想所包含的所有附属美德的其他人的尊敬，这些美德包括：宽厚、忠诚和仁爱。在外部关系中，仁表现在持续不断的克己中，这是一种对礼仪的尊重，是一种合乎礼仪的优雅，而这种优雅，正如我们已经说过的那样，只不过是内心优雅的外在显示而已。在这里，你可以找到某种谦恭，正是这种谦恭，在骑士理想的支配下，在欧洲的贵族阶级中激发出了封建时期的礼节。

像苏格拉底的教义一样，儒学也首先倾向于教人认识自己，为的是不断自我完善。正如苏格拉底正式放弃了爱奥尼亚哲学家对宇宙起源的研究一样，孔子——无论从哪方面讲他也绝不是个不可知论者——也拒绝探索命运的奥秘，拒绝"语怪力乱神"。他说："知之为知之，不知为不知，是知也。"[4]他还说："未知生，焉知死？"[5]他的教义不承认个人道德与公民及社会道德之间有什么不同。其目标就在于"仁政"，正如在所有中国哲学体系中一样，这种仁政，要借助君王美德与上天秩序之间的和谐而得到保证。"正是君主的道德力量，以及他从天命中所得到的超自然的影响力，导致他的百姓是为善还是为恶。"因为人们看重这些格言，孔子后来被人们尊奉为典型的圣人和文人学士中的至高权威。

如果我们不得不把儒学的精神浓缩为一句话的话，那么我们会说：它是与宇宙秩序相联系（或者更确切地说是合作）的一种公民秩序。

孔子的继任者，是表现出了最大独创性的墨子（他生活在公元前5世纪末和公元前4世纪初）。凭借一次大胆的飞跃，这位杰出思想家异乎寻常地走近了有神论。墨子援引了一个人格化的神"上帝"，取代了其前任的非人格化的"天"。他无所不能，无所不知,而且本质上是道德的:"善行的主要理由应该是对上帝的畏惧,上帝能看到山林深谷中的一切,能看到人眼不能看穿的隐蔽处的一切。他是我们应该努力去取悦的。他希望君主对人民仁善,而人人互爱,因为上帝爱所有人。"[6]

墨子从这种有神论中提炼出了非常高的道德律令。孔子的利他主义到他这里变成了兼爱,达到了自我牺牲的程度:"杀一人以存天下,非杀一人以利天下也。杀己以存天下,是杀己以利天下。"[7]同样,墨子强烈谴责了诸侯之间的战争。下面这句格言概括了他的思想:"夫知者,必尊天事鬼,爱人节用,合焉为知矣。"[8]

道家则是一个迥然不同的学派。其起源可以追溯到史前时期的占卜者关于阴、阳、道的观念的思考,这些观念前面我们已经讨论过。它们还与自我暗示的实践有着千丝万缕的联系,而这正是远古时期的巫婆神汉们的本行,他们狂热的舞蹈导致了精神恍惚的状态,能够捕捉人们的注意力,并保持神的在场。从这些原始的实践(依然充满了原始巫术)到"道教之父"们的高级思想,无论如何都是一条漫长的路,而且,正统观点更愿意对它可疑的祖先视而不见。据传说,哲学上的道教是由一位被称做"老子"的圣人创立的,我们对他没有任何称得上是确凿无疑的了解,但根据传说,他应该活到了公元前5世纪末。对第二位道教圣人列子,我们也并没有更多的了解。相反,第三位圣人庄子,倒是清清楚楚地表明了他生活在公元前4世纪的下半叶,他大约死于公元前286年。

道教从古代巫术实践中保留了某些在呼吸控制上的古怪练习,或者不如说是一套真正的"呼吸体操"方法,为的是把新入行的人送入迷狂和飘飘然的状态。对古代中国来说,这些方法并不稀奇,你可以在印度的瑜伽修行者当中找到这些方法。这些自我暗示的方法,被一种神秘的实践给弄得高深莫测,像印度的瑜伽一样，这也是为了"让灵魂清空一切，只留下它最纯的本真"。道教圣徒因此达到了一种持久的迷狂状态，"一种不可思议的优美状态，也是一种真正的自然状态"。

　　道教文献向我们揭示了这种神秘方法的不同阶段。在《庄子》一书中，一位圣人的弟子声称："自吾闻子之言，一年而野，二年而从，三年而通，四年而物，五年而来，六年而鬼入，七年而天成，八年而不知死、不知生，九年而大妙。"[9]另一段说："朝彻而后能见独；见独而后能无古今；无古今而后能入于不死不生。"《列子》一书则更精确地分析了这些冥想状态，这种状态即使在俗务缠身的时候也能得到维持，因为它们可以与这种状态沟通："心凝形释骨肉都融；不觉形之所倚，足之所履，随风东西，犹木叶干壳。竟不知风乘我邪？我乘风乎？"[10]

　　这种智力上的苦修赋予道教徒以非凡的力量。葛兰言写道："他达到了这样一种状态：在这种状态下，除了纯力之外他不再是任何东西，这种纯力无法估量、无懈可击，并且完全自治，圣徒彻底自由地在环境中穿行。"

　　庄子教导说，在这种超越状态中，圣人超越一切俗世的可能性之上："疾雷破山、飘风振海而不能惊。若然者，乘云气，骑日月，而游乎四海之外！"[11]他像纯粹的精魂一样穿过所有物质，因为对他来说，一切物质仿佛都是能渗透的一样。《庄子》一书，以柏拉图式的神话开篇，描写一只巨大的天鸟扶摇直上，去寻找"道"。"'抟扶摇而上者九万里，去以六月息者也。'野马也，尘埃也，生物之以息相吹也。天之苍苍，其正色邪？其远而无所至极邪？其视下也，亦若是则已矣。"[12]在这种乘着巨大神鸟的翅膀的星际飞行中，在这种想要一举达到那推动世界的无名力量的狂热渴望中，庄子感觉到自己就是宇宙的主人。

　　因此，为了让自己与大自然合为一体，加入到宇宙力量中去，道教徒必须压制自己的逻辑推理，"吐尔聪明"[13]。庄子教导说，要"目无所见，耳无所闻，心无所知"。[14]社会和文明只不过是纯粹的习俗而已。像卢梭的信徒一样，为了让人回到自然的人的状态，只有除掉身上文明的东西。这就是长生的秘诀，也是整个道教所遵循的原则：不为自己追求生存而违背自然规律，只要顺应自然，便可以长久生存。在日常生活中，道教的最高境界就是"无为"而治。老子道："不出户，知天下；不窥牖，见天道"[15]。

在深入研究"道"的概念的同时，道教又提出了形而上学的思想。形而上学，威力无穷，难以明确地下定义。"道"是在宇宙中实实在在存在的物，绝不是一个抽象的概念，它没有任何明确定义或限定。老子说："有物混成，先天地生。寂兮寥兮，独立而不改，周行而不殆，可以为天下母。吾不知其名，字之曰道……"[16]一切都在物之外。"东郭子问于庄子曰：'所谓道，恶乎在？'庄子曰：'无所不在。'东郭子曰：'期而后可。'庄子曰：'在蝼蚁。'曰：'何其下邪？'曰：'在稊稗。'曰：'何其愈下邪？'曰：'在瓦甓。'曰：'何其愈甚邪？'曰：'在屎溺。'"[17]道萌生于元始的、混成的统一整体，分裂为阴和阳对立的两方，阴阳合和而万物生。这个实体是完全不可知的事物，不能言喻的事物。"可以名的道不是真正的道"。因此我们只能认为它很消极，就如我们经常引用的《老子》中的四句话："大方无隅、大器晚成、大音希声、大象无形"。[18]

但当我们认为这种一元论是静止不变的时，就大错特错了。因为这实际上是动力论。正如马斯佩罗和葛兰言所观察的那样，"道"与其说是一个实体，还不如说是一种力量。它总是散发光芒，而且具有生命冲动。"以其不自生，故能长生。"[19]，或者确切地说是"宇宙自生性的永恒原则"，宇宙的力量与生命冲动具有同等威力。

通过一个很奇特的换位，绝对一元论就变成了根本的相对论。如果"万物"是一体的，那它们就可以相互替换，相互转换。智者自身，如果埋藏名姓，抛却品行，隐藏自我个性，那就跟世上的其他人都一样。《庄子》中写道："昔者庄周梦为胡蝶，栩栩然胡蝶也。自喻适志与！不知周也。俄然觉，则蘧蘧然周也。不知周之梦为胡蝶与，胡蝶之梦为周与？"[20]甚至在莎士比亚的剧本中，中国的哈姆雷特——列子，手上提着一颗路边捡来的头颅，一边喃喃道："谓予与彼知而尔未尝生未尝死也"。[21]然后就主观地想象到勒南的形象（勒南的形象就出现在天狼星的位置）。庄子为了提出普遍相对论的观点，启发我们去类似观象台的地方观察事物。"如果你登上太阳"，在这样的高度，"物我"（或者像我们所说的"主体与客体"）高度合一的亲密关系中："天下莫大于秋豪之末，而泰山为小；莫寿乎殇子，而彭祖为夭。天地与我并生，而万物与我为一。"[22]

这种相对主义，或者更准确地说，这种普遍可逆性，产生了一种超然姿态，平静而安详地接受人类生活的一切兴衰枯荣。马可·奥勒留写道："啊，世界！你带给我的一切对我来说都是有益的。"庄子同样说："今一以天地为大炉，以造化为大冶，恶乎往而不可哉！"[23]他对这"道"喊道："吾师乎！吾师乎！赍万物而不为义，泽及万世而不为仁。"[24]道教的最后一课就是漠不关心。

还有一种很奇特的哲学，就是杨朱的哲学，杨朱生活在公元前4世纪中叶。至此，我们来到了一个很糟糕的时代——战国，这是一段诸侯混战的时期，伴随着骇人听闻的对全体平民的大规模屠杀。对这刀光剑影的几百年，杨朱给我们留下的景象是令人绝望而愤世嫉俗的。他的教义是一种悲观厌世的宿命论，他内心的悲苦伤痛，留下了一段私人笔记，让人联想到卢克莱修[25]："百年，寿之大齐。得百年者千无一焉。设有一者，孩抱以逮昏老，几居其半矣。夜眠之所弭，昼觉之所遗，又几居其半矣。痛疾哀苦，亡失忧惧，又几居其半矣。量十数年之中，逌然而自得亡介焉之虑者，亦亡一时之中尔。则人之生也奚为哉？奚乐哉？……死则腐骨。腐骨一矣，孰知其异？且趣当生，奚遑死后？"[26]

如果说现实世界的图景让思想家们深感失望的话，那么，有一个学派毅然决然地接受了这种现实，这就是法家。在这个刀光剑影的世纪里，他们尝试建立起不依赖于道德的治国学说。从人的本性出发，连同人的所有恶行，法家创立了一套在本质上以经验主义为基础的仁政学说。法律，即使是在庸君的治下，也应该通过交替使用"二柄"——明赏罚，以确保国家的兴盛和百姓的安乐。政治是一门技术，判断法律价值的标准，并不是其理论的道德属性，而是其实践功效。就这一方面而言，主要的事情是，法律应该以力量为后援："夫虎之所以能服狗者，爪牙也。"[27]

孟子（约前372—前289）是儒家学派的一位道德家。他讲授一种中庸学说，介于杨朱自私的个人主义和墨子彻底的自我牺牲之间，强烈主张反对法家的苛刻无情。简言之，他回到了孔子的人道主义，使之与更现实的正义理论相平衡。

孟子特别重教育："心灵的卓越是通过培养仁善的胚芽而达到的，就像一粒得益于沃土和丰年的麦种。"[28]这种温和的学说当时并不受欢迎，直到后来在汉朝的稳定统治之下才大获成功。因为战国时期是一个十分糟糕的阶段，所有法家的现实主义学说都几乎满足不了暴君和冒险家们的要求。

【注释】

[1] 原注：早期的中国懂得两种占卜形式：一种是用龟甲，当龟甲接触到火的时候会出现裂缝，这种占卜方式就是解释这些裂缝。第二种是借助搅乱蓍草秆，正是蓍草秆的各种可能的排列，导致了我们稍候将要讨论的六爻理论。

[2] 原注：数字 1＝水＝北＝黑。

2＝火＝南＝红。

3＝木＝东＝绿。

4＝金＝西＝白。

5＝土＝中＝黄。

北的象征动物是玄武，南是朱雀，东是青龙，西是白虎。

[3] 原注：不过孔子是作为礼仪的支持者而闻名的，他把"礼"视为表达并激励美德的必不可少的要素。

葛兰言(Marcel Granet，1884—1940)，法国汉学家。

马可·奥勒留(Marcus Aurelius，121—180)，新斯多葛派哲学家，罗马皇帝，161—180年在位。

[4] 《论语·为政篇第二》。

[5] 《论语·先进篇第十一》。

[6] 这段引文未见于《墨子》一书。《墨子》中提及"上帝"一词达20余处，大多与"鬼神"并列。

[7] 《墨子·大取》。

[8] 《墨子·公孟》。

[9] 《庄子·杂篇·寓言第二十七》。

[10] 《列子·黄帝第二》。

[11] 《庄子·内篇·齐物论第二》。

[12] 《庄子·内篇·逍遥游第一》。

[13] 《庄子·外篇·在宥第十一》。

[14] 同上。

[15] 引自《老子·第四十七章》。

[16] 引自《老子·第二十五章》

[17] 引自《庄子·知北游第二十二》

[18] 引自《老子·第四十一章》

[19] 引自《老子·第七章》

[20] 引自《庄子·齐物论第二》

[21] 引自《列子·天瑞》

[22] 《庄子·内篇·齐物论第二》。

[23] 《庄子·内篇·大宗师第六》。

[24] 同上。

[25] 卢克莱修(约前99—前55),罗马哲学家和诗人。

[26] 《列子·杨朱第七》。

[27] 《韩非子·二柄第七》。

[28] 这段引文不见于《孟子》一书,疑为对《孟子·告子上》部分段落的概述。

第 5 章
诸侯争霸

第5章 诸侯争霸

终于有几个大国从封建诸侯的混战当中脱颖而出,它们兼并了一些小诸侯国,并很快就卷入了彼此之间的生死角逐。在这场决定谁是最后胜利者的竞赛中,所有诸侯都是竞争者,笑到最后的人将因为统一中原的版图而收天下之利。自公元前335年以后,几位举足轻重的大诸侯不再为那位有名无实的周天子而操闲心了,他们开始把国王的帽子戴到自己的头上(在希腊帝国,亚历山大的将军们在他死后的公元前305年也同样是这么干的)。战国时代正是诸侯争霸的高潮时期。

随着战国时期的到来,早期的侠士之战让位于冒险家的战争,完全没有了怜悯和忠诚,反而发展成了大规模的群众战争,一个国家的全部百姓都被卷入了针对邻国的杀伐。杰出高贵的战争武器——战车,这种伊利亚特式的竞赛武器,开始彻底让位给骑兵——用于奇袭和突袭的武器。军事技术的革命,在公元前307年被赵国(今山西南部)的国王引进。在对付蒙古匈奴人的过程中,他认识到,这些游牧部落的优势要归功于马背上的弓箭手,他们的灵活性和迅速变换队形,总是让汉人的战车御手们猝不及防。采用匈奴人的战术策略,他也组建了一些骑马射手团队。他的邻居和竞争对手,秦国(今陕西)的国王,甚至走得更远:他不仅装备了骑兵,而且还组建了轻装备步兵,作为"国家"常备军,以取代笨重的诸侯兵。与此同时,随着攻城器械、移动城堡和石弩（这组成了名副其实的炮兵）的发明，攻城兵也出现了。骑士战争的谦恭有礼已经是过去的事情了。战国诸侯之间的角逐是一点也不讲情面的。从今往后，征服者们不再那么豁达地把战俘扣起来换取赎金，而是把他们全部处死拉倒。秦国的士兵是各国中最骁勇好战的，他们只凭自己砍下的敌人的头颅来领取军饷。在那些被攻取的城镇里，即使他们已经投降，满城的男女老少也都全部要成为刀下之鬼。原始人类的吃人习惯再一次恢复了，首领们为了"提高威信"，毫不犹豫地把他们征服了的敌人扔进沸腾的大锅里，喝着令人毛骨悚然的人汤，甚至强迫受害者的族人一起喝。

战国时期的列国中，秦国因为其地理位置而拥有最大的优势。它从渭河的高原流域俯瞰着富庶的河南平原，这块平原是它在这场比赛中最主要的奖品。中国的希罗多德、汉代史学家司马迁用这样惊人的措辞把读者的注意力吸引到这一点上来："秦，形胜之国，带河山之险，县隔千里[1]，持戟百万，秦得百二焉。地势便利，其以下兵于诸侯，譬犹居高屋之上建瓴水也。"[2]除了地理优势之外，还有一个优势就是人民的尚武个性，他们生活在中国蛮荒西部这些偏远的边境地区，是一个拓荒者的种族，是一个屯垦的民族，再加上一个为充分利用这些自然天赋而建立的作风顽强、注重实际的地方王朝，这个王朝早就认识到了那些竞争王朝秘而不宣的弱点，那就是，王室领地为了照顾王家随从的利益而被割裂为许多子封地和私人地产。于是，为了避免这个不断削弱的过程，秦王们学会了如何奖赏他们的臣民而无须分割王室领地。最后，秦王们还搜罗了一大帮法家围着自己转（我们已经提到过这一哲学流派），这些人为了确立国王的权威并证明征服的正当性而构建了一整套包罗广泛的君王和国家的专制主义理论。

同样值得注意的是那些严厉无情的摄政大臣，他们在辅佐幼主时，为了确保王室政策的连续性，常常比国王本人还要卖力。这些摄政大臣中，有一位鼎鼎大名的商鞅，关于此人，编年史家简略地说道(时在公元前359年)："变法修刑，内务耕稼，外劝战死之赏罚，……卒用鞅法，百姓苦之，居三年，百姓便之。"[3]然而，这位中国的黎塞留[4]好心帮忙，却没有得到好报。新国王在作为王位继承人时曾受到过商鞅的训斥，登上王位之后，他就"车裂商君以徇"。[5]对这样一个高级别的显赫人物采用这样一种严酷的刑罚，这足以证明秦国法律之严厉，这些法律对各个等级的社会阶层都一视同仁的残忍。"诽谤者族，偶语者弃市。"[6]严厉的纪律被强加给了全体百姓。

即使是在这样的领袖人物的统治之下，征服当时的中国——黄河流域和长江流域——也用了150年才得以大功告成。只有亚述的几位国王的编年史，才展示了这样大量的暴行。公元前331年，秦军俘获魏军并处死8万人；前318年，他们粉碎了魏、韩、赵的联盟(这个联盟曾帮助过匈奴人)，斩8万2千首级；前312年，他们大败楚国，8万人头落地。前307年，他们为6万人头的成绩而沾沾自喜，不过，随着昭襄王的即位(他从公元前306年至前251年统治秦国)，屠杀的规模就愈发变本加厉。前293年，他击败了韩国和魏国，为自己赢得了24万颗人头的战利品，这只是个开始。在前275年对魏国的战役中，只有4万人头落地，但在针对同一位敌手的一次新的远征中，又有15万颗人头入账。前260年，在对赵国的一次主要胜利中，尽管他已经答应留下被征服者的性命，但还是有40余万人被杀。其他的诸侯国被日益增长的恐怖气氛所笼罩。差不多10年过去，秦国没有吞掉一个诸侯国。正是在这个节骨眼上，那位成功地结束了前辈工作的秦王登上了王座。这位中国版图的统一者，就是未来的始皇帝。

【注释】

[1] 原注：1里通常大约等于三分之一英里，所谓的"千里"或"万里"，常常只不过是"很多里"或"无数里"的意思。

[2]《史记·高祖本纪》卷八。

[3]《史记·秦本纪》卷五。

[4] 黎塞留(1585—1642)，法国红衣主教和重臣，曾任路易十三的首相。

[5]《史记·商君列传》卷六十八。

[6]《史记·高祖本纪》卷八。

第 6 章
天下一统

第6章 天下一统

公元前246年，未来中国专制制度的缔造者登上了秦国的王座，当时他只被称为"秦王政"。这一年，他只有13岁。他的年幼让别的诸侯国暂时松了一口气，但这只是一段短暂的缓刑期。他的幕僚提到他的时候说："秦王为人，蜂准，长目，挚鸟膺，豺声，少恩而虎狼心。"当他的一位将军、赵国（今山西）的征服者向他献上10万颗人头的庞大战利品的时候，他25岁。其他国王不由得想到了自己的末日，觉得只有暗杀掉这位年轻的国王方能保住自己的小命。其中的一位组织了这样一场谋杀，但秦王侥幸逃过一劫，被剁成肉酱的反倒是那位刺客。打那时起，他的征服便以闪电般的速度接二连三地获得成功。在公元前230年至公元前221年之间，所有其他的诸侯国（分别为今天的山西、河南、河北、山东、湖北和安徽）一个接一个地被全部吞并。公元前221年，那个时代的整个中国版图被统一在了秦王的治下，于是，他采用了至高统治者的头衔——皇帝，由于他是"秦朝的第一个皇帝"，因此，在中国历史上，他又被称为秦始皇。

中国的皇帝，随着中国统一的实现而被创立。在各个不同朝代的统治之下，这个名号维持了2133年的时间（从公元前221年至公元1912年）。

秦始皇在完成中国领土的统一之后，紧接着就是政治、社会甚至智力统一的工作了，这项工作同样是他的不朽业绩中非常值得注意的部分。这位中国的恺撒不仅是一位征服者,而且还是一位天才的管理者,无人能与之比肩。他把秦国的祖先们所创立的军事和民事中央集权制扩大到了整个帝国。通过大规模的人口交换,他成功地瓦解了最顽固的地方分权制。他的君主独裁政治结束了在中国社会中似乎是与生俱来的封建制度。他非但没有像他的将军们所希望的那样为了讨他们的欢心而创立一个新兴的封建贵族阶级,反而把帝国划分为36个郡,每个郡均由一位文职长官、一位军事长官和一位监督官直接管理。他的丞相李斯,统一了整个帝国的书写文字标准,这对今后来说是一场意义深远的改革,因为方言的差异常常使得标准的书写语言成为唯一可以理解的交流工具,无论在北京还是广州。此外,他还"一法度衡石丈尺。车同轨"。[1]这最后一项度量方法还提及了一套驰道体系的创立,其宽度统一为"五十步",栽种树木,修建堤防,以防御洪水。

公元前213年,在丞相李斯的鼓动下,这位中国的恺撒下令销毁典籍,尤其是儒家的著作。这一措施,使他受到了历代文人学士的憎恨。在这一时期,传统上依恋于过去封建礼仪的文人学士,有意无意地成了被秦始皇废除的那套政治制度的忠实党徒。为了消灭这个暗地里的反对派,皇帝便开始"禁书"。这样一种激进措施,未必像人们所说的那么普遍,因为不管怎样,那些典籍终究是幸存了下来。在一个最分裂、最封建的国家中,他的专制独裁能够在大约20年的时间里创立一套足够强大的中央集权制度,竟持续了2100年之久。无论如何,这总归是秦始皇的一项重要成就,这项成就足以跟恺撒和亚历山大大帝的成就相媲美,但比它们更持久。简言之,他是那些命中注定要重塑人类的最有力的天才之一。

这位中国的恺撒到处树碑立传、刻石记功,遍及他的帝国,这些碑铭证明了他并非没有意识到自己的历史功绩。泰山的碑文读起来令人印象深刻:"初并天下。"碣石的碑文说:"初一泰平。堕坏城郭,决通川防,夷去险阻。"琅邪的碑文说:"东抚东土,以省卒士。"——这是远东的"中国太平"(Pax Sinica)的惯用套话,相当于地中海世界的"罗马太平"(Pax Romana)。更有甚者,还有这样的话(为了产生同样的效果):"黔首安宁,不用兵革。皇帝之德,存定四极。"这样的套话,让人联想起自鸣得意的"华夏盛世"(Orbis Sinicus),堪与"罗马盛世"(Orbis Romanus)相媲美。

秦始皇的石刻,成为他旅行的纪念物。统一中国之后,他开始巡幸几个主要地区。他登上了有着神秘色彩的泰山,为的是与天上的神灵交谈;他从琅邪台地上凝视东海,试图与海上的神灵对话,这些神灵是神话中的日出之地蓬莱仙岛上的居民。

秦始皇的急务之一,就是抵御蒙古游牧民族的入侵,确保中原的安全,这些人当时被称为匈奴人,游牧于帝国的蒙古边境。为了阻止他们的入侵,古代先王们在北部边境的不同地点修筑了一些蜿蜒延伸的城墙。公元前215年,秦始皇把这些尚未完善的古代防御工事连接成了一条连续的防线。这就是长城。它从渤海湾畔的山海关口向前延伸,直到西北边陲的渭河源头(今甘肃)。

直到这一时期,中原的版图还只包含黄河流域和长江流域。中原的南方,尤其是广东地区,依然是化外之地,蛮荒之地。公元前214年,秦始皇派遣了一支远征军,占领广东,并着手使已经征服了的地区"汉化"。为了这个目的,秦始皇下令搜捕游民,把他们从长江口遣送到广东,让他们成为新领土上的移民。欧洲人的殖民历史可以提供很多类似的例子,他们通过输入罪犯而实施了类似的移居地制度。

秦始皇死于公元前210年,按照他的愿望被埋葬在今陕西省临潼附近的一个地方。他的陵墓是一座巨大的古冢,垂直高度48米,斜坡长度约60米——是一座名副其实的人工建造起来的大山。陵墓之内，还埋葬着他众多的妻妾，以及那些把财宝运送到这里的工役。

战国时代目睹了秦国崛起的那段时期（从公元前6世纪下半叶起），以及在秦始皇治下皇室被神化的那段短暂时期（公元前221—公元前210年），目击了青铜器艺术的一种截然不同的新风格的发展。这种风格从前叫做"秦代工艺"，如今被称做"战国工艺"，其特点就在于把器皿侧面的动物表现"从浮雕中解放了出来"，正如我们在著名的鲤鱼瓮（现藏卢浮宫）上可以看到的那样。它首先以一种全新的装饰形式为特征，饰有隔行而重叠的线条、环圈、钩子、编织、螺旋和波浪形纹饰，给人以生气蓬勃或在永恒运动中舞蹈的印象。蜥蜴形状的龙，已经完全不同于周代青铜器装饰的缓慢运动，而是被卷进了这种颤动的韵律，跳起了狂热的舞蹈。类似的活力在打猎场景中也可以看到，这些场景装饰着后来向汉代艺术转变的那段时期的青铜器。这种风格既是周代艺术的逻辑发展，更不用说也可能受到了同时期相邻艺术的影响。这一最早出现在中国北部边境的相邻艺术，便是草原艺术。

在这个让我们牵肠挂肚的时期，那片浩瀚无边的草原地带，从俄罗斯南部的黑海北岸，穿越北西伯利亚和蒙古，直到中原的长城，一直被不同种族的游牧部落所盘踞——俄罗斯血统的高加索斯基台人，蒙古种的匈奴人，全都赶着他们的畜群追随季节性牧场漫游漂泊。这些草原上的骑手，斯基台人和匈奴人，拥有一种独特的艺术风格，尤其表现在那些装饰性的青铜牌匾上，上面饰有正在战斗的动物——野兽与马、捕食的鸟与鹿，这些动物以一种充满动感的风格古怪地扭曲，显出痛苦的样子。我们已经看到，汉族人为了能够站在相同的立足点上与蒙古的匈奴人作战，照着他们的样子创立了自己的骑兵射手团队。同时，他们还采用了匈奴人的部分装束——骑手的长裤取代了战车御者的长袍，以及他们的部分装备，尤其是青铜扣环及装饰品。我们注意到，在这些牌匾和扣环出现的相同时期，中国艺术也出现了风格化的动物主体，它们的节奏韵律与草原艺术有着千丝万缕的联系，尽管它们属于战国时期和秦代的中国风格——它们对这种风格的形成很可能有所帮助。这个事实令人颇感兴趣，因为它让我们得以发现：中国艺术不仅与蒙古匈奴艺术及米努辛斯克地区的西伯利亚青铜艺术有着某种联系，而且还与俄罗斯南部的斯基台艺术有着某种联系(尽管是间接的)，而后者，后来因为它与希腊艺术的关系而闻名遐迩。

不管这些考古学比较(这种比较依然很不成熟)可能会有什么样的意义，在我们已经到达的这个时期，中国正稳稳当当地走在加入世界历史潮流的路上。这个由秦始皇创立的统一帝国，在接下来的朝代里，注定要遭遇印度、波斯与罗马帝国。

【注释】

[1]《史记·秦始皇本纪》卷六,后面所引几段碑文均出于此。

第 7 章
大风歌起

第 7 章 大风歌起

秦朝所创立的君主专制政体,在秦始皇那里仅仅是对强人领导的服从。而这位中国的恺撒大帝,他的儿子和继任者却是一位软弱无能的小青年。混乱无序的三年快要结束的时候,在一次全国性的叛乱中,他被迫自杀了。国家重又回到了糟糕透顶的无政府状态,军队首领乘机抢夺地盘。

中国的历史学家们很乐意比较这场权力之争中两位主要首领的个性。一位是项羽,此人是个鲁莽的大力士,带有老一辈军人的做派;另一位是刘邦,典型的中国政客,老谋深算,机敏过人,同样也是一位自命不凡的冒险家。历史学家给他留下了一幅浓墨重彩的肖像:"高祖为人,隆准而龙颜,美须髯,左股有七十二黑子。"[1]最后一项是未来大富大贵的明显标志。他"不事家人生产作业。……好酒及色。"我们被告知,他总是在一位老店主"王媪"的家里饮酒,要么是因为慷慨大方,要么是为了自我夸耀,他总是支付高于标准价格的酒钱,尽管实际上总是赊账。有一件事倒是真的,有一天,当刘邦醉醺醺地倒头便睡的时候,王媪认为自己看到了一条龙在他的头顶上盘旋。这是一个吉兆,表明大运就摆在他的面前。打这之后,王媪就比从前更加乐意让他赊酒账了。

早年他就放弃了自己的农夫生活,在乡里担任了小小的亭长。在他人生经历的这个节骨眼上,他的传记作者拿出了一些关于他的逸闻趣事,让我们大呼过瘾。有一次,地方长官要求他孝敬一千钱作为"贺礼",他凭着赤裸裸的厚颜无耻摆脱掉了,愣是分文没给。秦帝国的崩溃,为那些想要发财致富的冒险家提供了一个天赐良机。刘邦以颇为原始的方式组织了一班人马,以此开始了他的冒险生涯。一天,当他受命护送一队囚犯的时候,他想到,倒不如索性砸碎他们的锁链,自己来当他们的头儿。他"祠黄帝,祭蚩尤于沛庭,而衅鼓旗,帜皆赤",并在自己的本省江苏划出了一块封地。公元前207年,他向着皇帝所在的行省陕西进军,他因为自己的仁爱而赢得了民心。刘邦的竞争对手项羽,紧随其后占领了陕西,把这一地区变成了一片废墟。项羽把刘邦的老父亲给逮了起来,威胁他的竞争对手:如果他不投降,就把老头子给活烹了。刘邦可不是那么容易被吓倒的人,对这个可怕的威胁,他用再温和不过的口气回答道:"想当年我与项羽那厮一起在怀王帐下效命,相约为兄弟,我老爸就是他老爸,如果他一定要把老头子给活煮了的话,最好分一碗汤给我尝尝。"[2]项羽被这样的沉着镇定给吓住了,立马把俘虏给放了。

没多久,刘邦的奸诈狡猾就把对手逼上了绝路。在一场激烈的战斗中——交战地点在淮河岸边(公元前202年),项羽表演了他的神勇,他领着自己的骑兵,一次又一次横穿敌阵,亲手杀死了刘邦的一位副将,直到最后,他负伤十余处,发现周围全是势不可当的强敌。在追兵当中,项羽认出了从前军中的一位老战友,于是对他喊道:"听说汉王以千金和万户侯买我这颗人头,我就给你做个人情吧。"[3]说完,他拔剑自刎。

刘邦再也没有别的对手了,这位军事冒险家就这样成了皇帝!凭借意料之外的时来运转,这位农夫的儿子攫取了秦国37代君王的劳动成果,正是在最后,秦始皇为了他的利益而创立了中国的独裁制度。不到5年的时间,这位幸运的冒险家,就意外地成了那些狂妄自大的诸侯漫长世系的继承人,成了一位天才人物的受益者，而正是这位天才，创建了一个中央集权的帝国，和一个统一的中国。然而，他的统治的开端，依然是谨慎的，甚至是艰难的。他不得不拿出大片的封地和王位来犒赏其他的condottieri（意大利语：雇佣兵），是他们帮助他登上了皇位——这显然是为了讨他们的欢心而恢复被秦始皇废除的旧的封建制度。然而，他玩起了一手予、一手取的把戏：他利用微不足道的借口，调动他被迫分封的地方王侯，就好像他们只不过是地方长官一样。他一个接一个地把他们逼反，然后再把他们除掉。到最后，这些新兴的汉代诸侯全都被驯服，被剥夺了管理权，沦为纯粹的宫廷贵族，再也不会妨碍皇帝的绝对权力了。

刘邦是幸运的，成了一个最幸运的王朝的创立者——他的世代子孙将这个帝国维持了400年。在王朝开始的时候，没有比他的权力更可疑、更不稳定的了，但随着时间的推移，从他这里世袭来的权力终于变得再可靠不过了。他的家系——汉王朝——从公元前202年到公元220年一直统治着这个帝国，在中国人的命运中留下了如此深刻的烙印，以至于直到今天他们依然自豪地把自己称为"汉人"。

同时，这位王朝的奠基者又是一位最不为自己的幸运所陶醉的人。在他的权力处于巅峰的时候，他从没忘记自己的卑微出身："吾以布衣提三尺剑取天下。"只有在家乡（今江苏）那些卑微的百姓当中，他才真正感到快乐，跟他们在一起的时候，他很喜欢回忆自己年轻的时光。然而，他不得不离开他们，住到他的新家——首都长安城（今陕西西安）里，那是帝国真正的心脏。离开故乡之前，他大摆盛宴，"置酒沛宫，悉召故人父老子弟纵酒，发沛中儿得百二十人，教之歌，酒酣，……高祖乃起舞，慷慨伤怀，泣数行下。……沛父兄诸母故人日乐饮极欢，道旧故为笑乐。"临去，皇帝抑制不住自己的眼泪："游子悲故乡。吾虽都关中，万岁后吾魂魄犹乐思沛。"

就像跟故乡的父老们在一起一样,刘邦也乐于跟将士们打成一片,他们彼此趣味相投。虽然他没有像前任秦始皇那样系统性地迫害儒家士子,但他也非常瞧不起这些人,对他们冷嘲热讽,百般刁难。那些用《诗经》和《书经》[4]中的古文辞章塞满他的耳朵的人,总是自讨没趣,遭到斥骂:"老子马背上打天下,读这些诗书有甚鸟用。"[5]的确,对帝国的军事控制丝毫松懈不得。公元前200年,皇帝本人遇上了一件倒霉事:在平城(今山西北部)附近的一块高地上被匈奴人包围,他跟大部队之间的联系被切断了整整7天,粮尽草绝。最后,他玩了一个花招,让人把一位中原美人的肖像送给了匈奴王,这样才得以逃出重围。两年之后,他只好把自己后宫里的一位美女送给了那位蛮族首领,诗人们从未停止过为这位被迫下嫁给"北方蛮鸟"的可怜"中国鹧鸪"的悲惨命运而哀歌叹惋。

刘邦对所有知识分子都表现出普遍的蔑视,这当中也包括医生。他忍受着战伤,拒绝接受医生的帮助。公元前195年,刘邦在长安城去世,年仅52岁。

这位汉王朝的奠基人把皇位传给了他的一个儿子,对于行使权力来说这个孩子还太小,于是行使权力的任务就由孩子的妈妈——吕后——承担了起来。这个女人精力过人,从前,她的忠告帮助刘邦巩固了自己的胜利,为了保住自己的位置她不得不与一位比自己更年轻、在刘邦的晚年深得宠幸的妃子展开竞争。几乎在皇帝去世之前,她就对竞争对手采取了骇人听闻的报复。她让人砍去了她的手足,烧掉了她的耳朵,挖出了她的眼睛,在让她吃了哑药之后,把她投入了皇宫的猪圈里,让她作为"人彘"以垃圾为食。这位中国的阿格里庇娜[6]有更多的理由为另一位皇子的存在而焦虑,这就是已故皇帝的第三位妃子所生的儿子。在一次宴会上,吕后为他准备好了一次不列塔尼库斯[7]那样的死亡。然而,年轻的皇帝对这次针对自己异母兄弟的阴谋毫不知情,他第一个把手伸向了那个毒酒杯，吕后迫不得已从座位上跳了起来，打翻了那杯致命的毒酒。不消说，受害者在奇迹般的逃过一死之后，便赶紧离开了这个危险的家庭。

吕后利用自己的权威，把自己的族人安插在所有关键位置上，但她去世之后，在一场新的宫廷戏剧中，他们全都被皇子们给残杀了（公元前180年）。

尽管有这些动乱，但汉王朝平常却呈现出更大的权威，可以说是"正统"。它最早的几位统治者，除了刘邦之外，多半没有什么大的成就。然而，像卡佩王朝[8]最早的几位国王一样，他们不仅有耐性的优势，而且还有另外一个优势，他们是奠定那个时代道德和宗教体系基础的那些原则的杰出代表。他们当中最有名的是汉文帝（前180—前157），言谈举止像一位儒家学者，嘴上念叨着的，总是"高皇的圣明"和"天地之大德"，是祖先的崇拜和农业的重要，是"社稷之灵，天下之福也"。[9]儒家文士所设计的家长政体，回到了神话时代的缥缈幻想中。

道德言说并非没有意义。这些话的反复言说，显示了皇帝专制主义——由秦始皇创立、被刘邦维持的残酷专制政治——正在赢得文人学士的支持。他们的忠诚，从传统主义者的观点支持了这个政体，因为它越过了那刀光剑影的数百年时光，把自己跟"黄金时代"的先圣前贤们联结了起来。

【注释】

[1]《史记·高祖本纪》卷八。本章引文除注明者外均出自《高祖本纪》,后面不再一一标出。

[2]《史记·项羽本纪》卷七:"吾与项羽俱北面受命怀王,曰'约为兄弟',吾翁即若翁,必欲烹而翁,则幸分我一杯羹。"

[3]《史记·项羽本纪》卷七:"吾闻汉购我头千金,邑万户,吾为若德。"

[4] 原注:《诗经》和《书经》是孔子传授的两本书。《书经》是一部古代历史的传说和记事集,年代从最早的圣王直到周代。据说,现存文本当中有很多是伪造的。

[5]《史记·陆贾传》卷九十七:"乃公居马上而得之,安事诗书!"

[6] 阿格里庇娜(Agrippina),罗马暴君尼禄的母亲,后被尼禄杀死。

[7] 不列塔尼库斯(Britannicus),尼禄的弟弟,被尼禄用药酒毒死。

[8] 卡佩王朝(987—1328),由休·卡佩所建立的法兰西王朝。

[9]《史记·孝文本纪》卷十。

第 8 章

匈奴的没落

第 8 章 匈奴的没落

汉代所产生的最杰出的人物是汉武帝。这位皇帝的统治时期格外漫长。他16岁继位,在位54年(前141—前87)。他天生精力充沛,活力过人,从未想过要保存自己的力量。像从前亚述的国王们一样,他也曾在高原牧场上把野兽逼入绝境,毫不顾及自己的性命,不顾及随从们的惊慌失措。他是个智力超群的人,满脑子大胆而新奇的想法,充满对独裁专制的喜爱,但他也懂得听取他人智慧的观点。因此,早在统治初期,他就让一帮儒士围着自己转,开诚布公地征求他们的建议。而文人学士们,正如我们已经看到的那样,长期以来一直对独裁政治保持着沉默超然的反对态度,正是这种姿态,导致了秦始皇的"禁书",激起了刘邦的讽刺挖苦。那么,又如何解释汉武帝慷慨给予他们的偏爱呢?武帝这个人,既有始皇帝那种专制主义者的火暴脾气,又有汉高祖的那种政治现实主义理念。毫无疑问,人人都有可能被文人学士们持久捍卫的那些乌托邦理论所吸引。答案是,他们不知不觉地为他反对贵族的政策效力。文人学士阶层,开始呈现出了未来官僚阶级的雏形,他们让皇帝在针对地主贵族的斗争中有可能占到上风,这个新兴的由皇室子弟所组成的封建贵族阶级不断得到发展。为了把这些贵族降级为纯粹的荣誉位置,他便用一个文人政府来取代他们,这个政府由那些以知识渊博而著称的人的子弟所组成;同样,他还用出身卑微的军官取代了他们在军队中的位置。通过这些变革,这个未来的官僚阶层使得中国的独裁政体能够完成其"平天下"的任务。除此之外,武帝还采取了旨在削弱封地重要性的激进措施。他假惺惺地从幼子的利益出发,强迫亲王们把自己的封地不分长幼地传给所有的孩子,对长子没有什么特殊。不出两三代,这种平均主义继承法,就像《拿破仑法典》一样,就瓦解、耗散、穷尽了那些大的封建领地。

在对外政策上,武帝采取的策略就是征服,征服那个时代为中国所知的亚洲地区,首先从征服上亚细亚开始。

从汉朝的长城到西伯利亚的森林,上亚细亚都在匈奴人的控制之下,他们是中世纪突厥人和蒙古人的祖先。他们不同的游牧部落共享着蒙古草原,既包括位于戈壁东部的部分蒙古地区——被称为外蒙古,也包括沿着戈壁北部边缘延伸的大草原——被称为内蒙古[1]。这些游牧民,畜群构成了他们唯一的财富,为了寻找新的牧场,他们随着自己的牲畜们一起迁徙。每到一地,他们就搭起毡包作为临时营地,走的时候再拆除。正像公元5世纪的拉丁文作者所描述的那样,他们也早已经以类似的形象出现在中国的史书里,这些史书同样把他们描绘为彻头彻尾的"野蛮人":他们的头大得有些过分,他们的面部特征很模糊,但眼睛却像烧红的炭,他们有魁梧的胸膛,体格足以抵御戈壁滩冰冷的夜晚和灼热的白天,他们的腿因为长年骑马而成了罗圈。他们天生就是无与伦比的骑手和弓箭手,对北方边陲(河北、山西和陕西等省的北部)的中国农民来说,这些人是最可怕的邻居。当干旱耗枯了匈奴人的水窖,烤焦了草原上的牧草的时候,畜群遭受了灭顶之灾的匈奴人就会袭击汉人的农田。他们会突然出现,烧杀抢掠,然后,在汉朝戍军还没来得及集合整队之前,他们就再次穿越辽阔浩瀚的不毛之地,消失得无影无踪。

在着手针对匈奴人的一场大战之前,武帝制定了一项针对整个"天下"的政策。在中亚的那一端,生活着另外一些游牧民,看来应该是斯基台人,早先,匈奴人把他们赶出了大戈壁。武帝派出了一位使节,在索格狄亚那和大夏(巴尔克)的边境,换句话说,就是在亚历山大大帝的继任者们在这一地区创立的那些王国的边界上,找到了他们。武帝打算让斯基台人从西边攻击匈奴人,而自己则取道蒙古向匈奴人发起进攻。当这个提议遭到拒绝的时候,他便单独采取行动了。公元前128年,他的将军卫青——此人从前也是个牧人,作为一个骑手和射手足以与匈奴人相匹敌——穿越蒙古戈壁,执行了一次"反袭击",直捣翁金河,打了敌人一个措手不及,"斩首"700人。这套"反袭击"方法,乃是以其人之道还治其人之身,同时得到了军事殖民者的创造性补充。这些屯垦部队的营地,类似于罗马帝国的军事前哨地,同样是打算用来保卫边境的,同时也保护中原耕地的增长,而这种增长是以牺牲匈奴人的牧场为代价的。尤其是,这些移民点守卫着广袤的河套地区,这样一来,就把被河套圈进中原自然边界之内的部分戈壁地区包括进了帝国的疆域之内。这就是鄂尔多斯草原,在衰落时期,这里一直为游牧民族的军队打算进犯北方各省充当了一个集结点。

卫青的外甥霍去病,甚至比他的舅舅更了不起。当他照着匈奴人的样子重组汉朝轻骑兵的时候,大约只有20岁。公元前121年,他领着一万骑兵把匈奴人赶出了甘肃东部,这里是丝绸之路的起点。公元前119年,他和舅舅卫青一起,领着5万骑兵完成了一次势不可当的对外蒙古的袭击。卫青领军左路,直捣翁金河的下游,通过一次奇袭俘获了匈奴国王,其时,正值一阵狂风把戈壁滩的沙子吹进了匈奴人眼睛里,从而导致了这场决定性战役的失败。霍去病率右路军穿越整个东部戈壁,到达土拉河的上游,直逼杭爱山脉。在那里俘获80名匈奴将领之后,他举行了庄严的祭神仪式,以象征蒙古被汉朝大军占领。回到中原之后不久,这位年轻的英雄便去世了（公元前117年）。在他位于咸阳（长安附近）的陵墓上，树立起了一尊巨大的雕像，塑的是一匹中国战马把一个蛮夷踩在脚下。

但是，汉人对外蒙古未开垦荒地的这些远征，只不过是一种惩罚性的或先发制人的袭击。而汉人更偏爱于把他们的目光转到中亚的方向。那里（今新疆）生活着习惯定居的人口，正如最近的发现所显示的那样，他们属于印欧语系。沿着塔里木盆地的南北弧拱分布的沙漠绿洲，是骆驼商队的天然行程，正是这些商队把中国跟希腊罗马世界联系了起来。早在公元前108年，武帝的将领们就把中国的宗主权强加给了这一地区的两块主要绿洲：罗布泊和吐鲁番（高昌）。公元前102年，一位名叫李广利的汉族将领，率领6万人向那里进行了一次空前大胆的进军，直捣费尔干纳（拔汗那）。这次远征的目标非常重要。面对匈奴人令人生畏的骑兵，汉人处于下风，尽管有像霍去病、卫青这样的将领们的辉煌功绩。匈奴人除了天生就是骑手之外，还有其战斗力和耐性都天下闻名的小蒙古马。汉人并不是这样优秀的骑手，他们不得不依靠一种高度相似但吃苦耐劳却远为逊色的战马。如今的波斯、河中与费尔干纳是一种阿拉伯战马的出产地，这种战马类似于今天英国的阿拉伯马，就是受到希腊历史学家们交口称赞的"尼西亚牡马"。正是为了得到这种战马，并在对匈奴人的战斗中赢得马背上的决定性优势，公元前120年，汉族强迫费尔干纳送来了大量的尼西亚牡马作为岁贡。我们还可以补充一点，这一时间在艺术史上也留下了它的蛛丝马迹。因为，来自汉墓中的浅浮雕主要描绘了古代膘肥体壮的中原马，这是一种小型的佩尔什马，有着壮硕的臀部和胸部，在中原和朝鲜发现的同一时期的赤陶塑像，展现了一种线条更加典雅、风格更接近希腊的战马，毫无疑问，它正是公元前102年从河中引进的。

与此同时，在蒙古，匈奴人并没有溃散，到了汉武帝的统治接近尾声的时候,汉人有理由为自己在这方面的过于自信而懊悔不已。公元前99年,一位名叫李陵的年轻汉朝将领率领一支5000人的步兵纵队从长城出发,直奔蒙古的心脏。他取道额济纳河离开中原,投身茫茫戈壁,向北进军翁金河与杭爱山脉。但他很快就发现自己被匈奴骑兵所包围,匈奴人的箭镞让他这支小股部队百孔千疮。他认识到了自己的轻率鲁莽,他斩掉了士兵们藏在辎重马车里的所有女人,因为她们减缓了行军的步伐,并开始撤退,这支步兵被敌军追赶得筋疲力尽。在损失了三分之一的有生力量之后,他们用完了箭镞,丢弃了辎重,当他们被围在一个峡谷中的时候,距离边境不到50公里。夜里,匈奴人从山上滚下巨石,砸向李陵的人马。只有400名汉人设法逃了出来,剩下的所有人,包括鲁莽的李陵本人,全都成了俘虏。

尽管武帝听到这些消息时勃然大怒,但这无论如何也比不上降临在罗马大将瓦卢斯头上的灾难。边境的安全并没有岌岌可危,最坏也顶多是不得不暂时放弃在蒙古的反袭击措施。这一插曲最严重的后果是,它充当了儒家文士反对军事扩张的一个借口。"国虽大,好战必亡。……且夫怒者逆德也,兵者凶器也,……夫匈奴无城郭之居,委积之守,迁徙鸟举,难得而制也。……得其地不足以为利也,遇其民不可役而守也。胜必杀之,非民父母也。靡獘中国,快心匈奴,非长策也。"[2]在整个中国历史中,我们到处都能找到文人学士们发表的这些雄辩说辞。它们代表了官僚阶层不变的信条,这些信条最终战胜了古代中国的尚武气质。由于文士们的轻视,戎马生涯被视为下等职业的那一天终会到来,到那时,他们的乌托邦和平主义将不可能提出任何先发制人的战争。

对于像武帝这样的统治者来说,这些滔滔雄词产生不了多大影响。他并不满足于在中亚描画汉人扩张的图样,而是要完成一项甚至更伟大的工作——最终吞并华南。

我们已经看到，古代的中国版图只限于华北和华中，亦即黄河流域和长江流域的北部。南部中国依然跟印度支那是同一个类别，是化外之地，是山川草莽之地，或者至少是树木繁茂的丘陵，与远古中国那一望无际的冲积平原和黄土梯田形成鲜明对照。像在其他事情上一样，秦始皇也是这方面的先驱，是最早给予向南推进以明确动力的人。他的巡幸之旅最南到了长沙——今日湖南省的中心，并派遣了一支远征军去占领广东地区。然而，在他死后，这支军队的首领们宣布独立，在广东建立了一个汉人地方王国，把今天东京湾的安南人划入了它的势力范围之内。公元前111年，汉武帝结束了这种争端，广东明确地加入了中原的版图，这一事件对历史进程产生了不可估量的影响。第二年，他又获得了对浙江省（上海南边）的控制，这次吞并的重要性毫不逊色，尤其是如果你认识到：这个新的但依然是殖民化的中原在很久以后（大入侵时期）成了名副其实的中国——帝国最后的堡垒。最后，汉武帝确立了辽阔的中国版图，东北至朝鲜的部分地区，东南至安南国，这里在那个时期包括东京湾和今日安南的北部各省，直至顺化。

汉武帝的功绩可以概括如下：在内，中国的专制制度通过文人的支持和封建领主的最后没落而奠定了坚实的基础。中国的恰当边界得以定义，南边扩张到了浙江和广东的海港。在外，中国帝制的历史版图同样也划过了中亚直至土耳其的西部，越过了朝鲜半岛至首尔的高地，穿过印度支那直逼顺化的门户。如果今天的中国人依然在为"汉人"这个名字而自豪的话，那实实在在是因为这位从公元前141至公元前87年一直统治中国的伟大皇帝。也正是在这一时期，马略和苏拉[3]的胜利确立了罗马对地中海世界的统治。而汉武帝的大军则在中亚、东亚和远东奠立了一个足以与"罗马盛世"相媲美的"华夏盛世"。

重新开始这位伟大君主的工作的下一位皇帝，是他的曾孙宣帝，他公元前74至公元前49年在位。这位头脑清醒的皇帝有机会目睹文人们的颠覆性倾向——他们是专业的和平主义者以及汉朝扩张的暗地里的反对者。

汉宣帝曾有一次叫道:"汉家自有制度，本以霸王道杂之，奈何纯任德教，用周政乎！且俗儒不达时宜，好是古非今，使人眩于名实，不知所守，何足委任？"[4]

汉朝对中亚的征服仍在继续。在宣帝治下，汉朝大军占领了塔里木盆地的主要战略要地，包括吐鲁番、焉耆(喀喇沙尔)和莎车。在北方，汉人的政策获得了一次决定性的胜利。通过煽动匈奴的两位觊觎王位者之间的反目，从而在匈奴帝国激起了一场分裂。其中一位竞争者打算获得对蒙古的控制，想得到汉人的支持。公元前51年(恺撒大帝也是在这一年最终征服了高卢)，他成了一位诸侯，来到长安的宫廷里在宣帝面前磕头称臣。他的那位被赶走的竞争对手则逃入了西突厥斯坦的大草原中，在巴尔喀什湖以西建立了一个新的匈奴王国。公元前35年，一支前来搜寻他的中原大军袭击了他的营地，砍掉了他的脑袋。这一大胆之举阻止了西部匈奴人的扩张，而且(顺便提一句)，也无疑保全了欧洲长达400余年。直到公元347年，这些匈奴人才重新集结到了阿提拉[5]家族的周围，再一次开始他们纵横日耳曼和罗马世界的征服之旅。

【注释】

[1] 原注:自1912年之后,这也是一种政治划分,当时的中华民国只能控制内蒙古。1924年,外蒙古建立了蒙古人民共和国,其主权在1946年得到承认。

[2] 《史记·平津侯主父列传》卷一百一十二。

[3] 马略(前157—前86),古罗马将军和政治家,七次被选为执政官。苏拉(前138—前78),古罗马统帅和独裁者(前88—前79)。

[4] 《汉书·元帝纪》卷九。

[5] 阿提拉(约406—453),匈奴帝国国王,曾成功入侵罗马帝国,被称为"上帝之鞭"。

第9章
文人治国

第 9 章 文人治国

上一章中我们暗示了罗马帝国的形成与汉代帝国的形成之间的某种一致性。下面的事实则显示了罗马征服的坚固:从横渡卢比孔河[1]（公元前49年）到亚克兴[2]战役（公元前31年），席卷整个拉丁世界的那场旷日持久的内战，始终没有危及罗马帝国的根基。许多年之后，中国也经历了一次巨大的危机，险些让汉王朝土崩瓦解，但尽管如此，中国人在亚洲的统治还是得以幸存了下来。

汉王朝早期支系的衰落，显然是由宫廷生活的独特气氛所导致的，因为，并非只有法国才有像凡尔赛那样的宫廷，为王朝的衰落铺平道路。除此之外，还有文人日渐增长的影响，他们的思想观念完全跟实际事务不沾边。这一支系最后几位统治者的历史，是宦党与儒士之间钩心斗角的故事，从客观的立场上看，两者都同样无法面对中国强大的持久需求。27岁登基、43岁去世的汉元帝（公元前48年至公元前33年），是个胆小懦弱、优柔寡断的知识分子，任由宦官们监禁自己。随着成帝的登基，衰退进一步加剧，成帝19岁即位，45岁去世（公元前32年至公元前7年），他既是一个学者，也是一个浪荡公子（他总是夜晚微服出宫，流连皇城的花街柳巷，不惜冒着遭遇袭击的危险）。他的继任者哀帝同样也是19岁即位，在位时间从公元前6年至公元元年，他生活在一伙娈童之中，任命他的安提诺俄斯[3]为军队统帅。这种堕落最终让王朝声名狼藉。老太后(元帝的遗孀)利用这个机会,把权力托付给了自己的侄子,也就是鼎鼎大名的王莽,一位野心勃勃的政治家。他扶持一个影子皇帝(一个9岁的孩子)在皇位上待了几个月,解决了自己的问题之后,他就让这孩子喝下了一杯毒酒。然后,他宣布自己为"天子"(公元9年1月10日)。

就这样,已经篡权夺位的王莽不再仅仅是个野心家了。当然,后来为颂扬汉代支系复辟而写的官方历史谴责了这个篡位者。他们没有说出来的,或者至少是极力掩饰的是:这一统治时期(公元9年至22年)标志着文人党的胜利。王莽对儒家教义颇有造诣,关于家长统治抱有跟儒士们一样的理论,这种统治,就是最早(传说中的)统治者和周代先王的所谓统治,它在中国所扮演的角色,有点类似于卢梭十分珍爱的"自然状态"。本着这一精神,王莽颁布了一系列改革法令,这些法令利害攸关,不亚于一场无可置疑的社会危机。

因为中国专制统治的出现,使得大土豪得以增加,而小地主阶级随之减少,这增加了食客和奴隶的数量。尤其在饥荒时期,穷人被迫卖掉他们所有的祖业,甚至出卖自己和儿女为奴。王莽力图跟农村人口的这种奴役作斗争,把他们带回到"一夫一妇田百亩,什一而税"的年代。然后,他矛头直指要害:如今,"强者规田以千数,弱者曾无立锥之居。又置奴婢之市,与牛马同栏。……逆天心,悖人伦,缪于'天地之性人为贵'之义。"[4]公元9年,王莽仿效哲学家孟子的远古乌托邦,每8口之家只允许拥有田地5顷。同时强迫领地多于此数的人把余下的田地分给亲戚和邻居。为了防止大领地的死灰复燃,他宣布了一项原则:国家是土地唯一的经营者。他禁止对这一法令作任何更改,从而防止了所有的土地买卖;用同样的方法,他禁止了所有的奴隶交易,只有国家才有权拥有奴隶。

次年(公元10年),王莽创立了一个官方团体,其职责是管制国家的经济。市场监管者们奉命按季度制定每件日用品的最高限价。"市官"们按市价买下那些拿到市场上却找不到购买者的货品（比如谷、绢、布匹等），这些卖不出去的货品被储存起来，等到商品匮乏、面临升价威胁的时候再投放到市场上。官方银行家们以三厘的月息放贷。另一方面，课税均按照所有利润的十分之一征收。除了农民之外（对他们来说每个收获季计算课税很简单），法令要求各行各业——猎人、渔夫、家畜养殖者、蚕农、纺织者、金属制造者、商人、医生、占卜者和术士——全都要申报他们的收入，上缴百分之十的利润给国家。王莽还授权连续铸造货币（这解释了为什么有数量惊人的货币都冠以他的名字），在此期间，他反复让货币贬值。到最后，他下令垄断所有黄金，立法禁运铜。

　　这些改革措施不仅显示了王莽是个精力充沛的人，一门心思要找到解决当时危机的激进办法，而且还表明他更多的是一个乌托邦知识分子，一个理论家，而不是人性的裁判者。他混乱的国家控制，很快就导致了一场普遍的反叛。黄金的垄断使贵族阶级遭受了灭顶之灾。为新发行的劣等货币制定的固定汇率，加上把成色更好的老货币以同样的票面价值归还国家的义务，正在毁掉整个商业。最后，国家的木材和渔业的垄断，严重影响到了小农阶级。经济陷入了混乱，糟糕的收成导致饥荒席卷各省。农民叛乱频繁暴发，尤其是在人口稠密的山东，那里的天然肥沃也不足以抵挡经年累月的干旱或洪水，因为这个原因，山东总是成为社会动荡的温床和道教狂热宗派的中心。公元前3年，山东大旱，可以看到大群大群的饥民在乡间游游荡荡，祈求道家的神祇。公元11年，黄河决堤，洪水淹没了山东与河北平原。公元18年，天下饥荒，人相食。一位强盗首领把叛乱的农民组织成了训练有素的队伍，指示他们把自己的眉毛画成红色，以为区别。赤眉军在人民同情的支持下，击溃政府军，很快就控制了黄河下游地区

(公元18年)。

与此同时，正统主义并没死去，汉王朝依然有它的支持者。随着王莽改革的失败，在赤眉军起义所带来的混乱之中，正统王朝的拥护者们在叛乱中迅速崛起。两位汉朝皇族后裔，刘秀和刘玄，作为领袖人物出现了，前者在河南，后者在河北。公元22年，这两个集团明智地联合了起来，公认刘玄为领袖，他们袭取了皇城长安。王莽被他的追随者们抛弃，躲到一座修建在皇家花园的池中塔楼的楼顶上避难。他在那里被人刺杀，头颅被献给了汉王。这位梦想按照儒士的理想改变中国社会基础的人，就这样身败名裂。

尽管这位篡夺者被推翻了，但秩序依然没有重新建立。复辟是打着刘玄的旗号才得以实现的，但刘玄是个平庸的人，一旦掌权，就显示出了他的无能。他只对自己的享乐感兴趣，让自己的厨子做了高官。与此同时，赤眉军依然盘踞着东部各省，此时，他们被刘玄的无能所激励，正在向首都进军。他们不费吹灰之力就占领了长安，刘玄仓皇而逃。一旦控制了这座城市，农民叛乱者就大肆劫掠。俘获刘玄之后，他们便把他勒死了。

还剩下第二位汉代皇位觊觎者刘秀，此人的才识器量大不一样，他机智聪明、精力充沛，是一个优秀的军人和一位深受欢迎的领袖。在长安被毁之前，他就在洛阳建立了自己的总部，此时，他在洛阳称帝(公元25年)。赤眉军在彻底抢劫长安之后，便开始向东退却。刘秀的大军把他们包围在了长安与洛阳之间，斩杀无数，剩下的都成了俘虏，总共大约有8万盗匪和他们的女人。此外，刘秀精明地意识到了该如何结束一场革命，他在革命者当中挑选精干强健的人，把他们编入自己的大军(公元27年)。三年之后，他对行政管理的改革已初见成效，税负下降到了十分之一到三十分之一之间。

【注释】

[1] 卢比孔河,发源于意大利中北部的一条河流,公元前49年恺撒率大军渡过此河,从此开始了内战。

[2] 亚克兴角,希腊西部一海角和古镇,公元前31年,屋大维在此战胜安东尼和克娄巴特拉。

[3] 安提诺俄斯,古罗马美男子,为罗马皇帝哈德林所宠幸。

[4]《汉书·王莽传》卷九十九。

第 10 章

丝绸之路

第 10 章 丝绸之路

汉王朝复辟了。幸运的刘秀如今当上了皇帝（光武帝），在他的统治时期（公元25年至57年），他花了32年的时间来修复战争给他的国家所带来的满目疮痍，重新建立了中国在东亚的霸权。

在天下大乱的那些多事之秋，中国自然而然地丢掉了其大部分外国属地。革命是有传染性的，某些依然保持忠诚的领地，在动乱岁月里也成了迟来的反叛的中心。印度支那的安南国，就正是这样的情形，在那一时期，安南国仅仅只包括东京湾和顺化以北的安南。现代安南的南部和中部各省，当时还处在马来－波利尼西亚人的控制之下。而且事实上，安南人只占据了东京湾三角洲和北部安南狭窄的沿海地带，因为安南人本质上是这一海岸的稻田耕种者——这种生活方式把他们跟同一种族的邻居芒族人区别开来，后者则是生活在内陆森林地区的猎人。共同的生活方式使得安南人与汉人的关系更近一层。大约在公元前110年的时候，中国人统治了这个国家，而后者也温顺地承认了这种宗主权。清化的墓葬群中，在同样的地点，既发现了原始安南人的"印度尼西亚"器具，也找到了纯粹的汉人物品。然而，公元40年，作为一系列中国管理失误的结果，安南人在两位后来在当地传说中非常著名的女英雄的激励下，摆脱掉了中国人的统治。光武帝把平定叛乱的任务交给了久经沙场的将领马援，他在印度支那海岸（这是当时中国航海家到达过的最远点）所创下的辉煌业绩，为他赢得了"伏波将军"头衔。公元42年，马援进入东京湾，次年初就平定了安南人的叛乱。据传说，广南（土伦地区）的那根铜柱就是他竖立起来的，以标志中国领土与安南那些化外之地之间的边界。

公元45年，蒙古的匈奴人以及另外的突厥－蒙古人的游牧部落把游牧生活带到了更远的东方，直逼大兴安岭，为了击退这些游牧民，马援从印度支那出发，奔赴帝国的另一端。不久之后，匈奴人内部出现了分裂。公元46年，上亚细亚出现了一场大范围的干旱，以至于三年时间里大草原寸草不生，成了名副其实的不毛之地，半数畜群甚至还有一些牧民因为饥饿而死去。就像匈奴人中间一直以来所发生的情况那样，内部分歧紧接着干旱旋踵而至。公元48年，内蒙古的游牧民起来反抗统治着外蒙古鄂尔浑河上游地区的首领，因而承认了中原的宗主权。他们沿着鄂尔多斯河套的边境建立了同盟国，守卫着中国的长城和黄河的那一部分。只要汉人能够维持他们的霸权，这些匈奴同盟者就一直保持着对汉人的忠诚，而这种霸权保持了200余年。到光武帝死的时候，汉人的霸权就这样在远东恢复了。他的霸业留给了他的儿子明帝（公元57年—75年），才通过在中亚的保护国而得以完成。在他的统治时期，汉人一直在努力最终解决塔里木盆地的问题。

像中亚的其他地方一样，塔里木盆地也是一个内陆水系地区。从天山和帕米尔高原奔流而下的水道，大多数在汇入塔里木主河道之前就逐渐消失了，而塔里木河，当它自己消失在罗布泊的盐碱沼泽里的时候，也几乎干涸了。但塔里木盆地却主要由一片堪与华北黄土相媲美的富饶土地所组成，因此，在那片可以灌溉的土地上，农业耕作者和果园栽培者可以不费力气地得到丰厚的回报。事实上，这跟尼罗河或幼发拉底河在干涸的过程中流经美索不达米亚的情形是一样的。从塔里木河两岸向后，生活的富庶程度缓慢衰退,只有沿着环绕塔里木盆地的两个半圆形山脉才能维持生存;北边有天山拱卫,南边被帕米尔高原和阿尔金山所环抱。那里,山坡上依然有活水向下流淌,一串绿洲形成了农业耕作最后的庇护所。这些绿洲,在东边跟罗布泊以西的疏勒(喀什噶尔)遥遥相对;在北边——从疏勒往东——是龟兹(库车)和焉耆,吐鲁番就是由此向东北方向延伸;在南边——又是从疏勒开始——是莎车、于阗(和田)、尼雅和米兰,最后一块绿洲靠近罗布泊。

这些绿洲的主要意义就潜藏在这样一个事实中:它们组成了沙漠商队的两条主要路线,一端是中国,另一端则是印度、波斯和地中海世界。它们是远东和西方之间不可或缺的交流媒介。此外,这些绿洲一直被精耕细作,灌溉作业把它们变成了花园之城,这里盛产玉米、小麦、甜瓜、西瓜、苹果、杏子、石榴和葡萄。在这些绿洲上耕耘劳作的农民,不同于他们周围的阿尔泰游牧民(尽管他们眼下都说突厥语),反而更像西亚的农业人口。即使在今天,他们的身体外貌也不是蒙古人的,而是非常类似于高加索人的伊朗变种。探险家李默德[1]描述他们有着"浓密的黑色头发和胡须,在没有经过风吹日晒的时候,他们的皮肤呈白皙的玫瑰色,他们长卵形的脸蛋上长着精致、突出、常常还笔直的鼻子,褐色的眼睛一点也不歪斜"。古代和中世纪早期的中国旅行家也给我们留下了类似的画像。

这一地区的考古发掘进一步凿实了这一人种史学的证词,并表明,直到公元9世纪,吐鲁番、焉耆和疏勒等地的人,说的并不是突厥语,而是纯粹的印欧语言,跟伊朗语、梵语和欧洲语言很接近。

塔里木盆地的这些绿洲,其对于中国和西方之间的主要通道的重要性,不可能不吸引远东和上亚细亚的两个军事强国的注意。来自杭爱山脉的匈奴人,和来自甘肃边陲的汉人,全都眼睁睁地盯着这两条沙漠商队的路线，全都声称自己有权控制它们。大约在公元前100年，前汉王朝统治之下的中原就已经成为吐鲁番盆地的那些小国的宗主国。但是，在公元纪元的头25年里，汉人的内战却让他们在那里丢掉了大量的地盘，就像在别的地方一样。

后汉朝廷幸运地拥有一群杰出的军事将领以收复这一地区，"开西域"。公元73年，汉朝的两位将领窦固和耿秉（骠骑将军），率领一支预备远征军进入蒙古，把北部匈奴人赶得仓皇逃窜。为了堵住他们的通道，汉朝军队在戈壁西部的心脏——哈密绿洲——建立了一块屯垦移民地。公元74年，窦固和耿秉对吐鲁番绿洲发动了一场进攻。匈奴王"走出门，脱帽抱马足降"。[2]

这些汉人将领中，最大胆的是一位名叫班超的骑兵将军。他出生于名门望族，他的哥哥和妹妹——后者是中国历史上最著名的才女之一——前者是《前汉书》的作者。而班超则更喜欢戎马建功，而非文字传世，尤其喜欢西部的冒险生活。他还认为"不入虎穴，不得虎子"。[3]有一次，班超受命率领一支小分队去罗布泊地区打探消息，他从当地国王不甚友好的姿态中推测到对方已被匈奴的使节争取过去了。在遇到一位当地人的时候，他突然发问："匈奴使来数日，今安在乎？"对方惊慌失措，将全部实情和盘托出。班超随即把手下的军官们聚到一起，"与共饮，酒酣，因激怒之曰：'卿曹与我俱在绝域，欲立大功，以求富贵。今虏使到裁数日，而王广礼敬即废；如令鄯善收吾属送匈奴，骸骨长为豺狼食矣。为之奈何？'官属皆曰：'今在危亡之地，死生从司马。'超曰：'不入虎穴，不得虎子。当今之计，独有因夜以火攻虏，使彼不知我多少，必大震怖，可殄尽也。灭此虏，则鄯善破胆，功成事立矣。'"众人认为，在采取行动之前要取得随军从事的许可，班超愤怒地拒绝了："吉凶决于今日。从事文俗吏，闻此必恐而谋泄，死无所名，非壮士也！"最后说服了他们。夜幕降临，狂风大作。"超令十人持鼓藏虏舍后，约曰：'见火然，皆当鸣鼓大呼。'余人悉持兵弩夹门而伏，超乃顺风纵火，前后鼓噪。虏众惊乱，超手格杀三人，吏兵斩其使及从士三十余级，余众百许人悉烧死。"完事后，班超把鄯善国王召到自己面前，一言不发地向国王展示了匈奴使节的首级。这位正打算出卖他们的国王，乖乖地重新对汉朝俯首称臣。

在塔里木盆地的南边，于阗的国王也正在洗耳恭听匈奴使节的说辞。这一事件同样很严重，因为，罗布泊能够阻截沙漠商队的到达，而与此同时，于阗却控制着整个南部通道。班超受到这一变节行为的警告，出人意料地到达了于阗。于阗国王对他不够尊重，因为一位跟匈奴人勾结的本地巫师煽动他反对汉人。这位王室巫师声称："神怒何故欲向汉？汉使有騧马，急求取以祠我。"国王被这个消息给吓着了，于是冒昧地向班超求马。班超假装答应了，条件是要那位巫师亲自去取。巫师刚到，班超就把他的脑袋砍了下来，送给了国王。后者屈服了，乖乖地交出了匈奴的使者。

公元75年，塔里木地区爆发了一场反对汉人保护国的普遍叛乱。班超被困疏勒，而另外几位汉将则被封锁在吐鲁番附近。他们粮尽草乏，不得不用器械装备上的皮革果腹，但他们坚持到了最后。在此期间，汉朝廷被这些持续不断的战争给吓坏了。明帝刚好在这段时间去世，他的儿子章帝继位（公元75年），是年，章帝只有20岁。朝廷颁诏，下令撤出塔里木地区。班超装出服从的样子，或者至少是撤到了于阗；然后，他改变了主意，不顾收到的命令，从容不迫地掉转方向，重新在疏勒站稳了脚跟，把所有在这段时间里表现出背叛的人全都斩了首。与此同时，来自甘肃的汉朝军团也正在从匈奴人的手里收复吐鲁番地区。"斩首三千八百级，获生口三千余人，驼驴马牛羊三万七千头，北虏惊走。"[4]

在给新皇帝的一篇上疏中,班超极力把朝廷的畏怯姿态与自己在西域的方法策略协调起来。这位汉人英雄指出,那些被文人们指责为劳民伤财的远距离作战,其实是一项富有远见的防卫政策。这个问题事实上就是保护中原免遭匈奴人周期性的攻击:"取三十六国,号为断匈奴右臂。"而他的方法才是货真价实的殖民政策:"以夷狄攻夷狄。"事实上,仅凭强迫新近征服的每个绿洲提供兵力,他就能够实现对塔里木地区的征服,这些兵力被他用来对付仍在反抗的其他几个绿洲。在他的军队中,除了少数冒险家和那些打算在变故频仍的戎马生涯中找回荣誉的流放犯之外,纯粹的汉人因素可以忽略不计。他们全都生活在免遭匈奴人攻击的保护地之外。他对皇帝解释说:"莎车、疏勒(喀什噶尔)田地肥广,草牧饶衍,不比敦煌、鄯善闲也,兵可不费中国而粮食自足。"他明智地把这一地区(这里因接近帕米尔高原和内陆森林而保持着郁郁葱葱)与从罗布泊一直延伸到敦煌的那些多石盐质黏土沙漠进行了对比。

所有这些殖民政策,全都是建立在对当地人心理状态的认识的基础上。在这场比赛中,班超是个经验丰富的老手。公元87年,最近在叛乱中脱颖而出的疏勒国王假装降顺,并请求召见。国王领着一支精干强悍的骑兵小分队到达了,计划发动一场奇袭。而班超这方面,则假装相信客人的善意,设宴款待他。酒酣耳热之际,班超抓住了国王,砍掉了他的脑袋。就在同一瞬间,汉朝军队露出真实面目,攻击了敌人的骑兵队,把他们全给杀了。公元88年,在莎车,班超不得不依靠一支在数量上处于劣势的军队(既有汉人,也有于阗的援军),他伪装在夜间撤退,然后通过一次强行军掉头返回,在黎明时分向莎车人发起进攻,斩首5000余人,迫使莎车城降顺。

对北方的蒙古,汉朝将领们的意图(或者说是与班超竞争的好胜心)也同样坚决。公元91年,汉朝军队直捣匈奴的心脏,大概一直到了鄂尔浑河的两岸，俘获了匈奴酋长的全家。在塔里木地区，龟兹大绿洲已经完全没有希望得到来自匈奴人的更多帮助，于公元90年投降。只剩下焉耆仍在反抗。公元94年，班超率领一支来自龟兹和罗布泊的援军部队，向反叛者的城市进军。当地人砍断了裕勒都斯河上的桥梁，但一切都是白费力气，班超涉过了这条齐腰深的小河，出现在焉耆城前的沼泽地里。有些焉耆人得以逃过了博斯腾湖，但剩下的人全都被迫投降。焉耆国王被斩首，行刑地点就在他当年杀汉人都护的地方。班超"纵兵钞掠，斩首五千余级，获生口万五千人，马畜牛羊三十余万头"。朝廷授班超西域都护，封定远侯，这位汉人征服者成了中亚事实上的总督。他"逾葱领（即帕米尔高原），迄县度（悬渡），出入二十二年，莫不宾从"。也就是说，一直到了波斯和印度的门户。

在印度和阿富汗的方向，是印度－斯基台人的王国，我们稍后将有机会更充分地谈到这个民族，因为佛教正是通过他们传到中国的。波斯是安息王朝帕提亚人的，由于班超的征服，他们与中国人之间，即使没有实际接触，至少是建立起了商业上的联系，同时，他们还在幼发拉底河与罗马帝国接壤。帕提亚人是今日伊拉克和伊朗的大部分地区的主人，毋庸置疑，河中与印度－斯基台人的阿富汗把帕提亚人跟中国人的征服隔离开了。然而，就在罗马人在美索不达米亚威胁着他们的同时，中国军队的进军步伐，似乎也正从帕米尔高原的山坡上隆隆逼近。公元94年，帕提亚人"借助一连串的翻译"，认识到审慎的做法是：派遣一位使节携带礼品去大汉朝廷，这些礼品可能被描述为贡品。97年，班超委托他的一位助手（名叫甘英），去跟这些帕提亚人以及更远的罗马帝国建立正式的关系。

中国人已经知道了罗马帝国，并冠以"大秦"[5]这个名字。他们甚至知道东罗马帝国的一些都城的名字：安提阿被翻译为"轩都"，亚历山大城被翻译为"安都"[6]。如果班超的特使成功到达了罗马帝国的话,那应该是在图拉真皇帝登上皇位的时候。图拉真的统治时期(98年—117年)标志着罗马帝国在亚洲扩张的巅峰,在一场令人难忘的战役中(114年),他作为征服者进入了帕提亚人的都城泰西封。你不妨想象一下,中国军团与罗马军团之间为了中亚的联合宗主权而结成同盟,或者换一种更谦虚的说法,为了在图拉真的罗马人、印度-斯基台人和班超的那些能征善战的军队之间达成一连串的协定。这不过是徒然的美梦。因为中国特使甘英在见到帕提亚人之后,听由他们劝阻自己不要向罗马边境推进。这似乎足以表明:帕提亚人是多么害怕罗马与中国之间可能达成的谅解。

公元102年,班超退役。他满载着荣誉回到了首都洛阳,但29年的戎马生涯耗尽了他的生命,几个月之后,班超去世。在他死后,他的伟大事业不可避免地遭受了新的挫折。他在塔里木地区的继任者们,就内在本质而言都是一些诚实正直的戍边将领,但他们对殖民地的环境一无所知。在生前,班超已经警告过他们:"塞外吏士,本非孝子顺孙,皆以罪过徙补边屯。而蛮夷怀鸟兽之心,难养易败。今君性严急,水清无大鱼,察政不得下和。宜荡佚简易,宽小过,总大纲而已。"然而,言者谆谆,听者藐藐,结果,公元106年,塔里木地区爆发了一场普遍的反叛。

中国朝廷再一次变得沮丧气馁。儒士们又有机会拿出他们古老的和平主义理论,要求放弃保护国。基调总是一成不变,在古圣先王的时代——这在中国文人的说辞里总是被描绘为黄金时代——中国并没有外国领土:"局限在其固有的边界之内,人民安居乐业。那么,我们为什么要坚持供养这些遥远的戍军呢?耗费甚巨,而且也证明无力阻止周期性的叛乱。"在御前会议上,当班超的儿子班勇请求发言时,儒士们的观点正要占上风。班勇说:"今通西域则房势必弱,房势弱则为患微矣。孰与归其府藏,续其断臂哉！今置校尉以扦抚西域，设长史以招怀诸国，若弃而不立，则西域望绝。望绝之后，屈就北房，缘边之郡将受困害，恐河西城门必复有昼闭之儆矣。"

中国在这些地区所建立起来的保护国，其于文明史的发展关乎至重。正是在那一时期，通过打开穿越塔里木盆地的两条通道，从而使得中国与罗马世界建立起了商业联系——北边的通道途经罗布泊、焉耆、龟兹和疏勒，南边的通道途经罗布泊、尼雅、于阗、莎车和疏勒。中国人就是通过这两条通道把他们的产品出口到罗马的亚细亚，其中主要商品是丝绸。这一穿越塔里木盆地的商旅之路（包括它的两条通道），就是丝绸之路。

中国人的养蚕，可以追溯到非常遥远的时期。《禹贡》和《周礼》这两篇文献的年代，前者来自公元前9世纪至公元前6世纪之间，后者则来自公元前4世纪，其中就说到了丝绸是那个地区（今山东与河南）的主要财源。到了汉代，丝绸卷在与外国朝廷的官方交易中被当做流通货币来使用。

当希腊-罗马世界开始熟悉丝绸的时候，没有比它的需求量更大的商品了。亚历山大港与罗马城为了不同货物的目的地而争吵不休。卢卡[7]告诉我们，克利奥佩特拉想在宴会上让宾客们目眩神迷，而身着华丽的丝绸衣袍闪亮登场。维吉尔[8]在他的《牧歌》中这样歌唱蚕茧："赛里斯[9]人从树上梳下来的精细的羊毛。"用赛里斯这个名字来称呼中国人，意味深长；它源自丝绸这个词，因为对罗马人来说，中国首先是"丝绸之国"，或者称"赛里卡"（Serica）。丝绸的时髦变得如此流行，以至于提比略[10]制定了戒奢令，禁止男人穿着丝绸衣服，为的是保证对妇女的充足供应。普林尼和马提雅尔[11]也谈到过丝绸贸易，这种买卖总是在首都最时髦的街区里进行。整个贸易都必须经过帕提亚人的帝国，中国史书记载，帕提亚人意欲保护他们对中国丝绸的垄断，因此，他们阻止了中国与罗马之间的直接交流，正像我们在

第10章 丝绸之路

甘英的事例中所看到的那样。

公元1世纪，一位名叫蒂提亚诺斯的希腊－罗马商人（他是马其顿本地人，其主要生意看来应该是在叙利亚），产生了一个大胆的想法：通过他的代理人探测从叙利亚到中国的丝绸之路，从而克服帕提亚人的阻碍。他的调查成果，通过推罗城的马里诺斯（约公元110年）、经由地理学家托勒玫（约公元170年），传到了我们的手中。这条通道，显然是从安提阿开始，在希拉波利斯（今阿勒颇以东的曼比季）穿过幼发拉底河，进入帕提亚，再从那里穿过阿克巴塔那（今哈马丹）和赫卡托姆皮洛斯（今沙赫鲁德），再经马雷（即木鹿）的安提阿，进入印度－斯基台人的帝国，到达巴克特拉（今巴尔赫）。从那里折向北，在帕米尔高原的脚下，"走上科默多伊那岩石嶙峋的坡道，穿越崇山峻岭，然后转而向南，直到那条通向平原的峡谷"，至此，你就来到了一个被称为"石塔"的地方，叫石塔的地方还有很多，分别位于塔什库尔干、莎车的西南、阿莱的上游河谷和疏勒的西部。根据马里诺斯和托勒玫的描述，这条通道从那里通过"迦西亚（Kasia）国"——这里可能就是疏勒（梵语为Kacha），尽管与有些人说的相反——然后，经伊塞顿·希西卡（可能是龟兹）、达姆纳（多半是焉耆）和伊塞顿·塞里卡（大概在罗布泊地区）。这条通道经过达克斯塔（很可能是玉门关，从敦煌进入中国的门户）和吐火罗（可能是今天甘肃省的甘州），那里是当年所有来自中亚的沙漠商队的目的地。这条通道终止于"丝都"，很可能就是汉代早期的都城长安（今西安），是当时从西方到达中国的第一座大城市。

丝绸之路并不是汉帝国用来与罗马帝国来往交流的唯一通道。亚历山大城的地理学家马里诺斯和托勒玫还描述了一条海路——这就是未来的"香料之路"，终点是卡提喀拉港，可能就位于今天的东京湾海防市附近的某个地方。《厄立特里亚海航行记》（公元90年）记载，一直向着黄金半岛（马六甲半岛）的北边航行，就可以到达一个名叫"秦那"的内陆城市，中国的丝绸就是从那里出口到巴克特拉。很有可能，希腊地理学家所谓的秦那（Thina，就是希腊语的China）就是这一时期的汉代首都洛阳[12]。最后，我们从中国的编年史家那里得知，公元166年，一位显赫的人物来到中国，声称自己是奥勒留[13]皇帝的特使（在中文里，奥勒留的名字被翻译成"安敦"）。这个陌生人"自日南徼外"，经海路来到中国，所谓的日南，是汉朝的一个辖区，相当于今天的安南南部。

通过这两条通道——横跨大陆的丝绸之路和海上通道——佛教即将进入中国，对于这个远东王朝来说，这是头等重要的大事件。

【注释】

[1] 李默德(Fernand Grenard, 1866—?)，法国探险家，曾于1889年至1894年穿越新疆、蒙古、西藏等地。

[2] 《后汉书·耿秉传》卷十九。

[3] 《后汉书·班超传》卷四十七。本章的引文除特别注明外均出于此。

[4] 《后汉书·耿秉传》卷十九。

[5] 原注：秦跟古老的秦国是同一个字，"大秦"这个名字的来历尚不清楚。译注：古大秦相当于何地，学界大致有三种说法：一谓指罗马帝国东部，一谓指罗马帝国，一谓指黎靬即亚历山大城。

[6] 安提阿为古叙利亚首都。作者在这里正好弄反了，中国古书中的黎靬或黎轩一般认为是亚历山大城，而安都则是指安提阿。

[7] 卢卡(Lucan, 39—65)，古罗马诗人，他的《法尔萨利亚》是关于恺撒和庞培之间内战的史诗记录。

[8] 维吉尔(Virgil, 前70—前19)，古罗马诗人，其主要作品为史诗《埃涅伊德》。

[9] 古罗马人把中国称为赛里斯(Seres)，意为丝绸，后面提到的Serica一词也由此演化而来。

[10] 提比略(Tiberius, 前42—37)，古罗马皇帝。

[11] 小普林尼(Pliny The Yowger, 61—113)，古罗马执政官和作家，他的书信提供了有关古罗马人生活的珍贵信息。马提雅尔(Martial, 约公元前1世纪)，罗马诗人。

[12] 原注：China看来似乎是来自古梵语对东方地区的称呼，而并非像人们常常猜测的那样是来自秦国这个名字。在必要的时候，中国人会把世界的中心(他们就生活在这里)跟外围地区区别开来，一个古老的措辞变成了现代这个国家的名字：中国，按照字面的意思，就是"中央之国"。

[13] 马可·奥勒留(Marcus Aurelius, 121—180)，新斯多葛派哲学家，罗马皇帝，161年至180年在位。

第 11 章
佛教传入中国

第二章 佛教传入中国

佛教本质上是一种印度宗教，大约600年来一直只局限在印度。其创立者释迦牟尼（于公元前565年至公元前486年之间生活在恒河的东部流域），他最终挣得了"佛"这个头衔（换句话说，就是"大觉大悟者"）。他是尼泊尔丛林里的一位年轻贵族，弃绝红尘，过着与世隔绝的隐居生活。在经过漫长的禁欲苦修之后，他认识到这是白费力气，在伽耶（今巴特那以南）的菩提树下，他获得了彻悟。他认识到了众生皆苦的普遍规律，这表明，俗世只不过是不断变化的湍流，最终将沦为悲痛。同时应该说，这种悲观主义，源自于印度人普遍抱持的一种信念，这就是对灵魂转生轮回的信念。西方宗教提出了来世的奖赏，而印度教义中的来世，则是以噩梦的形式出现的，因为，所有这些轮回的机会——生、老、病、苦、死——都是为了永恒的苦难而再生的，这就好像是宣判了来生的苦役。

对于这种噩梦般的轮回，佛提出了一个解决办法。要想逃出轮回世界的这种永恒的转生循环，首先必须消灭"对生的渴望"（正是这种渴望导致了转世），消灭自我。这种消灭，是真正的涅槃或者至福。为了达到这个目的，佛并不鼓吹自杀（这只能把人投回到最可怕的转世中），而是提倡与激情作斗争，提倡为了一切生命而牺牲个体，把普遍的善推行到为了众生（包括人和动物）而不断自我牺牲的程度。佛的教义，一方面是形而上的消极，另一方面，又导致了克己、贞洁、慈悲和温顺的处世准则。

要理解佛教的极大扩张，你首先应该认识到，这样一种精神气氛，对于真正高贵的灵魂来说，必定有着相当大的吸引力。特别是，我们不难指出，那些关于佛的"前生"（在各种各样的人和动物的外表之下）的传说中充满着诗意的元素，这些传说在文学和艺术中都得到过表达。其中包括那个为了鹿群而牺牲自己的鹿王，那只为了供养道士而自投于火中的兔子，那头提出把自己的长牙献给凶手的大象，以及许许多多别的故事。

在其创立者在世期间，佛教就在恒河东部、摩揭陀（南比哈尔）、贝拿勒斯和奥德等邦宣讲，再从这些地方逐渐传播到整个印度。释迦牟尼所创立的教派，由一个僧侣阶层所组成，他们集中居住在寺庙里，团结了一大帮底层的俗家信众。在接下来的500年的时间里，佛教信条自然也得到了修改。在其创立者的那种稍显冷漠的道德信条的基础上，添加进了满足人类心灵需要的神学信仰。历史上的佛陀，达到了涅槃（换句话说，就是"寂灭"），对祈祷者来说，变得几乎不可接近。后来的佛教，通过创造出许多未来的佛——菩萨——从而避免了这种困难，这些菩萨正等待着在极乐世界里道成肉身的时刻，而这段等待的时间，就被用来拯救俗世苍生。其中有些菩萨最终会赢得历史上的佛陀的热爱。弥勒菩萨就是这样的情形，他道成肉身的时刻即将来临，因为这个原因，他被称为"佛教的弥赛亚"。接下来有观音菩萨，她的梵文名字表明她是"佛教的神"，相当于"佛的圣母马利亚"，这位"女神"观音，将要在中国佛教里扮演一个非常重要的角色。与观音菩萨密切相关的是阿弥陀佛（"无量光"），他在中、日几个虔诚教派中所扮演的角色，其重要性丝毫不亚于观音菩萨。这座万神殿的创造（显然是于公元1世纪在印度北方建立起来的），正好赶在佛教准备承担起皈化远东的任务的时候，完成了佛教的主要面貌。

新近创造出来的菩萨,将对这次皈化作出很大的贡献。这些高高在上的属灵造像,充满了怜悯和慈悲,在周围产生出一种信任和爱的气氛,这是一种虔诚的、私人化的宗教,东亚还拿不出可以与之匹敌的东西。特别是中国(儒教和道教拿不出任何相似物),将从佛教当中找到一个全新的精神世界的启示,这对中国社会的所有阶层都是有吸引力的。哲学思考在佛教中找到了取之不尽的营养源,多亏了形而上学,印度佛教才在接近公元1世纪的时候凭借它登上了顶峰。一般而言,这样精心构建起来的体系,其所宣扬的通常是建立在自我和外部世界的非现实基础之上的绝对理想主义。宇宙成了一个"纯粹的思想"王国,一个"理想之海",这种信条与古代的中国道教有着某种相似之处。除此之外,人们的感情不可能不被关于每位菩萨的无数传说所吸引,被那些为了让他们崇拜而设立的慈爱亲切、令人惊叹的佛像所吸引,被圣徒们的生平——"佛教的黄金传说"——所吸引,被天堂和地狱的缤纷色彩所吸引,最后,尤其是被佛教艺术本身所吸引。

　　直到基督纪元开始之后,印度佛教才产生出了富有魅力的、深受印度永恒自然主义启示的艺术。这些最早的、纯粹印度雕塑流派的艺术家,从来不敢描绘佛陀的肖像,就像穆斯林不敢描画安拉或穆罕默德的画像一样。毫无疑问,这并不单单是个尊敬的问题,它还是个逻辑问题:因为,一个最终实现了涅槃的人,换句话说就是一个已经去人格化的人,希望通过肖像让他复活肯定是矛盾的。即使是在他的生活场景中,佛陀的像也被许多传统符号所取代。然而,当希腊精神在西北印度扎下根之后,这个观点发生了变化,最初,那里是在亚历山大大帝的继任者们统治之下,后来是在继任的印度-斯基台人国王们的治下,他们本人都是希腊文明的坚定支持者。皈依佛教的希腊人觉得有必要写实地表现佛陀,并从他们的阿波罗神那里得到了灵感。因此,最早的佛像(大约塑于公元初叶的白沙瓦地区,即古代的犍陀罗),纯粹就是阿波罗，简单地添加了佛陀的一些仪式特征：双目之间的智慧标志，拖长的耳垂（在佛陀还是王子的时候由于佩戴沉重的耳环而导致的），最后是用来承载花饰头巾的假髻，这一特征在后来当这种头饰的样式被遗忘了的时候发展成了脑壳的隆起部分。

在古犍陀罗和更西边的哈达（位于白沙瓦与喀布尔之间）所进行的考古发掘中，找到了数以百计这样的希腊佛陀，它们有着古典主义的轮廓和希腊风格的衣饰。就是这种类型的希腊佛陀，一个世纪接一个世纪，一步接一步，穿越整个中亚，传递到了中国和日本，产生出了难以数计的远东佛陀。至于在这场漫无边际、穿越时空的旅行中，最初的希腊佛陀已经被改得面目全非，那就更不用说了。等到变成中国的佛陀之后，也就走到了它的终点，不过即使在这时候，依然能凭借轮廓的线条和衣饰的排列，让人依稀想起它遥远的希腊血统。

印度佛教在着手皈化中亚（塔里木盆地）和中国的前不久，就开始采用这种希腊风格的肖像法。

看来很有可能，佛教僧徒们在中国宣讲其教义的时候异乎寻常的迟缓。释迦牟尼死于公元前486年，可直到公元60—70年，才有最早的佛教团体见于记载。事实上，也只有到了那个时候，佛教僧徒在中国的传教，才因为两次重大政治事件的同时发生而成为可能。首先，西北印度和阿富汗（当时这一地区也像恒河流域一样有很深的佛教根基）成了一个伟大帝国的一部分。这就是印度－斯基台人的帝国，这是一个起源于中亚的民族，正是因为这个原因，所以他们一直保持着跟中国人的联系，而刚刚作为最后的印度－希腊国王的继任者在印度和波斯边境安顿下来，他们就同时开始接触印度人的宗教信仰——主要是佛教——和希腊文明。其中最著名的一位印度－斯基台人国王，就是迦腻色迦，他多半跟班超和图拉真是同时代的人。迦腻色迦留下了一些精美的硬币，带有按希腊方式处理过的佛像，用希腊文刻着Boddo（佛）

这个名号。除了公元88年一次短暂的反目之外（当时印度－斯基台人试图插手塔里木盆地，被班超挫败了），他们与中国的关系一直很不错，这确保了印度与塔里木地区那些中国人的保护国之间交流的安全可靠。

汉代中国对西域的征服，其对于宗教的重要意义，再怎么高估也不会过分——这就是有利于佛教在东亚传播的第二个历史因素。汉代的"天下"帝国的形成（其范围直到帕米尔高原，也就是印度的门户），以及丝绸之路的开辟，使得中国成了印度－斯基台人帝国的邻居。佛教作为一种普世宗教，很快就因为这一空前有利的地理位置而受益。同样，大致在同一时期，罗马人的征服使得天主教在西方的传播成为可能。就这方面而言，"华夏盛世"在远东的宗教上的意义，与"罗马盛世"在地中海世界的宗教意义有着某些相似之处。

因为受到地理位置的支配，佛教僧徒的传道路线从塔里木盆地南部的于阗地区开始，正像那里发现的希腊－佛教雕像所显示的那样。于阗东北部买里克阿瓦提的一座古代佛塔的院子里的那些浅浮雕，其鉴定年代来自公元1—2世纪，其衣饰具有纯粹的希腊式韵味。佛教的传教路线遵循沙漠商队的丝绸贸易通道。在古于阗（在约特干）以及更东边尼雅附近的地方，发现了罗马工艺的凹雕，表现的是古代众神——雅典娜、宙斯、厄洛斯、赫拉克勒斯——或者是驷马战车。这些凹雕，显然大部分可能都是流动的玉石工匠在现场刻下的，那些亚洲希腊人、叙利亚人或大夏人出于利益的诱惑或对旅行的热爱而不远万里来到这个丝绸之国。在罗布泊以南的米兰，在一座大约公元3世纪的古代佛教寺庙里发现了一些壁画，除了佛教的灵感之外，还可以发现罗马亚洲或庞贝的影响。你会惊讶地发现，佛陀的身边环绕着僧侣、长着翅膀的精灵、戴着弗利吉亚帽的无须男人、弹琵琶的女人，最后，是驷马战车，显然源自于叙利亚的罗马艺术。其中一幅壁画有印度文的题字，显示画家的名字叫提塔(Tita)，这很可能是提图斯(Titus)的印度语翻译。还有几件东西，比这些佛教和罗马绘画更能透露内情，都是在罗布泊沙漠的核心地带找到的，这里是沙漠商队通道到达中国第一个边境站——敦煌——之前的最后一段。

但对于那些来自西北印度的佛教僧徒来说，塔里木盆地只不过是进入中国的门户而已。公元60—70年间，一位汉朝亲王的宫廷里组织了一个最早的佛教团体，他的封邑在今天的江苏省。我们有趣地发现，这位亲王是位道教徒。事实上，佛教最早在中国传教的时候，在中国人看来它似乎是一个道教教派；罗马天主教最初也是这样，在人们看来只不过是个犹太教教派而已。佛教僧徒们有意无意地利用了这种最初的误解。要创造一套全新的语汇把印度人的观念翻译成汉语——也可以说是翻译成汉人的思想，从道教中借用类似的术语也就是自然而然的事了，也就是照着道教的模子铸造他们新的表达方式。类似地，17世纪的耶稣会传教士为了把基督教的神学观念翻译成汉语，不得不从儒家知识分子那里借用部分词汇。公元3世纪的基督教辩护士也是这样，从柏拉图和斐洛那里借用他们的哲学术语。中国最早的佛教团体，正像马伯乐所说的，是一些"越来越有佛教气息的道教"信徒。

最重要的佛教团体，自然是公元2世纪下半叶在皇城洛阳成长起来的一个团体。它是一个帕提亚人所创立的，此人148年到达中国，170年去世。在最早前往中国的佛教僧徒中发现一个帕提亚人似乎有些古怪，但这绝不是孤立的例子。这一时期，以及公元3世纪的上半叶，在中国的佛教僧侣阶层中可以找到另外一些帕提亚人，还有印度-斯基台人，统治阿富汗和西北印度的印度-斯基台帝国的本地人。在大汉帝国建立的佛教团体中，这些人的出现赋予了佛教在这个国家的传播以额外的意义，因为佛的信仰带给远东的不仅仅是印度人的思想和希腊人的艺术，而且还有来自古代波斯文明的某些影响。

尽管有这些局部的成功，但在汉代中国，佛教并没有受到普遍的欢迎。虽然在一开始它因为跟道教的混淆而受益，但道教徒们很快就醒悟过来，公开揭发这一根本性的错误，怀着压制不住的宗派敌意，他们对佛教僧徒穷追猛打。至于儒家知识分子，他们明确宣布了对这个"外来宗教"的最终判决：佛教徒的落发出家是反社会的，因为这种修行方式摧毁了家庭生活，危害到了祖先崇拜，而佛教僧侣则自私地专注于自己的个人拯救，对国家的命运表现得漠不关心。这只是争吵的开始，它一直持续到了现代。千百年来，儒家学者和佛教徒一直在拿着不对等的武器互相战斗，因为儒教——在这个词的最宽泛的意义上——所要维护的是官方的国家学说，而佛教，即使是在本人好佛的皇帝的统治之下，也只能代表非官方的活动，这是一种特殊的宗教，不管它在宗教盛行的年代传播得如何广泛，但对中国人的家庭和中国人的国家来说，它始终是外来的东西。

在汉朝的统治之下，佛教尽管从未受到过迫害，但它在中国所扮演的角色，却并不比基督教在图拉真和奥勒留时代的罗马帝国所扮演的角色更重要。

第 12 章
汉代的盛衰

第 12 章 汉代的盛衰

中国在汉王朝统治下所享受的长治久安，给这个国家带来了空前的财富，这一时期的艺术可以为此作证。

汉代中国的艺术，对我们来说有着特殊的意味，因为它代表了早期艺术发展的巅峰，这个时候正好就在佛教引入的外来影响彻底颠覆传统标准之前。

我们已经描述过古代中国青铜器发展的主要阶段。首先是商代青铜器，这一时期有着惊人的创造活力，有着生气蓬勃的力量、自发性和多样性的主题，这在此后任何年代都是无可匹敌的。接下来是周朝初期，这一时期的青铜器，形态笨重，装饰贫乏。最后是战国时期和秦代青铜器，这是一个创造活力复兴的时期，其装饰因为明快的节奏而显得生气勃勃。随着汉代的到来，形态被大幅度地简化，以至于这个时期的青铜器尽管线条很纯净，但有时候带有希腊花瓶的那种节制。在它们的装饰中（在这些青铜器上，除了带环把的饕餮之外，装饰并没有被完全禁止），战国青铜器的繁复被同样引人注目的简朴所取代。所有过度的装饰（这在某些古代青铜器中发挥到了极致）全都消失不见了。从这以后，主题的典雅精致便潜藏在"装饰的对称，对线条和符号的巧妙使用，以及圆雕中模型的节制"。浮雕中的装饰，常常被雕刻的图案或镶嵌的绿宝石、孔雀石或金银所取代。"借助这种方式实现了非凡的装饰效果，要么是几何图案，要么因为或真或幻的场景而生气饱满：妖怪的形象，跳舞的鬼神，以及打猎或战争的场景，全都因为它们惊人的活力而令人称奇。"在汉代的带扣上（另外一些则无疑是来自战国时期），也发现了类似的宝石和贵重金属镶嵌，正如我们已经指出过的那样，衣物的装饰有匈奴的起源。在汉代中国得到广泛发展的镶嵌工艺，也许是从希腊－意大利世界引入的，这也并不是不可能。

铜镜最早出现在战国时期和汉代，并迅速传遍全国。这些镜子，与其说是为了实用，不如说是为了某种神秘的目的，它们都带有这两个时期的装饰特征。汉代的铜镜同样显示了在青铜器上所发现的那种几何的简朴，这种简朴丝毫没有减损道教徒们归因于镜子的那种不可思议的神奇力量。

我们在汉代镶饰青铜器上所发现的隔行交错的旋涡形和螺旋形装饰，也被用于同一时期的漆器，这种漆器，不仅在中原发现过，而且在朝鲜的汉人墓葬中、在诺彦乌拉（蒙古的库伦附近）的匈奴人墓葬中以及贝格拉姆城（阿富汗的喀布尔附近），也都发现过。

从河南和山东所发现的一些小墓室中出土的石雕和浅浮雕，大概是工匠们用凿子仿照早已消失的宫殿壁画复制下来的。这是一种线条和绘画的艺术，画面上的战车队列或舞蹈的神魔鬼怪都充满了速度和动感。这种艺术有着双重的意味，它一方面在贵族生活和军旅生活的场景中努力按照汉代知识分子的想象重构远古时期的历史，另一方面又在幻想的场景中再现了因为被官方儒教所摒弃而实际上已经消失了的神话，这样的神话如果不是残存在道教传说当中的话，我们恐怕知道得更少。我们有机会看到，新道教在汉代末期所发挥的影响，以及它在关乎王朝崩溃的宗教运动中所扮演的角色。河南和山东的墓葬浮雕，有助于我们理解这股潜流，它逐步侵蚀着那个时代表面上稳定的儒家社会的基础。

四川出土的墓柱雕刻，特别是著名的"神柱"，水平更高，在风格上更接近希腊－罗马的古典风格。不管怎样，这些都是艺术家的作品，而并不纯粹是工匠之作。顺便提一下，请注意某些汉代的浮雕，比如陕西的那些描绘狮子（中国并没有发现过狮子）的浮雕，看上去启发其灵感的原型即使不纯粹是波斯的（像有的人所说的那样），至少也是希腊－波斯的。这完全可能是丝绸之路的影响的一个例子。

圆雕，似乎在商代大理石雕之后就已经从中国消失了，在战国时期又以青铜器顶盖上的龙和动物（比如老虎和公牛）的形式重新出现。这些形象的朴素现实主义在汉代又得到了发展。圆雕不再仅仅作为装饰图案而被使用，而是本身就被当做目的看待。出现了大量赤陶墓葬小雕像，包括人、动物和神话形象。这里，像在古埃及一样，我们看到了活物的替代品，它们使得死者能够继续他们常态的日常生活。这些小雕像，尤其是动物塑像，其主要品质还是朴素而生动的现实主义，没有过度发达的肌肉，而且充满了动感。

汉代艺术尚未感觉到佛教的影响，同时，其某些技巧依然保留着跟草原动物艺术的联系，就像战国早期的情形一样。我们已经指出过，这种草原艺术的特征，以用作装备和马具的小青铜物品——带扣、扣环和饰板等——为代表，装饰着程式化的斗兽图案，多少有些纠缠在一起，常常被置于不对称的相反方向。我们还看到，尽管依据时间地点的不同而存在许许多多的变化，但草原艺术，一直从南俄罗斯的斯基台－萨尔马提亚人的领地，延伸到鄂尔多斯和外蒙古的匈奴人的领土。在俄罗斯阿尔泰山的巴泽雷克进行的考古发掘显示出这一艺术的连续性；出自公元1世纪初叶的物品，斯基台－萨尔马提亚人的与匈奴人的在数量上不相上下。外蒙古库伦附近的诺彦乌拉古墓（鉴定年代为公元初年），甚至更重要。在这座匈奴酋长的墓葬中，人们发现并排放置着一件中国漆器，一些中国丝绸，以及一件华丽的毛织地毯，以纯粹的草原风格刺绣着斗兽,这是两种文明相互交融的明证。作为进一步的证据,巴黎的塞努奇博物馆里有一件汉代青铜器,主题表现的是草原动物之间的一场战斗,却是按照纯粹的中国方式处理的。我们已经看到,公元1世纪汉王朝是如何建立了一个匈奴区作为蛮族同盟者和鄂尔多斯边境的守卫者。在鄂尔多斯边境地区,中原艺术与草原艺术之间的融合一直延续到了成吉思汗时期。

这些匈奴同盟国在长城脚下的建立,显示了对中原强盛的信心。这种信任没有放错地方。直到公元4世纪,鄂尔多斯的匈奴人都被证明是一些很听话的外援。与此同时,大约在公元150年,上蒙古(鄂尔浑盆地)的蒙古人丢掉了他们对东部蒙古的霸权,这种霸权转移给了另外的游牧民族——兴安岭北部的土著民族鲜卑,他们看来应该是历史上蒙古人的祖先[1]。像每一个新兴的游牧部落一样,鲜卑自然也不断攻击中华帝国的边境,这些攻击在公元2世纪的整个下半叶断断续续地屡次发生,特别是在今日满洲的南部,但每一次都被击退了。跟罗马帝国不同,汉帝国从不屈服于侵略。它的衰落,应该是内部危机的结果,这些危机既有政治危机,也包括社会危机和知识危机。

从纯粹的政治观点看,在公元25年复辟之后似乎获得了新鲜活力的大汉王朝,很快就故态复萌,沦入了衰落甚至退化。皇子们总是在垂髫之年登上皇位,因生活上过度放纵而在青春年华就一命呜呼。在宫廷生活矫揉造作的氛围中,奸党的势力日益强大,太后、嫔妃和宦官的影响占了上风。而正当中央的权力日渐衰微之时,儒家文人却通过为帝国和社会提供官方教条来巩固其基础。公元79年,一个由学者所组成的委员会编定了孔子及其学派的著作的权威版本,打那以后,这个版本就有了经典的权威。从前,儒家典籍的原文与解释在不同的"书"和不同的老师那里都有所不同。175年至183年之间,为了让这个版本永远流传下去,经典原文被刻在一系列石板上,从这些石板上摹拓下来的拓片,便是印刷技术的肇始——事实上中国的印刷术必定有着类似的起源[2]。儒家经文作为权威教条的确立,导致了儒士作为一个组织化阶层的确立。作为官方信条受托管理人的强烈意识,他们倾向于成为一个官方团体——国家的领导团体——并企图稳固他们在朝廷中的权力。他们起来反对以宦官为代表的奸党,在经过一场你死我活的政治斗争之后,他们暂时被击败了。175年至179年间,他们当中有几个人为了竭力阻止汉王朝的衰落而送了命。

大约就在同一时期,一些道家学派开始组建成组织化的"教会"[3]。正如我们已经看到的那样,道教起源于一些由巫师们所组成的古老学派,尽管它的形而上学高深莫测,但它从来就没有脱离过巫术。直到这一时期,道教一直局限于先觉者们的小圈子中。到了汉代晚期,发生了一次严重的社会危机,农民阶级日益贫困,道教才有了大量的信奉者。我们已经看到了这一危机的早期表现,这也正是王莽改革致力于解决的问题,而自从王莽失败以来,这一危机就持续增长。马伯乐说:"汉代的农业社会,由上层的富裕地主(主要是官员或官员的后代)和下层的无地农民或小地主所组成,后者当中,最幸运的人耕种着分配的乡村土地,而其他人则被迫背井离乡,成为士兵或盗匪,作为农业劳动者受雇于人,或者成为大地主的佃户。但极少数人例外,他们决无可能成功地逃离贫困。"

时代青睐于政治鼓动者。在四川和汉水上游,一个姓张的道教术士家族组织了一个秘密社团,在公元2世纪下半叶的政治角逐中扮演了一个积极的角色[4]。张(角)显奇迹、治病患、赦罪错,从玩忽职守的地方当局那里接管诸如修桥补路、赈灾济贫之类的公共事务,从而赢得了公众的感激。不出几年的时间,他就赢得了数十万追随者,他把这些人武装起来,组成了许多军事小分队,置于正规将领的指挥之下,以黄巾作为辨别标志。接着,他们宣布,根据星宿的组合,公元184年相当于一个新的太平盛世的开端。

一声令下，河北南部、山东毗邻地区和淮河流域同时爆发了叛乱。当局被惊呆了，各地纷纷陷落。朝廷不得不征募大量的军队以收复这个国家。当黄巾军被赶出山东的时候，他们重新集结在汉水流域，只有当他们最后的堡垒南阳(河南西南)被攻克的时候，叛乱才得以平定。所有能够找出来的造反农民全都被残酷地处死。不过，在经历这样的大恐怖之后，人民的困苦越来越深了。诗人王粲(117年—217年)[5]描绘了那些兵荒马乱的可怕岁月里的一幅令人肝肠寸断的图景：

西京乱无象，豺虎方遘患。
复弃中国去，委身适荆蛮。
亲戚对我悲，朋友相追攀。
出门无所见，白骨蔽平原。
路有饥妇人，抱子弃草间。
顾闻号泣声，挥涕独不还：
未知身死处，何能两相完？
驱马弃之去，不忍听此言。
南登灞陵岸，回首望长安。
悟彼下泉人，喟然伤心肝。

【注释】

[1] 原注：西伯利亚(俄语Sibir)这个名字可以追溯到鲜卑或锡伯。

[2] 原注：在这些最早的文字雕刻中，字被正着刻进石头里，这样一来，在摹拓的时候，文字就以白色出现在黑的背景上，而且是反着的。"真正"意义上的雕版，最早并不是出现在碑铭上，而是出现在印章上(从公元6世纪早期开始)，当时，文字被反着雕成浮雕，印制的时候，文字就以黑色或红色出现在白色的背景上。

[3] 原注：原始道教的基础，乃是建立在一些小的并且无疑高度排外的会徒教派之上，因为道教体系的创立者们毫不关心任何种类的普及性讲道。正是模仿佛教(尽管他们一直在苦苦地与佛教作斗争)，汉代晚期的新道教徒们才想到要组成一种专注于传道和政治社会问题的教会组织。

[4] 原注：一位12世纪的作家洪迈把中国革命的规律概括为："自古以来，盗之显弸，端赖于水旱饥荒。民为饥寒所驱，啸聚山林，恣意劫掠。……当是时也，必有操巫术之徒，妖言惑众，伺机谋反，其为害之烈，不可测也。"译注：此段引文未查找到出处，姑以意译之。

[5] 原书此处有误，王粲的实际生卒年为177年至217年。后文所引诗为王粲《七哀诗》的第一首。

第 13 章

三国鼎立

第 13 章 三国鼎立

就在黄巾军的农民起义让各地成为一片废墟的同时，朝廷里的宦党依然在继续控制着一大群漠不关心的摄政者和儿皇帝。公元189年，几位怒不可遏的官员计划对朝廷宦官来一次彻底的剿杀，但那位被他们召来帮忙的董卓将军，却利用这个机会建立了自己的独裁统治。这是一个军阀混战即将爆发的信号，因为，为抗击黄巾军而征募的地方民兵已经导致了地方武装的形成，他们只忠诚于自己的指挥官。就在董卓自命为皇城主人的同时，其他的地方将领也攫取了各地方的权力。董卓这个粗鄙而残忍的沙场老兵，证明自己完全没有能力控制这种无政府状态。190年，董卓决定把自己的老巢迁到长安，于是一把火烧掉了洛阳的皇宫，放纵自己的士兵把这座都城洗劫一空。就这样，汉王朝200余年积聚起来的艺术珍宝被毁于旦夕之间。董卓的暴政以及他的嗜血脾气的突然发作终于让他自己的将领们离他渐行渐远，他们刺杀了他，把他赤条条的尸体扔给了百姓。（他是个大块头，肥胖臃肿，人们把灯芯草插入他的肚脐眼，然后点亮，一连烧了好几天。）

这些事件过后，紧接着的，是一个比此前更加糟糕的动乱时期。

匈奴人利用中原的内乱，重新开始了他们的劫掠。关于这些袭击，被匈奴人虏获的女诗人蔡琰在她的《悲愤诗》中留下了这样锥心刺骨的一幕：

> 斩截无孑遗，尸骸相撑拒。
> 马边悬男头，马后载妇女。
> 长驱西入关，迥路险且阻。
> 还顾邈冥冥，肝脾为烂腐。
> 所略有万计，不得令屯聚。
> 或有骨肉俱，欲言不敢语。
> 失意几微间，辄言毙降虏：
> 要当以亭刃，我曹不活汝。
> ……

与此同时，朝廷里的不同派系依然在为争权夺利而打得不可开交，直到196年的一天，一位名叫曹操的军事将领率领他的人马到达洛阳城，在那里，他自命为帝国的保护者，而年轻的皇帝则成了他手中的傀儡，就像早些时候在董卓手里一样。

与不久前被推翻的那位草莽武夫大异其趣，曹操具备一个领袖所必需的素质。他是一位优秀的将领和严格的纪律执行者，固然不择手段，并惯于残忍，但在政治上却非常老练。他还是一位颇有才华的学者，他的诗歌被收入各种诗集，其中大多数诗篇都热烈豪放，有一股阳刚之气[1]。如果说有什么人有能力重新统一帝国的话，那么曹操肯定是最有希望完成这一任务的人选。事实也正是如此，在经过8年的连续争斗之后（196—204），只有他成功地成为了黄河流域的主人，而北方各省，组成了帝国最富饶、人口最稠密的部分。在长江流域，另有几位军事首领也在为自己开疆拓土。其中有一位叫孙权的，在长江下游宣布独立，在一段很短的时间里，整个华南地区都承认了他的权力。他是个奇人，被新的学说所吸引，对佛教僧徒青睐有加。

与此同时，第三位觊觎者刘备也出场了。他是个出身高贵的人，是汉朝一位亲王之后，但他来自这个家族中的一个年幼的分支，家境败落，陷入贫困，以至于他不得不自己谋生，靠编织草鞋养活年迈的老母。眼见得堂侄——洛阳城里那位懦弱无能的皇帝——如此颓落，竟成了独裁者曹操手中的傀儡，刘备感觉到皇室的血液在自己的血管里喷涌。他找到了三位举世无双的同伴来帮助自己，这三位游侠后来在历史、传说、传奇和戏剧中扬名千古。第一位是关羽，他在民间宗教中被奉为战神。第二位是张飞，是个出身卑微的人（他是个屠夫），以无所畏惧的精神而闻名当世。他和关羽都把自己的性命交给了自己的主公。最后一位是诸葛亮，他既是一位勇士也是一位外交家，他放弃了自己的田地，把整个身心投入到了觊觎者刘备的事业中，成了后者的首席顾问。事实上，正是听从了诸葛亮的忠告，刘备才选择了四川，在那里，他最终成功建立了自己的权威。

　　这三位觊觎者——曹操、孙权和刘备——在中国至今依然享有非同寻常的盛名，因为他们的历史已经得到传说的保护和放大。《三国演义》（事实上这本书不会早于14世纪）以及数不清的戏剧就来源于这段历史，它们使得这些角逐因为带有史诗般的价值而显得高贵，也使得这部"演义"在中国就相当于西方中世纪的英雄史诗。比如公元208年的江陵之战，当时，被曹操大军所围的刘备被迫领着一支小股骑兵强行突破敌阵。张飞待他的主人脱离危险之后，便迅速回到了后卫的位置，就像巴亚尔[2]单枪匹马守大桥一样。他"怒目横矛，立马于桥上。……厉声大喝曰：'我乃燕人张翼德也！谁敢与我决一死战？'"他在这里坚守了一段时间，为的是恐吓敌军。不远处，赵云发现了主人的幼子，敌人正要夺走他。赵云把他的宝贝负担横放在鞍前，纵马从敌阵中疾驰而过，来到长江岸边，一艘小船正在那儿等着。与此同时，曹操和他的大军正在作横渡长江的准备，意在征服南方，就像他们从前征服北方一样。他们的舰队已经处在保护大军渡河的位置上，这时，刘备放出了一连串火船，借着风势，点着了敌人的小船。火焰一路蔓延，直至曹操岸边营地里的茅屋。数不清的人马葬身火海或波涛。这位北方独裁者不得不放弃了他征服南方的计划。

在此期间，汉家正统观念依然活在人们的心里，刘备成了这种朝代情结的具体化身。当他要利用自己的胜利把那位篡位者逼回北方的时候，看上去似乎就是这样。但他没有考虑到孙权——第三位觊觎者。直到目前，孙权一直都是他的盟友（他们甚至成了姻兄弟）。但孙权也越来越担心，唯恐这位正统派太成功了。在内战的帮助下，他正忙着为自己开拓一个幅员辽阔的王国，它包括长江下游省和广东地区。出于对自己领地前途的担心，公元217年，孙权突然断绝了与刘备的联盟关系，反过来与曹操结盟。这一背叛使得正统派收复中原的希望化为泡影，也导致了刘备的老战友和最英勇的勇士关羽的死。当孙权的人马从背后攻击关羽的时候，他正在同北方人作战。他被自己的军队所抛弃，领着一小伙忠诚的追随者，陷入了敌人的埋伏，他被俘虏了，然后被立即斩首（公元219年）。

这一力量平衡的改变，使得曹操的势力得以增强，这位北方的独裁者正准备采取最后的步骤，废黜他的君主——汉朝那位懦弱无能的皇帝，然而就在此时，他死掉了，时在公元220年。他把自己的权力传给了儿子曹丕，曹丕继承了父亲的野心和才能（他也是一位天才诗人）。这位新的独裁者，首先关心的是实现父亲的帝王野心。就在同一年（220年），他在洛阳称帝，成了魏朝的创立者。篡位完成了，至少在北方各省是这样，但仍然有正统主义的保守派在支持刘备。打从那时起，刘备被公认为是汉朝的继承人和代表。他在四川自己的地盘上也称帝登基，的确，他远比竞争对手更有权利要求得到这个头衔。如果他能够利用人们对自己的普遍感情，在曹丕还没来得及巩固自己的地位之前，就对后者发动攻击,他甚至有可能重新统一中原,重新建立从他的家系一直传下来的正统王朝。但是,为了维护脸面,他觉得自己首先必须为自己的忠实追随者关羽报仇,而杀死关羽的人正是第三位觊觎者、长江下游的国王孙权。就这样,他掉转自己的兵力来对付孙权,这是一个战略上的错位,为此,历史学家、小说家和戏剧家从未停止过对他的责备,因为他增强了敌人之间的联合,而不是把他们隔开。此外,在这场战役中他还失去了另一位忠实追随者张飞,他在自己的大帐里被叛徒所谋杀,他们把他的头颅带给了孙权。刘备被这一连串事件弄得垂头丧气,在从这场损失惨重的战役中回来之后不久就去世了(公元223年),把儿子的监护人的职责留给了那位宽宏大度的诸葛亮。

中原如今被分为三个不同的王国。第一个是刘备在四川所建立的王国,也是唯一一个其帝王身份被后来的历史学家们所认可的王国,因为刘备是汉室贵族,是唯一正统的觊觎者。第二个——"非法的帝国"——是由姓曹的篡位者所创立的王国,它拥有皇城洛阳,再加上所有的北方省份。第三个是孙权在长江下游创立的王国,它取名"吴国",从公元229年起定都建业(南京)。它包括几乎整个华南。我们有趣地注意到,对中原的这种划分多么接近于地理上的分界线。南北的对峙是自然的事实。每件事情都使它们显得不同。北方受草原气候的制约,而南方则受亚热带气候的影响;一者与戈壁的边界汇合,另一者则与亚洲季风带相接触。北方由黄土和冲积土大平原以及形成其腹地的黄土高原所组成,是小麦和黍稷之地;而南方,则由连绵起伏的丘陵山脉所组成——长期以来被森林所覆盖——沐浴在季风雨之中,是茶米之乡,水牛在农业劳作中取代了马匹。在北方,黄河依然没有被制伏,是陆路运输的地区;而在南方,长江形成了一条绝妙的通航水道,是水路运输的地区。你还可以补充说,在公元3世纪,从人类学的观点看,这样的差异想必同样显著。北方人口稠密,加之精耕细作,是真正的中原;而南方除了长江下游几个省份之外,只不过是一块用来殖民的土地,这是一个新的中原,主要是森林,居住着不同种族的人,到汉朝的时候,在那里定居的汉人移民依然是分散的群落。甚至忽视了依然处于半开化状态、很少有人居住、几乎没有得到开拓的广东地区,长江中下游地区(吴国的两座都城——武昌和南京——就在这里)尽管更加具有中原特征,但也只是到了秦始皇统一中国之后才是这样,秦始皇的首要工作就是系统化地把这一地区殖民化,并同化它。

没有很好的理由让那些汉朝正统主义的支持者们选择四川作为一个不可侵犯的庇护所。事实上,四川("四条河")组成了中国"大陆"定义最明确的地理单位之一。它与历史上主要的中国中心都隔着很远的距离,令人生畏的崇山峻岭把它与北方和东部隔离开来,宜昌的激流险滩使得沿长江向上航行相当费力,这些使得它更加孤立。它的与世隔绝迫使它不得不自给自足,而它的土壤的丰饶则使得这一切成为可能。在四川的核心地带,躺着著名的由第三纪软砂岩所形成的"红盆地",就其耕地范围来说,几乎与东北边的"中原"不相上下。这一地区的海拔,加之温和潮湿的气候,使得种植稻谷和小麦都成为可能。四川的天然自主性,曾经被地理学家、经济学家和历史学家们反复强调。在中国历史的每一个转折点上,它都扮演了一个相当重要的角色。

总而言之,在汉朝的大统一帝国分崩离析的时候,其划分受到了永久的地理因素的影响,华北与华南——旧中原与新中原,首善之区与移民之地——以及西部的四川,偏僻而遥远,有它自己的生活方式。

三国时期就像一部史诗一样开始。其第一代主角类似于中世纪传说中的英雄,但到了第二代之后,就只有败家子了。尤其是在北方,魏朝的国王曹氏家族非常迅速地衰败。他们成了纯粹的傀儡,任由实权落入曹操的主要谋士司马懿之手。司马懿的儿子、精力充沛的司马昭，看来似乎把魏朝的命运推向了最高点，魏朝的事务已经尽在他的掌握之中。公元263年，他推翻了四川的汉国，把它并入了主子的领地。事实上，这场征服主要是用来增加这位全权大臣的权威。265年，他的儿子和继任者司马炎，采取了明显而且是决定性的步骤：废黜了魏朝的最后一位傀儡，作为晋朝的创立者在洛阳登上皇位。公元280年，他完成了自己的任务，吞并了三国中的最后一国——吴国，从而使南方回到了统一的中国。

在经历了60年的分裂之后，帝国重新统一到了司马家族的统治之下——新生的晋朝。仿佛是汉朝的伟大日子又回来了，但事实上，没有哪个朝代像晋朝衰败得那么迅速。他们的历史，是在一幕幕可怕的宫廷戏剧中同族相残的历史，没有任何政治理念或伟大的迹象来平衡这些单调重复的残杀，也没有任何重要的人物出现。

就是在这个节骨眼上，突厥－蒙古人的游牧部落大举入侵中华帝国。

【注释】

[1] 原注：比如他脍炙人口的《短歌行》，这是他在宴请文士的一次酒会上即兴创作的：

对酒当歌，人生几何？譬如朝露，去日苦多。
慨当以慷，忧思难忘。何以解忧，唯有杜康。
青青子衿，悠悠我心。但为君故，沉吟至今。
呦呦鹿鸣，食野之苹。我有嘉宾，鼓瑟吹笙。
明明如月，何时可掇。忧从中来，不可断绝。
越陌度阡，枉用相存。契阔谈讌，心念旧恩。
月明星稀，乌鹊南飞。绕树三匝，何枝可依？
山不厌高，海不厌深。周公吐哺，天下归心。

[2] 巴亚尔，法国中世纪的骑士英雄，以其大无畏的骑士精神而闻名于世。

第 14 章

南北纷争

第 14 章 南北纷争

我们已经看到，汉帝国在鼎盛时期是如何允许某些匈奴部落作为汉帝国的同盟者在黄河河套地区沿着长城立下自己的根基。长期以来，这些匈奴部落证明了他们是忠实的外部援军。但在公元2世纪末年那些标志着汉朝死亡阵痛的内战期间，他们便利用汉帝国的普遍混乱开始了对中原的蚕食。他们趁着人们无暇阻止，利用中央权力的软弱，越过长城，在山西的心脏地带扎下了他们的营盘（195年）。汉帝国正处于汉朝衰亡的前夕。这些匈奴人的首领适时地想起了他的一位女性祖先正是出自那个显赫的家族。他厚着脸皮、不无狡猾地采用了这个伟大的汉人王朝的家族姓氏作为自己家族的姓氏。就这样，当汉室的正统权利在汉帝国被一连串的篡夺者彻底取消的时候，它却在匈奴部落的蒙古包里复活了。308年，一次大型集会在山西太原举行，这位匈奴首领——打那以后他被称为刘渊——庄严宣告，他就是汉王朝的合法继承人，大胆地声称自己有权得到那份"祖业"，换句话说，就是大汉帝国。

刘渊的儿子刘聪把这些威胁付诸实施。像许多年轻的蛮族同盟者一样，刘聪也是在洛阳的宫廷里养育成人的，据史书记载，他甚至成了一位优秀的汉学家。但不管怎样，这位学者从未忘记本民族的军事才能，他依然能够弯起300斤的大弓。此外，在逗留皇城期间，他还获取了许多有价值的信息。皇家宫廷里的盛大场面和浮华典礼,可能让一个漫不经心的观察者看不到王朝的衰落、管理者的缺陷、制度的腐朽性以及泥足巨人的真实虚弱,但这位汉王子并没有被表面的繁华所欺骗。公元311年,他派出了四路骑兵纵队进兵皇城洛阳。这些匈奴人闯入了皇城,突袭了皇宫,俘获了皇帝。皇太子被杀,三万居民被屠。皇宫被付之一炬,皇陵被洗劫一空。皇帝本人则成了刘聪的阶下之囚,刘聪强迫他担当行酒侍者,直到有一天,刘聪兽性大发,索性把他给杀了。

皇室家族的另一位皇子随即在西京长安(今陕西西安)、在匈奴骑兵最近一次入侵所留下的废墟中登基称帝。"即位时,长安城中不盈百户,篙棘成林。"[1]公元316年冬,匈奴人毫无预兆地再次出现在长安城下。由于这支大军是由骑兵组成的,没有能力承担正规的围城战,他们于是骑马排成没有尽头的队列绕城而走。这种持续不断的旋转木马起到了严密封锁的效果,长安城被饥荒所迫,不得不开门投降(316年12月)。汉王刘聪再一次登上了他的王座,接受晋朝皇帝作为他的俘虏,"使帝行酒洗爵"[2]。然后,有一天,当另一位晋朝俘虏被这悲伤的一幕所触动而痛哭流涕的时候,被激怒的匈奴王下令处死了这位不幸的囚犯。

经过这一连串的灾难之后,晋代王朝把整个北方丢给了入侵者,避难到了长江以南,建都南京(317年)。将近300年的时间里(317—589年),他们在南方支撑了一个无论就其缺陷还是就其荒谬的生命力而言都足以与拜占庭相比肩的帝国。南京取代了长安和洛阳,而在罗马世界,拜占庭以同样的方式取代了罗马和米兰。

在同一时期的北方,突厥-蒙古人的游牧部落,在短命霸主的持续颠覆中你争我夺,互相消灭。刘聪死后,他的家族被他从前的一位将领、另一位匈奴首领石勒所推翻(329年)。这位目不识丁的匈奴人,倒是被教化得足以欣赏别人向他讲解的中文典籍，但他的继任者们却把他们与生俱来的蛮性与衰落文明的全部恶行结合在了一起。石勒的侄子石虎（334年—349年在位），是个骄奢淫逸的恶棍，他的儿子曾试图行刺他（但被父亲及时地处死了）。这位鞑靼的蓝胡子[3]总是把他最漂亮的嫔妃做成烤肉，端上餐桌："妆饰宫人美淑者，斩首洗血，置于盘上，传共视之。又内诸比丘尼有姿色者，与其交亵而杀之，合牛羊肉煮而食之，亦赐左右，欲以识其味也。"[4]这种在蛮人当中并不罕见的性格反差，因为他们与文明的初次接触而愈加扭曲，但通过圣人的训诫也能够得以矫正，石虎就是佛教最热心的保护者之一。

事实上必须承认，佛教的发展壮大正是蛮族入侵的结果。在野性盛行的时代，那些饱受精神折磨的人自然而然地要求助于佛教所施与的精神慰藉。此外，像匈奴人这样粗野的蛮人，对这种宗教，不可能有像儒家知识分子那样固执的偏见。尽管有儒士们的反对，石虎还是发布了一道诏令，正式许可佛教僧徒传教。鼎鼎大名的苻坚（357年—385年在位），是另一位一度控制整个华北的蛮族国王，他也采取了同样的姿态。而且，时间已经开始发挥作用，这一次的情形，不再是部落首领把印度的奇迹创造者们仅仅看作是能给自己的事业带来好运的高级巫师了。苻坚是一个正在同化的野蛮人，是中国文明真诚的支持者，他既是一个虔诚的佛教徒，又是一个仁爱而慈悲的统治者。然而，尽管有某些首领的个人善意，但当一个部落被另一个部落消灭的时候，他们所采取的措施，很快就归于无效。我们不应该试图去列举在这可怕的数十年里为争夺黄河流域和北京地区而角逐的所有蛮族部落。只需这样说就足够了：这场竞争，大体上是在匈奴人（多半是"原始突厥"民族）与鲜卑人（多半是"原始蒙古"民族）之间展开的。正如我们已经看到的那样，前者来自鄂尔多斯草原，后者来自北京东北方向的满洲边境，二者轮流行使对中国北方的霸权。

到最后，游牧民族在这个农业古国的中心地区的定居，导致

第14章　南北纷争

了不可估量的损害。不仅仅是像长安这样伟大的历史名城遭到了洗劫、焚毁,人口锐减,而且田地本身也被农民抛荒。就这样,这一地区的居民为之一空,环绕着长安的丰饶富庶的渭河流域变成了虎狼出没之地。蛮族首领苻坚从354年至357年一直统治着陕西,他那些饱受惊吓的汉族臣民恳求他设法把他们从野兽的威胁中解救出来。他拒绝了,其拒绝的方式让人联想到他更同情虎狼,而不是他的臣民:"野兽饥则食人,饱当自止,终不能累年为患也。"[5]在他残忍的幽默之下,你不难猜想到这位蛮族首领隐秘的满足。草原野兽对这一地区的入侵,看来在突厥-蒙古人的游牧部落占领期间达到了顶点。匈奴的国王们把整个部落安顿在那些人口开始减少的地区,这一措施必定对中国北方的种族构成有着持久的影响[6]。

就在这些灾难降临华北(200年来它已经变得跟蒙古草原的属国没什么差别)的同时,在建康(今南京)晋朝的末代宫廷——远东的拜占庭,南方中华帝国的衰落也越来越明显。公元5世纪初叶,一位名叫刘裕的鸿运高照的军事将领(此人从前是个皮匠),给这个古老的帝国带来了短暂的活力。几次对北方蛮族的胜利,使他勇气倍增,他废黜了晋朝,自立为帝,国号宋(如今被称为刘宋,以区别于10世纪所建立的大宋王朝)。他的家族(从420年至479年一直占据着南京的皇位),堕入了比从前更加糟糕的衰退状态。这一世系的第三位皇帝在他的一位儿子的怂恿下被人刺杀了(453年)。这位弑父者后来被自己的亲弟弟所杀(454年),当弟弟的于是成了皇帝(454年—465年在位),他害怕自己也遭受同样的厄运,作为预防,他杀掉了王室血脉的大部分亲王。接下来的一位皇帝仅仅统治了6个月(465年)——他16岁登基,17岁被杀,有点像那位下令处死自己的摄政者、近亲和嫔妃的尼禄。就在他本人被杀害的前不久,他的叔叔和继任者(465年—472年在位)——因为肥胖而得到了"猪王"的绰号,同样残忍嗜杀——

依次把他所有的兄弟和侄子都给杀了。弥留之际，这位"猪王"把帝国传给了他最喜欢的儿子。这位撞上大运的皇帝是个早熟的少年（他10岁继位，15岁被杀），表现得极其凶残，以至于人们不得不在一个醉酒之夜把他给杀了。到了公元479年，刘裕的家族已经被大批杀害，颜面扫地，此时，一位政府官员把刘宋给废了，建立了一个新的朝代，国号齐。

齐朝从479年至502年占据着南京的那把龙椅。这一回，轮到他们尝尝权力的味道了。他们的历史，就像前面那个朝代一样，也跟一连串的谋杀没什么两样。每一位统治者，都以甩掉家族中的所有其他成员作为防范措施，直到他漏掉的某位亲属找机会把他给干掉。在这一时期，权力被宫廷宠信所行使，而皇座则被少年皇帝所占据，经常在他们长大成人之前就因为他们的凶残而被人刺杀。公元502年，一位将军攫取了那把龙椅，此人就是未来的梁武帝，尽管他跟皇室家庭有亲戚关系，但他为了脱离这个令人憎恶的家族而建立了一个新的王朝，国号梁。

梁武帝（502年—549年在位）是个颇有几分雄才大略的君主，他彻底根绝了前任们腐朽堕落的传统。他一直过着差不多算得上艰苦而简朴、诚实而仁爱的生活，他的身上，既有军人的美德，又有对文化和文人的尊敬。起初，他对儒家非常敬重，以至于在南京修建了一座孔庙，甫一落成，便在这个荣誉之地恢复了读经。他以同样的精神改组了官僚阶级，让他们形成了一个特权阶层。在人们经历了对此前各个朝代的憎恨厌恶之后，这是一次值得称颂的努力，使国家和家庭重新回到中国社会赖以立足的传统道德观念。但很快，梁武帝的同情就改变了方向。在某些印度僧人（他们经由海路来到南京）的影响之下，他皈依了佛教。他首先禁止祭祀祖先时屠杀动物，以此表现出对佛教不杀生信条的敬重，这一禁令让他受到了儒家知识分子的非难。公元527年，他走得更远，公开宣称出家为僧，迫使国家不得不从僧侣们那里赎

第14章 南北纷争

回它的统治者。他的信佛看来应该是真心诚意的,也是有所开悟的,而与此同时,对儒家知识分子而言(从那时起他们就一直是他的坚定批评者),必须承认,他的僧侣身份被政治家的毁灭所终结。他深受佛家慈悲为怀的精神的影响,以至于在发生了一场密谋反叛的情况下,他甚至也不忍心下达死刑的命令。到了风烛残年,他故态复萌,恢复了对宗教的虔诚信仰,听任一位谋反将领的欺骗,此人在毫无先兆的情况下突然出现在南京城下,开始攻城。86岁那年,梁武帝死在了宫殿的废墟当中——死在了他幻想的废墟当中。梁王朝由于他的错误而一蹶不振,仅仅只比他多活了几年,而接下来的陈朝(557年—589年)则根本来不及展示它的能力,公元589年,中国北方的统治者攻克了南京,结束了南方的这个"拜占庭"帝国。

在我们已经大略叙述过的这个时期,帝国的存在只不过是苟延残喘而已。在北方,历史正在被创造着,而我们眼下要转向的,正是这段中国-突厥人的北方中国的历史。

【注释】

[1]《佛祖历代通载》卷第六。

[2]《晋书·孝愍帝本纪》卷五。

[3] 蓝胡子，17世纪一部法国小说中的主人公，此人先结婚然后将妻子一个接一个杀死。根据文意，这里指的应该是石虎，但后面讲的事情却是石虎的儿子石邃干的。

[4]《晋书·石季龙载记上》卷一〇六。

[5]《晋书·符坚载记》卷一百一十二。

[6] 原注：这一时期(公元5世纪？)有一首著名的歌谣，叙述了一位名叫花木兰的女英雄的生平。她女扮男装，替父从军，在一位竞逐华北的蛮族首领的麾下效力：

> 东市买骏马，西市买鞍鞯，
> 南市买辔头，北市买长鞭。
> 旦辞爷娘去，暮宿黄河边。
> 不闻爷娘唤女声，但闻黄河流水鸣溅溅。
> 旦辞黄河去，暮至黑山头。
> 不闻爷娘唤女声，但闻燕山胡骑鸣啾啾。
> 万里赴戎机，关山度若飞。
> 朔气传金柝，寒光照铁衣。

我们并不知道她的父亲究竟是一位蛮族殖民者，还是一个已经养成了匈奴人习惯的汉人。不管怎样，这都是一个不同寻常的例证，说明了中国北方是怎样正在吸收草原的行事方式。

第 15 章
北魏的艺术

第 15 章 北魏的艺术

我们已经看到，整个公元4世纪，在中国北方，前赴后继的突厥-蒙古人的游牧部落，在连续不断的短命王国的颠覆中互相残杀。从这场大混乱中，最终出现了一个更持久的政府，这就是拓跋王朝，这个民族在文明史和艺术史中都扮演了一个重要角色。他们的朝代被称为魏（常常称做拓跋魏，以区别于三国时期的魏）。

拓跋是一个在大入侵时期之初定居于山西最北部的突厥部落。在396年至439年之间，他们消灭和兼并了所有定居在中国北方的其他部落，把整个华北地区统一在自己的统治之下，正像欧洲的勃艮第人、西哥特人和伦巴第人消亡之后，法兰克人在他们的废墟上建立了加洛林帝国一样。像法兰克人把日耳曼文化与拉丁文化相协调一样，拓跋人也在保存他们突厥人的活力的同时，又逐步成为了中国传统的组成部分。此外，他们在汉人的心目中也获得了自身的价值，作为中原北方的守卫者，抵御着新的入侵者，尤其是当时控制着戈壁的阿瓦尔人（柔然）的蒙古部落。通过一系列先发制人的远征和决定性的反袭击，他们迫使这些游牧部族在整个5世纪中退回了蒙古腹地。

北魏国王拓跋焘（太武帝，423年—452年在位）把自己的一生投入到了一场双重争斗中，最终奠定了本家族的大业。一方面要在戈壁作战，保护中土免遭来自北面的游牧部落新发动的入

135

侵,另一方面又要持续不断地压制南京的南朝帝国。在一次不同寻常的讲话中(这是中国史家保存下来的),他本人就暗示了自己所享有的优势:跟蛮人比他是半个汉人,跟汉人比他是半个蛮人。"汉人(指南朝人)皆步卒,我们是骑手。一群小马小牛如何能斗虎狼?至于那些游牧民,夏天赶着他们的畜群在漠北草场放牧,至冬天才南下掳掠。我们需要做的,就是在春天到草原上去攻击他们。在那个季节,他们的马匹毫无价值。牡马一心想着母马,而母马则惦记着它们的马驹。这时候只需出其不意,大举袭击,切断牧场和水潭的通道,不出数日,他们就会束手就擒。"[1]公元427年,他依计而行。四路轻骑兵纵队由南至北穿越了戈壁滩,他们的行进没有被辎重车队所拖累,每个人携带了15天的干粮。措手不及的柔然人被赶出了蒙古大草原,退回了贝加尔湖附近或鄂尔浑河边的崇山峻岭中。429年,拓跋焘亲自实施了一次更远的袭击。游牧部落再一次被打了个措手不及,陷入混乱,不得不交出数不清的车马牛羊。差不多400年后,同样是这些柔然人,他们最后的子孙在匈牙利被另一位文明的捍卫者——查理大帝——给彻底消灭了。

查理大帝调和日耳曼文化和拉丁文化的方式,与拓跋焘调和本民族信仰和汉族思想信念的努力,我们可以在这两者之间作进一步的比较。天神(Tengri,阿尔泰部落的神)很容易转化为"天"——凌驾于儒家哲学之上的天,而大地女神以及各种春天与山顶之神,也可以被认同为汉人自然崇拜中的众神,就像罗马人把邻国的神同化为自己的神一样。但拓跋焘比他的前任们走得更远,他放弃了那些不能被改造得与儒家信仰相一致的阿尔泰宗教。然而,在以这种方式汉化本民族的同时,他并不允许他们丢掉自己的军事才能。正是因为这个原因,他拒绝放弃祖辈们在最远的山西边境的营地(位于大草原的边缘),而进据他的大军所占领的中国历史都城长安和洛阳。此外,他还保留了野蛮(尽管很明智)的祖制：在一位新的拓跋国王即位之前，新国王的母亲必须被处死，以避免来自这位未来太后或其宗族成员的敌意和野心。最后，与许多其他蛮族首领不同，他不信任佛教影响的日渐衰微和僧侣出家的增长。438年，他颁布了让佛教僧徒还俗的诏令，而444年和446年所采取的实实在在的迫害措施使这一诏令得到了强化。儒教史家怀有敌意地坚持认为，446年的诏令要归因于在一座最著名的佛寺里发现了醇酒和妇人。但儒家文人对这一伟大印度宗教的指控更加严重：佛教徒的僧侣生活"取消了家庭"，并因此动摇了祖先崇拜的根基，另外，它让人有机会逃避兵役，这对于像拓跋焘这样的军人来说很有说服力。

这场迫害以拓跋焘被杀和他的孙子拓跋濬（文成帝）的最终继位而告终，时在公元452年。接下来的统治者拓跋弘（献文帝，466年—471年在位）公开宣称自己是佛教徒。471年，他让位给儿子（一个5岁的孩子），出家为僧。"他退隐到皇家花园的一座佛塔里，与僧人为伴，除了特别重大的事情，其他概不与闻。"他的儿子，年轻的国王，对这一伟大的印度宗教表现出了同样的热情。在佛教的影响下，他赋予拓跋家族的严刑峻法以人性，砍头的刑罚被监禁所取代。佛家怜悯众生的精神，导致了对用动物祭祀天地祖宗鬼神的禁止，或者至少是大幅度减少。公元494年，他把首都从平城（山西的最北端）迁到了洛阳——古代的东都，并令自己的官员使用汉语、穿着汉服，以此完成了拓跋魏的汉化。

从515年到528年，拓跋魏被胡太后所统治。这位老蛮族首领的女继承人，是本朝一位了不起的统治者。她是一个精力充沛、肆无忌惮的女人，为了保住手中的权力什么事情都干得出。胡太后害怕一位从前的竞争对手，逼她皈依佛门，最后干脆杀了她。同样，她还下令处死了那些不再讨她喜欢的情人。528年，她毒死了自己的儿子，因为他越来越厌烦她的情人们的监护，而对此愤愤不平的政府官员们开始揭竿而起。认识到自己大势已去，这位残忍无情的女王剪掉了自己的青发，立誓为尼，但起义者们把她从尼姑庵里拖了出来，扔进了黄河。胡太后尽管作恶多端，但她像前面几位国王一样，也是一位虔诚的佛教徒。鼎鼎大名的龙门石窟，其部分建筑要归功于她，正是她派出了朝圣者宋云去印度学佛（518年—521年）。

流血的时代常常也是信仰的时代。中国最伟大的宗教雕塑——山西北部的云冈石窟（452年—512年）和洛阳附近龙门石窟（自494年起）的那些佛像，就要归功于拓跋魏。

北魏的雕塑，被称为罗马式和哥特式雕塑的远东版本，这二者要到600年和800年之后才在欧洲发展成型。它们的起点——中国的希腊－佛教风格，和欧洲的高卢－罗马风格——是相似的。正像哥特式或罗马式塑像作者使希腊－罗马造型艺术的传统适应于纯粹的精神目的一样，北魏时期的艺术也借助了犍陀罗的装饰技法和阿波罗样的面貌特征，目的仅仅在于更完美地表现佛教的纯精神性。这一点至关重要。古典原型（当时尚未彻底消失），衣饰（当时尚未程式化为大角褶或小圆波），以及面貌特征的人性化魅力（当时并没有几乎完全消瘦）——所有这些都从属于玄学思想。这里只留有虔诚、热情和纯粹信仰的诉说。云冈石窟中的某尊佛像就是一种人格化了的冥想。另一尊云冈佛像，带有一丝动人的微笑，就像兰斯的天使那样的微笑，表达了对尘世事物的超然，还有一种神秘的嘲讽（多半是无心的）——然而这种嘲讽充满了对世间的愚蠢和虚荣的宽容。但更常见的是，这种超然的讽刺似乎在逐渐减弱，因此，从这种意味深长的冥思中闪耀出的仅仅是解脱后的大平静。

追踪云冈艺术的演变是有可能的。首先是来自阿富汗的希腊风格佛教艺术的影响，是由大量聚集在拓跋国王的宫廷里的犍陀罗传教僧侣们带来的。因此，在这两座石窟中占支配地位的那些巨型佛像，其朴素的处理方式，让人联想到阿富汗的巴米扬大佛。更加引人注目的是，壁龛中那些小佛像的处理方式已经远离了犍陀罗艺术的经验。这些纤瘦的、拉长的、常常还瘦骨嶙峋的形象，有着刚健褶皱的衣饰，但保持着让人安静的简朴和青春朝气的优雅，呈现出某种在全然"刻板"的犍陀罗雕像中所缺乏的东西。这是一种纯粹的精神性的艺术。正如哈金[2]所写的："这些以令人愉悦的严肃为特征的形式，佐证了艺术对信仰事件的迅速适应。他们预示着高水平的精神生活；它们的造型外观被小心翼翼地削弱了，不再那么引人注意，温柔慈爱的微笑，残留着'赐福者'对这个世界的唯一妥协。"这是一种从未能同时实现的和谐。据喜龙仁[3]说，云冈艺术是从一种极端神秘的贫乏向造型形式的相对恢复发展的："云冈艺术，在达到成熟的时候，似乎达到了某种背离其早期风格化的程度。形态更圆、更满，衣服的褶皱不那么僵硬了，线条的相互作用更柔和流畅。不过，形象依然保持着相对冷峻的外观，一种难以形容的内省和超然的气氛，这让它们在宗教雕塑当中达到了很高的水平。"[4]

龙门石窟的雕像，是云冈佛像的延续。其神秘色彩和风格化常常走得更远，例如那些鉴定年代出自509年和523年的佛像。大大拉长了的僵硬体形，带着固定的微笑，衣饰粗糙地突变成大褶皱，或者琐碎地衰减为小波纹，与任何模式化的人神恰恰相反。在笼罩着它们的巨大光轮（这形成了僧袍的一种程式化符号）的尖拱之下，不再有肉体生命的外形。这种佛僧特有的气质赋予龙门佛像（确切地说是那些出自公元6世纪的佛像）以一种最为引人注目的神秘色彩。

不妨在这一时期的艺术与欧洲的罗马式艺术之间作一个比较，倘若我们懂得这么做乃是从比较哲学的观点出发，是为了分析和比较人类价值的目的。如果跨越时空的界限，北魏艺术与罗马艺术之间是存在关联的，因为二者都源自于古典标准，尽管这一古典标准不受习惯的约束，并且被一种巨大的神秘力量所革新，从那以后被用来表达纯粹的精神价值，而不是身体的美。云冈和龙门的艺术跟希腊风格的佛教艺术之间相隔的时间距离，与罗马艺术跟欧洲的大教堂艺术之间相隔的时间距离很接近。伟大宗教艺术的重要时期并不多见，北魏时期就是其中之一。

【注释】

[1] 这段话其实出自拓跋焘的谋臣崔浩，由于文意出入较大，这里只好意译。原文参见《魏书·崔浩传》卷三五："蠕蠕（即柔然）恃其绝远，谓国家力不能至，自宽来久，故夏则散众放畜，秋肥乃聚，背寒向温，南来寇抄，今出其虑表，攻其不备。大军卒至，必惊骇星分，望尘奔走。牡马护群，牝马恋驹，驱驰难制，不得水草，未过数日则聚而困敝，可一举而灭。"

[2] 约瑟夫·哈金(Joseph Hackin, 1886—1941)，法国考古学家。

[3] 喜龙仁(Osvald Sirén, 1879—1966)，瑞典学者，以研究中国艺术史著称。

[4] 原注：其中有一尊最精美的佛像现存巴黎的塞努奇博物馆。

第 16 章
又见长安

第 16 章 又见长安

终于，拓跋王朝彻底汉化了，完全融入了汉人当中，以避免衰落。公元534年，拓跋王朝分裂为两个支系，共同占据着中国北方。后来，这两个王室家族都被他们各自的主要谋士所取代。581年，这两个王国被一位有力的大臣杨坚给重新统一了，他建立了一个新朝代，国号隋。589年，杨坚征服了中国的"拜占庭"帝国（当时在陈朝的统治下）连同它的都城南京，亦即整个华南，从而完成了他的任务。在分裂271年(318年—589年)之后，中国再一次统一了。长安，古代的西京，再一次成为政府的所在地。

杨坚（隋文帝）是一个品格厚道的男人，尽管没受过多少教育，但他是个细心的管理者，事必躬亲。他是个谨慎而节俭的人，处理不诚实的官员非常严厉，他成功地恢复了国家和社会的秩序，尽管他所使用的方法有时候令人反感。在对外事务上，他收获了中国统一所带来的好处。

公元6世纪中叶以后，一件头等重要的大事发生在了上亚细亚，这就是土耳其帝国的建立。事实上，也只有到了这一时期，土耳其人才首次出现在历史中，至少是才有了这个名字（在汉语里称做突厥）。在突厥语里，这个词的意思是"强大"，大概是源自外蒙古杭爱山脉的一个匈奴部落的名字。在6世纪上半叶，突厥人依然从属于阿瓦尔人（柔然），他们是戈壁和外蒙古的主人。

552年，突厥人起来反抗柔然人，打败了他们，把他们赶出了蒙古。一部分柔然人逃到了欧洲，在匈牙利建立一个汗国，并将一直威胁着拜占庭帝国，直到两个半世纪之后被查理曼大帝所消灭。

突厥人就这样成了整个蒙古的主人。他们的首领顶着大可汗的头衔，居住在今天鄂尔浑上游地区的哈拉和林附近。565年，突厥人从嚈哒人的蒙古部落手中夺取了今天突厥斯坦地区（塔什干、布哈拉和撒马尔罕），从而让他们的领土扩大了一倍。他们因此控制了整个上亚细亚，从中国的长城到波斯的边境。在蒙古的和硕柴达木发现的"阙特勤碑"（鉴定年代出自732年）以华美的诗篇讲述了这些征服的故事："当上方蓝天、下方褐土初创之时，人类亦在二者之间生成。在众人之上，我的祖先土门可汗与室点密可汗成为君主。他们成为君主之后，便组织和治理着突厥人的国家与体制。天下四方之人均对他们怀有敌意。他们率军远征，讨伐了天下四方的所有民族，从而征服之。他们使高傲的敌人俯首，强大的敌人屈膝。他们令突厥人向东移居到卡迪尔汗山林，向西则远至铁门关。他们治理着这两地之间从无部落组织的蓝突厥人。"[1]这个浩瀚无边的帝国，几乎就在它刚刚建立之后，最主要的突厥部落的两个支系就分道扬镳了。东突厥人的汗国把他们的总部留在了鄂尔浑，统治着蒙古。西突厥人则在伊塞克湖附近建立了西突厥斯坦。前者发动了对中原的战争，而后者则跟萨珊王朝的波斯打了起来。

刚刚恢复中国的统一，杨坚就把他的外交目标放在了煽动东西突厥人的冲突上。到了604年，在他去世的时候，这两支被内战给弄得筋疲力尽的突厥部落，只好让隋帝国重新确立了它在中亚的霸主地位。

杨坚的儿子杨广（隋炀帝）是个了不起的君主，或者更准确地说，他的统治时期是一个了不起的时期（604—618）。他生性容易冲动，喜怒无常，其一生可以分为两个不同的时期：前期积极活跃，后期消沉怠惰。尽管他有种种缺点和恶习，但他深知重建帝王之尊以及恢复中国作为亚洲主导力量的使命是一项伟大的事业。

炀帝以喜爱奢华和排场而著称于世。除了他父亲的都城长安之外，他还把洛阳建造成了第二座都城。"筑西苑，周二百里，其内为海，周十余里，为蓬莱、方丈、瀛洲诸山，高出水百余尺，台观殿阁，罗络山上，向背如神。北有龙鳞渠，萦纡注海内。缘渠作十六院，门皆临渠，每院以四品夫人主之，堂殿楼观，穷极华丽。宫树秋冬凋落，则剪彩为华叶，缀于枝条，色渝则易以新者，常如阳春。沼内亦剪彩为荷芰菱芡，乘舆游幸，则去冰而布之。十六院竞以淆羞精丽相高，求市恩宠。上好以月夜从宫女数千骑游西苑，作《清夜游曲》，于马上奏之。"[2]不过，除了这种私人的奢侈豪华之外，炀帝还主持了一些大的公共工程，其中包括修建连接洛阳和长江的大运河。

在对外事务上，炀帝继续奉行他父亲的政策，不断煽动互相竞争的突厥酋长之间的冲突，这使得他能够在不同的汗国之间扮演仲裁者的角色。到了608年，隋帝国的威望已经恢复到了皇帝能够巡幸甘肃边境的程度，在那里，炀帝接受了来自几个西域绿洲——尤其是吐鲁番绿洲——的敬意。在朝鲜，炀帝却不大成功。612、613和614这三年里，他先后指挥了三次对这个国家的大远征，全都以失败告终。皇家大军的退却，演变成了灾难。带着恢复中国在突厥人当中的威望的目标，炀帝沿着戈壁大漠边缘的长城作了一次巡游。在那里，他遭到了突厥人的突袭，在边塞被围困了整整一个月，最后艰难地逃了出来（615年）。

百姓越来越不堪忍受炀帝的苛捐杂税，他的建筑计划，以及过度的苦役。616年，爆发了一场普遍叛乱。这位中国的薛西斯[3]（这样称呼是因为朝鲜的那场灭顶之灾），像传说中的萨丹纳帕路

第16章 又见长安

斯[4]一样，走向了他的末日。616年，他退到了长江下游的江都（今扬州），试图在享乐的生活中忘掉自己的不幸。618年4月，他的侍卫闯进了皇宫，在他的眼皮底下杀掉了他最钟爱的儿子——鲜血染透了皇袍——接下来，其中一名侍卫勒死了皇帝本人。这一年他只有50岁。

历史对两位隋朝皇帝的判决是严厉的，但正是他们，恢复了中国的统一，开始复兴中国在中亚的霸权。事实情况是，他们的光彩因为他们的继任者——唐代的几位皇帝——而黯然失色。后者完成了杨坚和他的儿子所着手的任务，使中国再一次成为东亚的主宰者。

【注释】

[1]《阙特勤碑碑文》有多个汉文译本，本书多次引用这一碑文，我们所引用的是芮传明先生的白话译文。

[2]《资治通鉴》卷一百八十。

[3] 即薛西斯一世，波斯帝国国王（前519年—前465年在位）。公元前480年，在温泉关战役中，薛西斯惨败在希腊人的手下。

[4] 传说中的亚述国王，以生活方式奢侈而闻名。

第 17 章
中国西进

第17章 中国西进

  隋朝的衰亡看来注定要把中国投入到另一个分裂和动乱的时期。各地都纷纷崛起了争霸天下的军事领袖。然后，出现了一位天才军人，他注定要复兴这个古老帝国，并给中国的历史和文明带来一段长达300年的新进程。

  他名叫李世民。他的父亲李渊被封为唐国公，是山西一个军事辖区的留守。李渊是位受人尊敬的将领，对于一个处在他这样重要位置上的人来说，他算是一位再诚实不过的官员了。他是个胆小的人，总是担心危害到自己，但他是个忠臣，只有到了穷途末路的时候才会违背自己的公职誓言。此外，他还富有儒家的智慧，熟悉先圣的格言。李世民尽管很年轻（他出生于599年，此时不到20岁），但他从小就对历史掌故和古训格言耳熟能详。而军营生活的经历（因为他父亲的封邑位于边境，经常遭受突厥人的袭击）以及他在宫廷里的阅历——隋朝皇帝的宫廷，极尽奢华、堕落、怪异之能事，以至于在远东广为人知——教会了这个年轻人如何利用儒家的智慧，而不是成为它的奴隶。在他的整个事业生涯中（其中也投下了某些古怪的阴影），他自始至终要确保让传统道德站在自己一边。此外，惊人的活力以及几乎从不出差错的坚定、勇敢、狡诈、大胆和良好的判断力，所有这一切混合在一起，造就了他品格的完美。他是他那个时代的理想的人。

  帝国正处在兵荒马乱的剧痛当中。退避扬州的隋炀帝，过着声色犬马的生活，而他的将领们则为了争夺地盘而互相厮杀。年轻的李世民，在他山西的领地里有强大的军事后盾作支撑，通过与几位突厥可汗的友好关系而愈加巩固。此外，他还与各地的官员建立了颇有价值的联系，对父亲老派的忠君思想越来越不耐烦。为了逼父亲采取行动，李世民借助了典型的中国式的计谋。他买通了宫里的一位太监。在李世民的唆使下，这位太监向李渊献上了一个女孩子，以备后宫之用。这位少女想必颇有魅力，因为，那位可敬的李渊丝毫没有考虑这一行动的后果，就爽快地接受了这个危险的礼物。随后，李世民向他的父亲指出，他们自找麻烦，不小心成了罪犯，宫里的一个女子被诱拐，有人指控他们是首犯。李渊吓了一大跳，不由得惊慌失措起来——但现在该做什么呢？想挽回也已经来不及了。于是，他只好把追随者召集到他在太原的住所，集结了大军听命于自己。与此同时，他仅仅是作为一个忠臣而拿起武器的，为的是把皇帝从其他觊觎者的手上解救出来，以此减少良心上的不安。

每件事情都严格按照李世民的计划向前发展。正如他借助阴谋诡计而获得了后宫内部的支持一样，他也凭借军事上的坦诚而获得了突厥人的同情，这些危险的邻居把500名精兵和2000匹良马交到了他的手里，任由驱驰。与此同时，他的姐姐（像他自己一样也是一位马背上的女英雄）卖掉了自己的珠宝首饰，用这些钱招募了一万人马，把他们交给了自己的弟弟。李世民的麾下很快就有了6万人，他与这些人同甘共苦，用自己的榜样激励他们，他们全都乐意为他而死。四年多的时间里（618年—622年），他南征北战，遭遇了一支接一支大军，从混乱中恢复秩序。

他父亲的踌躇犹豫很快就被环境所打消。在俯临长江的皇宫里，皇家卫队利用天下大乱的机会刺杀了合法的皇帝——隋炀帝。唐伯李渊于是自称是隋王朝的复仇者，并借着隋朝皇家世系最后一位代表的名义，自命为帝国的军事指挥官。数月之后，在李世民的煽动下,李渊废黜了那位影子君主,自己称帝(618年)。

皇城长安(这座城市在中国历史上扮演了与西方的罗马城相类似的角色)首先向这位新皇帝敞开了它的大门——他不是陕西本地人吗?这个地方自秦始皇时期以来目睹了所有伟大王朝的崛起。接下来,李世民移师攻打洛阳,这座城市在他父亲的一位最有力的竞争对手的控制之下。这是一项艰巨的任务,因为这座城市固若金汤,而其他一些觊觎者也为唐军的成功而忧虑不安,正马不停蹄地赶来援救洛阳。陪伴这位年轻英雄的,是他从前的一位敌手尉迟敬德,作战被擒之后被争取了过来。李世民以他一贯的宽宏大度,不顾身边人的忠告,让他指挥自己的一支大军。

他们刚刚望见洛阳城,李世民就领着一支800人的骑兵队,率先去探查它的通路,但守军注意到了,蜂拥而上,把这支小股部队给团团围住了。正当这位唐军首领横刀立马、试图夺路突围的时候,一位敌军将领认出了他,拖枪向他冲了过来。这位未来的皇帝险些为自己的轻率而送了命,然而,一直紧跟着李世民的尉迟敬德,飞身上前,杀死了攻击者。就在这个节骨眼上,唐军的大部队投入了战斗,救出了他们的首领。与此同时,由一位觊觎者所率领的一支敌军正从河北赶来解救洛阳。当这支敌军距离洛阳城只有几英里的时候,李世民率领一支精选的骑兵队,在黎明的晨曦中悄悄出发。他飞马冲向敌军的营地,打得他们猝不及防,一路杀到了敌将的大帐,敌将受伤被擒。几天之后,洛阳城投降。

李世民胜利而归,回到长安(621年)。中国史家对这位年轻征服者的凯旋给出了一幅色彩异常丰富的图画。他们描述他骑着披着盛装的骏马,缓慢地穿过都城的街道,他身披战袍和金甲,戴着头盔,他的弓挂在钩索上,肩挎箭囊,手持宝剑。被征服的觊觎者走在他的坐骑的两侧,挨着他的马镫。《唐书》中描写的这一幕,根据最近的考古发现可以描述得更生动一些。在那些赤陶墓葬塑像中,可以找到唐代的骑兵,他们的战马昂首腾跃,后脚牢牢钉在地面上。我们甚至有李世民最喜爱的坐骑的图像、名字和记录。参加长安凯旋仪式的那匹骏马无疑就是"秋露"了,作为主人的忠实伙伴,它在整个河南战役中出尽了风头。至于这位征服者所穿戴的盔甲,在墓葬塑像所描绘的武士或佛像中的护法天尊的强壮的肩头上,就有它精确的复制品。

中国在恰到好处的时候恢复了统一。突厥人依然在边境虎视眈眈。

在突厥人看来,中原的战乱似乎给入侵提供了一个理想的时机。东突厥的可汗——颉利可汗与侄子突利一起率领一大队骑兵横扫了边境要塞,到达了皇城长安的市郊。年迈的高祖皇帝(就是从前的李渊)惊恐不已,念叨着要撤出长安城。李世民懒得听他喋喋不休,独自领着100名精锐骑兵,出城向突厥人叫阵。他大胆地策马来到突厥人的面前,走近他们的队列,对他们说:"国家与可汗誓不相负,何为背约深入吾地?我秦王也,故来一决。可汗若自来,我当与可汗两人独战;若欲兵马总来,我唯百骑相御耳。"[1]同时,他还对像突利这样的首领提出了他的私人请求,他们跟他之间被战友之谊的纽带紧密联系在一起,李世民在他们的身上重新唤醒了袍泽之情。他坚定果敢的举止,以及他对突厥人思考问题方式的认识,威慑了这些反复无常的游牧民。各个部落的首领在一起交谈了一会儿,然后,他们全都掉转马头,疾驰而去。几个小时之后,这一地区被暴雨所淹没,李世民立即把他的将领们召集到一起,据他的传记作者说,他对他们发表了下面这段谈话:"弟兄们,现在到了我们展示勇气的时候了。整个平原已经是一片汪洋。夜晚将临,到时将会伸手不见五指。突厥人只有在他们能够射箭的时候才令人生畏。让我们拿着我们的马刀和长矛向他们冲锋吧,我们将在他们还没来得及准备防守之前消灭他们。"他果真做到了。突厥人的营地在黎明之前遭到了袭击,唐朝骑兵一路杀到了可汗的大帐。后者请求达成和议，撤回了蒙古(624年)。

随着时间的推移，李世民日益显露出帝国保护者的权威形象。他的两位兄弟越来越妒忌他的荣耀，下决心把他甩掉。就连他的父亲（他的皇位的获得要归功于李世民）也逐渐开始对他的威望感到不快，不再把国家大事托付给他。一场野蛮的戏剧就这样鸣锣开场了，这样的戏剧，在紫禁城里就像在拜占庭的秘密宫殿里一样经常发生。下面引述的《唐书》中关于那些悲剧时期的记载，你在拜占庭史中也一样可以读到。他的兄弟设宴为李世民庆功，给他下了毒。他服用了解毒剂，终于康复过来。然后他们又雇用刺客，埋伏在一座宫门附近等他。但一位叛徒提前向他发出了警告（整个故事里充满了背叛，正像它也充满了流血和道德雄辩一样），李世民抢先下手了。由于事先得到了敌人计划的警告，他的忠实支持者们在合适的地点布置好了骑兵。在预定的伏击时间，他在这场暗杀战中就像在战场上一样，比敌人抢先了一步。"他扣紧胸甲，戴上头盔，拿起弓箭，动身去皇宫。"他的两个兄弟刚刚看到他走近，就朝他乱箭齐发，但都没有射中。李世民一箭就射倒了他们当中的一个，而他的副将则杀死了另外一个。就在这个节骨眼上，他的副将布置在隐蔽处的士兵们出现了，据《唐书》说，"无人胆敢前进一步"。与此同时，宫廷侍从和当地百姓也开始聚拢过来。于是，李世民取下头盔，让人们认出自己，他站在两兄弟血肉模糊的尸体前，对人群说："子弟们，别担心我的安全；那些想刺杀我的人已经死了！"然后，李世民的忠实追随者尉迟敬德斩下两位皇子的脑袋，拿给众人看。[2]

剩下的事情就是把这次死刑的结果通报给皇帝了，他老人家一直对两位受害者表现出明显的偏爱。李世民把这个任务委托给了尉迟敬德。后者无视最神圣的礼法，全副武装地走进了皇帝的房间，双手很可能依然是红的，沾满两位皇子的鲜血。你可以从官方记录的字里行间阅读并想象必定会发生什么，这是儒家伪善的一次绝妙展示，在杀气犹酣的杀人犯身上引用道德格言，为的就是要证明他们的行动一点也不丢脸。

得知这个消息，老皇帝抑制不住自己的泪水和愤怒。他的第一个行动就是下令进行严密的调查。他不懂得，自己已经不再是能控制局面的人了。他的一位朝臣小心翼翼地提醒他真实的事态："用不着再作进一步调查了……不管这些事情是如何发生的，两位死去的皇子是总归有罪的，而秦王则是无辜的。"这几句话堪比塔西佗[3]，它们给这出尼禄式的戏剧添上了最后的一笔。朝臣们然后详细列举了这两位被杀皇子所犯下的五花八门的恐怖罪行。他们难道没有跟父亲的几位嫔妃私通过吗？这本身就足以让他们的死刑合法化了。

接着，有人通报了李世民本人的到来。这个弑兄杀弟者摆出最令人感动的孝顺样子出场了，年迈的君主泪流满面，一把抱住了他，甚至祝贺他挽救了他们的家庭。这是感人的一幕。作史者平静地写道："皇帝一直踌躇着在儿子之间作出选择。两位年长的儿子的死，结束了他的困惑，他从前对李世民的爱完全占据了他的心。当他看到跪在自己脚下的李世民像个在祈求宽恕的罪犯时，他抑制不住自己的眼泪。他把他扶了起来，抱住他，让他安心，说自己完全不认为他是犯罪，确信他的行动只是合法的自卫。"在作出这一番声明之后，正如人们所期望的那样，皇帝让位给自己的儿子。如果不进一步来点富有教益的场面，这出大戏就不算圆满：李世民依照礼法拒绝了皇位；内阁全体一致宣布支持新的主人也是白费力气——他再次拒绝了，并"伏地恸哭，跪倒在父亲脚下，恳求他继续掌权，一直到死"。但老人下达了命令，而李世民作为一个孝顺的儿子和忠实的臣民，则不得不服从。就这样，在强迫之下，他于公元626年9月4日登上了皇位。为了结束任何可能的族间仇杀并使帝国得以平静，新皇帝处死了他兄弟的所有妻妾和儿女。从前的皇帝退隐到了一座宫殿里，据说，"他生活在备受尊荣和平静快乐的享受中，而他的儿子也从没有给他丝毫的机会为自己的退位抱憾"。

这次宫廷政变也给了突厥人以新的希望。新皇帝在那把龙椅上几乎还没来得及坐暖，10万突厥骑兵就从外蒙古出发，穿越茫茫戈壁，向长安进发。626年9月23日，他们出现在北城门外的便桥前。朝臣们再一次恳求年轻的君主放弃这座暴露在敌军攻击之下的都城。但李世民——从现在起我们应该用他的权威头衔"太宗"来称呼他了——并不是个任人恐吓的人。突厥首领颉利可汗傲慢地派出了他的一个使者来要求唐朝纳贡，威胁说，如果不缴纳贡品的话，百万游牧民将把长安夷为平地。太宗的回答则是威胁要砍下使节的脑袋。他这是在冒一场大险，因为当时都城里的军队似乎非常少。为了欺骗敌人，他命令他的军队从各个不同的城门列队而出，在城墙下展开，而他自己则以他惯常的方式，领着一小队骑兵去探查敌军的虚实。尽管随行人员极力反对，但他依然骑马沿着渭河正对突厥人的骑兵编队，任由他们张弓以对。对游牧民的心理，他比自己的随从更熟悉。他的传记作者引用他的话说："突厥人了解我。他们知道怕我。仅仅是看见我就足以把恐惧扎进他们的灵魂里。看到我的军队从城里列队而出，他们就会相信我的军队的人数远比实际人数要多得多。"他继续骑马走向敌阵，"满怀信心，就好像是走向自己的营地一样。"一见到他，"突厥人就对他堂皇无畏的举止留下了深刻的印象，纷纷翻身下马，以他们自己国家的方式向他行礼。"就在这个节骨眼上，唐朝军队来到了他的身后，在平原上站好了各自的位置，他们的盔甲和军旗在阳光下闪闪发光。太宗继续走向突厥人的营地，勒住马缰，他对唐朝军队作了一个手势，让他们后退，以战斗序列留在原地。

皇帝提高嗓门，大声向突厥首领颉利和突利喊话，提出要和他们单挑，就像在草原勇士当中习惯的那样："李世民并没有因为做了皇帝就忘掉了使用武器。"他以军人荣誉的名义,用他们自己的语言,激起他们的尚武精神,他激烈地谴责他们破坏停战协定,背叛自己的誓言。突厥人面对这样的挑衅,慑服于这种令人印象深刻的勇气展示,震惊于唐朝军队的部署,突厥可汗于是请和。第二天,在按照传统祭献了一匹白马之后,双方在渭河桥上缔结了和议。这一次突厥人好好上了一课。他们再也没有回来。

谋士们建议太宗加固长城,以防止类似的威胁再次发生。他笑答:"何须固边。"事实上,鄂尔浑突厥人的权威,正在被太宗刻意助长起来的内部纷争和叛乱所削弱。在颉利可汗做出一次鲁莽的挑衅之后,太宗把整个唐朝军队都摆出来对付他。唐军突袭了内蒙古归化(今归绥)附近的可汗,袭击了他的营地,驱散了他的部落。接着,他们又把他赶入了外蒙古,一直赶到了鄂尔浑河与克鲁伦河,他被迫依附一个部落避难,部落的人把他交给了汉人。这之后,东突厥斯坦的汗国臣服中国达50余年(630—682)。

《唐书》自鸣得意地描述了突厥酋长们拜服在太宗脚下的壮观场面。在一次公开朝见中,皇帝很想看到他们所有人在一起,包括两位新近征服的可汗与那些已经归顺很久的酋长。"刚刚到达觐见厅,他们就恭敬地拜服在地,行三跪九叩之礼。"那些忠诚部落的酋长走在颉利可汗的前面,而颉利则被当做战俘对待。然而,在经过一番羞辱之后,皇帝明智地宽恕了他,为他安排了一座宫殿,等于把他软禁了起来。

东突厥的整个汗国(即今天的蒙古地区)就这样并入了大唐帝国(630年)。和硕柴达木的突厥文阙特勤碑上有这样一段话:"原来的老爷成了汉人的奴仆,原来的太太成了汉人的婢女。突厥的伯克们放弃了其突厥官衔。在汉人那里的伯克们拥有了汉人的官衔,并听从于汉人可汗,为他服务五十年之久。为了汉人的利益,他们向东,即日出之处,一直征战到莫利可汗之地;向西则远抵铁门。"

接下来的20年里，在这些外援的帮助之下，太宗把突厥斯坦的突厥部落和戈壁的绿洲全都纳入了自己的势力范围之内。随着他的出现，一个意想不到的、史诗般壮丽的中国展现在惊叹不已的亚洲各民族的面前。既没有向野蛮人妥协，也没有用金银来收买，太宗便让他们在听到自己的名字时就瑟瑟发抖。这一时期的现实主义艺术很好地表达了这种精神，那些浮雕、雕塑和殡葬陶俑中强有力的动物和战争主题，连同它们几乎有些过度的饱满活力（比如龙门石窟中身强力壮的护世天王），以及他们对着重加强的偏爱（这种加强常常让它们获得了讽刺漫画的强烈效果）。就连唐代的陶瓷制品，连同它们强烈的色彩（橘黄色和明快的绿色），也展现了这一时期的艺术趣味。

如果太宗曾把自己的功绩跟历代的伟大征服者的业绩作个比较的话，他一定会想起中国古代最著名的皇帝——汉武帝。这位生活在公元4世纪蛮族大入侵之前的大汉皇帝，在现实中复活了，大唐骑兵的英雄业绩甚至超过了大汉骑兵。即便是古代疏勒的征服者班超，也不曾像唐代的将军们，夺走过那么多牲畜，打垮过那么多部落，砍掉过那么多人头。在其间的300年里，当中原成为蛮族入侵的受害者的时候，她一直在吸收着获胜部落的鲜血；现如今，她在鲜血的滋养下日益强大，能够凭借从草原人身上汲取的力量，加上一千余年的古老文明的巨大优势，与他们相抗衡。

让我们来看看那些墓葬雕像吧，那些骑兵和步兵的雕像带有半鞑靼特征的扁平面孔，面貌特征僵硬到几乎成为鬼脸的程度；他们要么戴着突厥兵的帽子，要么戴着唐军的头盔。粗糙地包裹着他们身体的，是僵硬的皮革盔甲，用铁块加固了的胸甲和背甲，皮革或金属鳞片围裙，他们手持圆形或长方形的装饰着怪脸的大盾牌——这些人正准备穿越戈壁滩，或者攀登杭爱山。就连佛教工艺品所表现的对象，比如护世天王或金刚手，我们也看到了同样的盔甲，以及类似的令人敬畏且很不友善的外貌。那些陶俑骑兵的战马依然在嘶鸣,在喷鼻,在用前蹄刨着地面,就好像它们在急不可耐地等待冲向疏勒或者龟兹。让萨珊帝国闻风丧胆、后来又让新生的阿拉伯势力寝食难安的西突厥,也在跟他们自己很相似的大唐骑兵的面前垂首弯腰。刚打交道不久,大唐骑兵就扫荡了他们的营地,烧毁了他们的大车,拆散了他们的毡帐,向西一直打到了塔尔巴哈台峡谷——依然不屈不挠,追击着他们越过了一望无垠的吉尔吉斯大草原。

一旦击溃了蒙古的东突厥人,太宗皇帝就可以腾出手来对付突厥斯坦的西突厥人了。后者当时统一在一位强大君主的统治之下,这位君主的领地从阿尔泰山脉一直延伸到咸海。夏天他住在天山,冬天则移居到被称为"热湖"的伊塞克湖畔。他因为佛教朝圣者玄奘的记述而相当知名。那是公元630年年初,在伊塞克湖西岸、今吉尔吉斯共和国境内的托克马克(碎叶)附近,朝圣者玄奘遇见了这位可汗,正率领他的骑兵大军向西转移。"戎马甚盛。可汗身着绿绫袍露发一丈许,帛练裹额后垂。达官二百余人,皆锦袍编发围绕左右。自余军众皆裘毼毳毛,槊纛端弓驼马之骑,极目不知其表。"[4]太宗皇帝相信,"远交近攻"的做法是明智的,因此,只要他还在对付蒙古的突厥部落的时候,就不会去打搅这些西方的部落。然而,公元630年,蒙古已经平定了,机会来了——多半并不完全是自动送上门来的。突厥斯坦那位给玄奘留下深刻印象的可汗,在多少有些神秘的情境下被人谋杀了,他的王国也就土崩瓦解,分裂成互相敌对的部落群。因此,西突厥人的汗国并没有比蒙古突厥人的汗国活得更长。642年,在乌鲁木齐附近进行军事活动的中国远征军一个接一个消灭了所有胆敢抵抗的突厥部落。剩下的全都承认了中国的霸主权。

灭掉突厥之后,太宗皇帝就可以在整个塔里木盆地重建中国的保护国了。

为了理解塔里木盆地这些如今已经破败不堪的绿洲在中世纪

早期所扮演的重要角色,我们必须扼要概括一下我们早先在谈到汉代时所说过的那些话。从人种学的观点看,这些绿洲当中至少有一些地方居住的是说印欧方言的民族,这些方言不仅跟亚洲的亚利安语系(伊朗语和梵语)关系密切,而且也跟欧洲的一些语言(斯拉夫语、拉丁语、凯尔特语,等等)非常接近,至于疏勒地区所说的"东部伊朗"语,那就更不用说了。从文化的观点看,从3世纪到8世纪,作为佛教传教的结果,在那里,梵语和普拉克利特语的文学和哲学著作,像在恒河两岸一样受到人们的尊崇。从艺术的观点看,这块土地是亚历山大大帝身后的征服地——这又是佛教传播的结果,它学到了亚历山大时期的肖像法。而希腊可以说已经死于拜占庭,然而从那时起,它的艺术影响就密不可分地与佛教教义联系在了一起,一直延续到7世纪,从疏勒东部到吐鲁番和罗布泊,还能感觉到这种影响——或许,在有些唐朝时期的中国镜子上,我们可以追踪到这一影响[5]。就这样,一颗死星的光芒可以延续数百年时间,穿越时空的界限照亮我们的眼睛。如今的塔里木盆地,不再有任何辉煌的商业、宗教和艺术活动了。沙漠的前进湮没了肥沃的土壤,伊斯兰教覆盖了古老的佛教文化中心。在那里,你可以找到已经坍塌的整座社会大厦所留下的断壁残垣,认识到文明必然消亡的命运,但要是没有这座大厦,印欧世界和华夏世界之间的通道则绝无可能,而这一切,离我们并不太远。

关于塔里木盆地的这些绿洲,当时就有过非常生动的描写,这就是中国朝圣者玄奘在他的印度旅行记中所作的描述(玄奘于629年至630年西行印度,644年返回)。1902至1914年间进行的考古发掘,出土的大部分文物也属于这一时期。

塔里木盆地那一时期的艺术,直接源自于阿富汗的佛教工艺,连同它的双重源流:希腊-印度和伊朗-佛教的影响。丰杜基斯坦(位于喀布尔与巴米扬之间)模型墙雕的发现,让我们对这些影响看得更清楚了。这些雕刻品的年代,是根据在同一地点发现的萨桑王库思老二世(590—628)的硬币鉴定出来的,它们表明,阿富汗的佛教艺术依然在按照希腊模式复制着佛教神像,但女像结合使用了纯粹的印度样式,而男像则使用了萨桑王朝时期的波斯样式。在克孜勒佛窟(塔里木北部的龟兹附近)的壁画中也发现了同样的样式结合,哈金认为这些壁画属于两个时期,最早的来自450至650年之间,另一些则来自650至750年之间。它们一起表明,诸如龟兹这样的绿洲,其精神甫明是纯印度的(多亏了佛教),而其物质文明则显示出了萨桑王朝时期的波斯的影响也相当大。的确,那些躺着的贵族像(公主像也是一样)透露出了对波斯原型的直接模仿。丝绸之路沿途的这些绿洲,不仅是从中国到印度朝圣的驿站,而且是中国和波斯之间的商旅落脚点,没有什么东西能够比这更清楚地表明它们所扮演的重要角色了。我们在谈到克孜勒壁画时所说的那些话,同样可以用来说硕尔楚克(焉耆附近)的雕塑、吐鲁番绿洲的壁画和雕塑以及(吐鲁番盆地南部)于阗附近丹迪纳里克的绘画。

  雄心勃勃地要控制上亚细亚的大唐中国,对塔里木盆地的那些绿洲不可能不感兴趣,在塔里木盆地建立保护国对于控制通往印度和波斯的商队通道来说是必不可少的。太宗皇帝希望通过和平的手段把它们纳入自己的势力范围。距离西部各绿洲最近的吐鲁番,其受中国文化的影响也最直接,正像这一地区的佛教壁画所显示的那样,在这些壁画中,唐代的风格与对印度和伊朗作品的模仿融合了起来,此外,在这一地区起支配作用的王朝也属于中国的血统。629年,唐朝佛教徒玄奘在去印度朝圣的途中经过吐鲁番,受到了本地国王的热烈欢迎(事实上是如此热情,以至于玄奘在重新上路的时候竟然跟主人难分难舍)。第二年,这位国王正式提出效忠太宗皇帝。但在640年,他竟然愚蠢到跟突厥的叛乱者结成同盟,要切断中国、印度和波斯之间的商队通道。

他满心指望戈壁滩的茫茫沙漠能够保护自己，但唐朝人的骑兵穿越了戈壁，出人意料地到达了吐鲁番绿洲。听到这个消息，国王又惊又吓，死了。唐朝军队开始攻城，雨点般的石头砸向了这片绿洲。新国王是个非常年轻的小伙子，他出城来到唐军的营地。"他谢罪的态度不是很谦卑，一位唐朝将领站起身，说：'我们的首要职责是攻城，何须跟这个小屁孩扯皮？下令攻城吧！'年轻的国王被汗水湿透了，拜伏在地，无条件投降。唐朝的将领把他作为战俘逮了起来，后来在举行仪式的大殿里献给了太宗皇帝。皇帝大宴群臣，为得胜归来的勇士们庆功，仪式持续了三天。"[6]吐鲁番国王那把镶嵌着宝石的弓，被皇帝送给了突厥将领阿史那社尔。

焉耆（丝绸之路上的第二个重要绿洲）的人帮助了唐朝人打败吐鲁番人，他们跟吐鲁番人不和。吐鲁番刚刚被吞并，他们惊恐不安，与那些持不同政见的突厥人结成了联盟。太宗派出了一支新的大军，在一位名叫郭孝恪的足智多谋的勇士的指挥下，穿越了茫茫戈壁。"焉耆所都周三十里，四面大山，海水缭其外，故恃不为虞。孝恪倍道绝水，夜傅堞，迟曙噪而登，鼓角轰哄，唐兵纵，国人扰败，斩千余级。"太宗从皇城里指挥着所有的军事行动，一天，"帝语近臣曰：'孝恪以八月十一日诣焉耆，阅二旬可至，当以二十二日破之，使者今至矣！'俄而遽人以捷布闻。"[7]（644年）

塔里木盆地最繁华的城市是龟兹，其佛教壁画表明它具有很高水平的文明和优雅。龟兹国王名叫苏伐叠，在本地的印欧语言里意思就是"金色的神"。630年，他给予唐朝朝圣者玄奘以热烈的欢迎，承认了唐朝宗主国的地位，但在644年，他突然转向了，跟焉耆结成联盟反对大唐帝国。没过多久他就死掉了，继承王位的是他弟弟，梵文名字叫诃黎布失毕，意思是"神花"（646年）。新国王感觉到了正在来临的风暴，匆匆忙忙地派出了一位特使，带着他表示忠诚的声明去大唐朝廷。但一切都太晚了。为汉人效力的突厥将领阿史那社尔,已经率领汉人的正规军和鞑靼人的外援兵直奔西域而来。

龟兹人预料袭击会来自东南方向,来自戈壁大漠。不曾想袭击反而是来自西北,阿史那社尔走的路线是从乌鲁木齐经尤尔都斯河源头越过天山隘口。从这条路上,来的并不是焉耆的盟军,惊慌失措的龟兹人眼睁睁地看着汉人的骑兵编队在城北多石的沙漠中部署开来。国王诃黎布失毕出城面对敌军,汉人使用了一招蒙古古代战争中惯用的战术——佯装退却,诱使武艺高超的龟兹骑士进入沙漠,在那里消灭了他们。克孜勒的佛教壁画中描绘了阿史那社尔胜利进入龟兹城的场面。接下来,正当龟兹国王领着残兵败将到固若金汤的拨换城(今阿克苏)避难的时候,阿史那社尔也一路追到了那里,经过40天的围攻之后,拿下了这个地方。在龟兹,阿史那社尔斩首一万一千级,"西域震惧"。

龟兹的陷落,对于戈壁城市的独立来说是致命的一击,它标志着一个屡遭劫难而幸存下来的迷人而优雅的世界宣告终结。克孜勒的壁画让人回想起那灿烂的文明,自从这一场劫难之后,它再也没有完全恢复过。约瑟夫·哈金在克孜勒所作的调查表明,在这一时期(648—650),两种绘画风格之间存在一个断裂,第二种风格使用了更强烈的色彩,以补偿浮雕的减弱。在这种风格里,还使用了一种新的波纹,可以明显感觉到萨珊王朝时期的波斯的影响,然而事实上这是波斯难民的作品,在652年阿拉伯人征服他们的国家之后,他们逃离家园,到这个新建立的唐朝保护国避难。

在控制了吐鲁番盆地的北部绿洲之后,唐朝人把注意力转移到了南部。632年,于阗国王承认了太宗皇帝的宗主权,635年,他把儿子送到唐朝宫廷里担任皇家侍卫。然而,这些表示善意的证据似乎并没有让唐朝人满意。在648年征服龟兹之后,他们觉得,到了加强对南部绿洲的严厉控制的时候了。有人对阿史那社尔说:"公破龟兹,西域皆震恐,愿假轻骑羁于阗王献京师。"说干就干。中国骑兵队出人意料地到达了于阗绿洲,国王吓得直打哆嗦。唐朝将领"陈唐威灵,劝入见天子"。国王听从了他的忠告,而且这一举动并没有让他损失什么,因为在长安的宫廷里逗留了几个月之后,皇帝就放他回家了,临走,还"赐袍带,布帛六千段"。[8]

吐蕃(西藏)当时仍然是蛮荒未化之地,一位有能力的酋长在拉萨地区建立了一个王国。在发动针对中原的战争之后,他最终进入了唐朝的势力范围,641年,太宗皇帝让他牵上了一位唐朝公主的手。就这样,文明开始在这些野蛮的山地人当中渗透。太宗甚至派出了一位大使去印度,朝见北天竺的国王那陵提婆。不过,中国出使这个国家的最优秀的大使是朝圣者玄奘,他于629年离开都城长安,在遍游中亚和印度之后,直到644年才返回中国。我们已经提到过他经由吐鲁番、焉耆、龟兹、天山、伊塞克湖、托克马克、撒马尔罕、大夏和喀布尔河谷向西旅行,他的回程经过帕米尔高原、疏勒、于阗、罗布泊和敦煌。事实上,他走的正是古丝绸之路的两条通道。唐王朝利用这段和平时期重新打通了从中国到印度和波斯的横贯大陆的通道,这两条通道自从汉朝衰亡以来总有某些地方被阻塞。有时,太宗的威力甚至追循了朝圣者的足迹。647年,一个唐朝使团在去印度的路上遭遇了袭击,使臣王玄策去向吐蕃和尼泊尔的酋长(他们都是唐帝国的封臣)搬救兵。王玄策领着他们的小分队返回了印度,报了袭击者一箭之仇,用铁链把他们锁住,带回了长安。

作为这些征服的结果,唐朝的统治权一直行使到了帕米尔高原。我们可以理解太宗皇帝合理的自豪。他的传记作者引用他自己的话说:"曩之一天下,克胜四夷,惟秦皇、汉武耳。朕提三尺剑定四海,远夷率服,不减二君者。"[9]

与此同时,中国力量在精神方面也产生了它的影响。

北魏末年，朝廷曾积极推广佛教，然而自北魏王朝衰亡以来，这一宗教遭受了数不清的攻击。574年，中国南方的那些短命王朝之一颁布了一道法令，把"外来宗教"和道教都给禁止了，但6年之后，这一迫害时期便走到了尽头。隋朝的两位皇帝一开始都是正统的儒家信徒——就像每一个新朝代一样，他们也需要官僚阶层的支持，以确立他们的合法地位——但随着时间的推移，他们都表现出对佛教更热衷。至于那位后来成了唐太宗的草莽武夫，在他即位的时候，就对印度人的这种投降和克己的宗教感到满腹狐疑。他评论道："(梁)武帝末年，频幸同泰寺，亲讲佛经，百寮皆大冠高履，乘车扈从，终日谈论苦空，未尝以军国典章为意。及侯景率兵向阙，尚书郎以下，多不解乘马，狼狈步走，死者相继于道路。"他认为道教的"无为"也同样不值得赞成："元帝在于江陵，为万纽于谨所围，帝犹讲《老子》不辍，百寮皆戎衣以听。俄而城陷，君臣俱被囚絷。"[10]太宗在这些问题上的私人顾问是一位上了年纪的儒家学者，自然也憎恨佛教。他递呈了一篇让自己青史留名的奏折，历数国家儒教对释家僧徒的抱怨。下面的节选，让我们对当时发生在中国的那场观念之战看得更加清楚了。

这篇文章开宗明义："佛在西域，言妖路远，汉译胡书，恣其假托。故使不忠不孝，削发而揖君亲；游手游食，易服以逃租赋。"此外，"演其妖书，述其邪法，伪启三途，谬张六道，恐吓愚夫，诈欺庸品。凡百黎庶，通识者稀，不察根源，信其矫诈。乃追既往之罪，虚规将来之福。布施一钱，希万倍之报；持斋一日，冀百日之粮。遂使愚迷，妄求功德，不惮科禁，轻犯宪章。"他进一步说："况天下僧尼，数盈十万，翦刻缯彩，装束泥人，而为厌魅，迷惑万姓者乎！今之僧尼，请令匹配，即成十万余户。产育男女，十年长养，一纪教训，自然益国，可以足兵。"[11]直到现代，我们还能发现人们在重复着对佛教出家制度反社会、反国家的指控。这种反教权主义，在儒家文人当中——更确切地说，是在几乎整个官僚阶层当中——成为了一项传统。

太宗皇帝也抱有同样的观点，自从626年即位以来，他大大缩减了僧尼的数量。但是，像塔里木盆地这样一块深受佛教影响的土地，随着汉人对其统治权的确立，加上由此带来的跟印度本身的政治关系，这一切最终改变了皇帝的态度。玄奘的故事就表明了这一点。公元629年，当这位著名的佛教学者请求许可去恒河圣地朝圣的时候，当局拒绝给他必不可少的通行关文。他不得不秘密地越过边境，避开敦煌的边境哨卡，在没有向导的情况下孤身进入戈壁大漠之中，在那里，他险些在旅程刚刚开始的时候就送了命。结合唐朝人的威望和佛教徒的虔诚，当地的统治者们一路保护他穿越了塔里木盆地，使得他能够通过突厥斯坦和阿富汗到达印度。在印度，他受到了最热烈的欢迎，出面接待的，不仅有他的同宗教友，甚至还有印度的王公贵族，他们很好奇，想看看这位大老远地从中国来到他们的国家学习梵文哲学的旅行者。

玄奘不仅仅是一位虔诚的佛教徒，渴望见到那些跟佛陀出生、讲道、涅槃有关的圣地，还是一位最值得注意的哲学家，对婆罗门教和佛教不同的形而上学体系，都做过深入透彻的研究。他最后加以发展、并在非凡洞察力的综合中予以阐述的体系，是一种绝对理想主义的体系，有点像贝克莱和费希特。他承认，个人化的自我和外部世界都是虚无，或者更确切地说，它们共同简化为他所谓的"唯识"，如果你喜欢，也可以说是"理想的平面"。这是一种介于主观主义与一元论之间的哲学，但不可能把它恰当地定义为这两种知性姿态的任何一种，因为它既不像一元论——它否认一切物质的观念，又不像西方的主观主义——它否认自我，或者至少是否认物质的自我。

实际上，它远远超过了像玄奘这样的翻译者展示给中国人的那些体系。它是一套完整的思想财富，包括概念、观点、形而上学建构和知性分析。它的确是印度思想的完整遗产，这些思想已经被改造得使唐朝的臣民能够理解。尽管有儒家知识分子的反对，但无法抵抗的动态观念的入侵还是发生了。有一个证据就是，宋代正统的新儒家（被朱熹精细化了）无意识地渗透了这些观念。这里存在一种"精神输血"，只有20世纪西方观念的突然入侵才可以与之相比。玄奘最卓越的成就，或许并不是穿越戈壁大漠、天山、帕米尔高原和印度的库什，而是对印度思想这个未知世界的精神探险，这是一片繁茂丰饶、而且明显无路可通的森林，超过前面提到的所有那些地方，他成功地翻译了最为复杂、精密、微妙的印度的形而上学概念，用的是经过改造加工的、适合这一目的的汉语词汇——几乎是一种新的语言——连同并不完美的工具：中国的书写文字。只有那些不得不把托马斯主义哲学翻译成中国文字的传教士们，才能够欣赏这样的成就。

除了是个虔诚的朝圣者和能力惊人的形而上学作品的翻译者之外，玄奘还是一个目光敏锐的探险家和一个精密准确的地理学家。他的旅行记是一部7世纪上半叶中亚和印度的自然、政治和经济地理学的调查报告：一个国家接一个国家，一英里接一英里。他开列了所经之处的所有地区的农业和经济活动：从中国的边境，到波斯的门户，从阿富汗到印度的阿萨姆邦。他还列举了在旅行中遇到的所有民族的语言（包括一份梵文文法概要）、风俗习惯（连同种姓制度的梗概）、迷信、宗教和哲学。最后，他极其准确地记载了各地政治权力，连同不同统治者的个人性格。

这些最新的观察材料，对于太宗皇帝的国际事务来说想必有着独特的价值。在629年他曾希望阻止这位朝圣者的出发，但当后者于644年回到中国的时候，皇帝陛下却给予他最殷勤、最友好的欢迎。最后，皇帝向这位旅行者询问了印度各个王国的情况，对他的回答非常满意，以至于希望委以大臣的职责。但玄奘完全投身到了他的宗教和哲学工作中，于是拒绝了这个提议。然而，他还是在长安城里定居了下来，地点就是当时尚未完工的大慈恩寺，太宗皇帝开始喜欢上他了，常常召他进宫。大慈恩寺的献祭仪式因为皇帝陛下亲眼目睹庄严的游行队列而名闻天下，他是出于与玄奘的友情而同意露一下面。玄奘的传记作者描述了这次盛大的游行，陪伴游行队列的是旗子和他从印度带回来的佛像。最近的考古发现证实了这一时期有些中国佛像的印度起源。在山西北部的天龙山石窟发现了一些佛像，显然是唐代的作品，是对印度笈多王朝时期艺术的直接模仿。它们有柔和的模型、圆润的魅力与混合的形态，这些显然都是非中国的，表现了完整的印度美感及其与生俱来的典型感觉。此外，在隋代和唐代早期，还有造型形态的普遍复兴。佛教雕塑，抛弃了"中国罗马式"的贫乏，逐渐恢复了对模式的强调。毋庸置疑，这种改变部分地要归功于像玄奘这样的朝圣者带回来的印度模型的榜样。

  大唐帝国的扩张，远至印度和波斯的边境，这不仅导致了跟佛教印度更紧密的联系，而且也使得基督教传教士从波斯与河中出发的旅行成为可能，导致了基督教景教教派在帝国核心地区的确立。公元635年，一位名叫阿罗本（这是叙利亚宗教头衔"拉班"的汉文翻译）的景教牧师抵达长安。638年，这位传教士在这座都城建立起了教堂，781年的古叙利亚文和汉文碑铭记载了这一事件，其中也谈到了太宗皇帝对基督教的仁慈态度。[12]

  53岁那年，在统治中国23年（这是中国历史上最辉煌的时期之一）之后，公元649年7月10日，太宗皇帝在长安的宫殿里去世，被埋葬在礼泉附近的昭陵。他让人在自己的陵墓周围雕刻了他所征服过的国王们的雕像，以及他在历次战斗中所骑过的战马的雕像。他的老兵们对他是如此热爱，以至于其中一位——就是突厥首领阿史那社尔——想要在主人的遗体前按照古代的方式自杀："请以身殉，卫陵寝。"[13]

第 17 章   中国西进

【注释】

[1]《旧唐书·突厥列传上》卷一百九十四。

[2] 这一段落中的引文新旧《唐书》甚至《资治通鉴》中皆不见,且事件细节与正史的记载也有出入,疑引自现代人写的传记。后面段落中未注明出处的引文也都是这样,而且有一段引文甚至说被杀死的是李渊两位年长的儿子,这就更是明显的错误了,如果引自中国史书,当不至如此。

[3] 塔西佗(Tacitus,约55—约120),古罗马元老院议员,历史学家。

[4]《大唐大慈恩寺三藏法师传》卷二。

[5] 原注:许多唐朝时期的中国镜子无力地继续着六朝的本土传统;然而,有些镜子则修饰着跳跃的马、牡鹿和狮子,在旋涡形图案和葡萄串中间互相追逐,似乎让人联想起希腊-罗马的(有时候甚或是伊朗的)工艺品。

[6] 参见《新唐书·西域传上》卷二百三十七:"智盛(吐鲁番国王)令大将曲士义居守,身与绾曹曲德俊谒军门,请改事天子。君集(唐将)谕使降,辞示屈,薛万均(唐将)勃然起曰:'当先取城,小儿何与语!'麾而进,智盛流汗伏地曰:'唯公命!'乃降。"

[7] 本段两节引文均出自《新唐书·西域传上》卷二百三十七。

[8] 本段的引文均出自《新唐书·西域传上》卷二百三十七。

[9]《新唐书·西域传上》卷二百三十七。

[10] 这里两节引文均出自《贞观政要·慎所好第二十一》。

[11]《旧唐书·傅奕传》卷七十九。

[12] 原注:正是在唐朝时期,中国人仿效印度人首次学会了如何从甘蔗中提炼糖(这一事件的重要性可以从今天四川和广东地区的甘蔗种植中判断出来)。他们还学会了如何用葡萄酿酒。在汉代初期,中国首次与疏勒、吐鲁番、焉耆、库车和费尔干纳建立了直接的联系,所有这些地方,都以它们的葡萄著称于世。据传说,葡萄是在大约公元前125年传入中国的。但直到公元7世纪的唐代,中国人才首次用葡萄酿酒(无疑是照着吐鲁番葡萄酒酿造者的样子),而除此之外,从远古时期以来他们就掌握了用稻米、黍稷及其他谷物酿酒的技术。在华北,茶(一种生长在南方的植物)的使用从周代起就被人们所知,到了8世纪中叶,它变成了一种民族饮料,各个阶层的人都可以使用。

[13]《新唐书·阿史那社尔传》卷一百二十三。

第 18 章
武皇开边

第18章 武皇开边

太宗的儿子高宗皇帝继位的时候只有22岁,他的统治时期持续了34年(649—683)。他勤勉刻苦,天性仁慈,是个好心肠的人,尽管性格令人遗憾的软弱。他尊重各种不同的宗教仪式,他曾登上神圣的泰山祭天,另有几次他伴随朝圣者既参拜了孔子的陵墓,又去了最古老的道观。据长安城的汉文-叙利亚文碑刻记载,他还关照过景教。在他统治期间(至少是在早期),扩张依然在继续,这多亏了他父亲的那些久经沙场的老将。在征服朝鲜的时候,高宗竟然在他的前任太宗皇帝和隋炀帝失败的地方成功了。660—665年间,他的将领们征服了百济——朝鲜半岛的三个王国之一,位于半岛的西南海岸。668年,他们攻克了高句丽(朝鲜)——三个王国中最重要的一个,位于汉城(编者注:今首尔)的西北方。因为第三个朝鲜王国新罗(位于半岛的东海岸)自动承认了中国的宗主权,所以整个朝鲜半岛就这样纳入了中国的势力范围。在突厥斯坦,唐军平定了伊塞克湖东北方向的西突厥人的叛乱。在临近冬天的时候,唐朝将领苏定方进伐叛乱者。"冬天来临,地面上被冰雪所覆盖。突厥人做梦也想不到唐朝人会于这样一个季节、在这样荒凉偏僻的地方开始战斗。"苏定方突袭了曳咥河畔的游牧民,艾比湖的一个附庸国。在伊塞克湖西边的双河,他第二次击败了他们,最后迫使他们的可汗逃到石国(塔什干)避难,在那里被人出卖给了唐朝人(657

年)。西突厥人不得不承认唐帝国任命的人做他们的可汗。

看来，高宗皇帝是在形势突然反转的时候成功地完成了他父亲毕生的事业。665年初，西突厥出现了公开的叛乱。670年，吐蕃人(当时依然几乎处于野蛮状态)侵犯塔里木盆地，攻占了龟兹、于阗、焉耆、疏勒——唐朝人的"安西四镇"。比这更严重的是，蒙古的东突厥人的一个汗国——他们以鄂尔浑上游为中心，630年被太宗皇帝所灭——如今在从前的统治部落的一位后人骨咄禄可汗的领导下重新建立起来了。帝国再一次陷入了苦难深重的岁月。39年来(682—721)，来自长城外的蒙古突厥人("像豺狼一样")蹂躏着唐朝人("像绵羊一样")的土地。

与此同时，在皇城长安，高宗皇帝的统治由于女皇武则天而走向了悲惨的终结。

武则天是太宗皇帝从前的宠妃。她637年入宫，当时只有14岁，因为她的才智和美貌而艳压群芳。未来的高宗皇帝还是太子的时候，曾在父亲成群的妻妾当中见到过她，打那时起，就在心底里暗暗地爱着她。太宗死的时候，他的嫔妃们不得不削发为尼，住进了尼姑庵。官方规定的服丧期刚刚结束，新天子就命人把这位年轻女子从退隐处带来，恢复了她在宫里的位置。然而，对于这个野心勃勃的嫔妃来说，一个次要角色显然是不够的。据她的死对头、诗人骆宾王说，她"入门见嫉，蛾眉不肯让人；掩袖工谗，狐媚偏能惑主"。[1]为了达到目的，她不惜用一切手段，愿意犯任何罪行，不管多么恐怖。她亲手掐死了自己跟皇帝生的孩子，然后嫁祸于人，导致合法的皇后被指控犯下了这桩十恶不赦的罪行。

唐代编年史中关于这出大戏的报道，是塔西佗式的往事追怀，加上虚假的优雅礼节作为舞台背景。孩子(一个女孩)出生之后，皇后来看武则天。她爱抚那个婴儿，把她抱在怀里，向年轻的妈妈表示祝贺。她刚一离开，武则天就闷死了这个新生儿，然后重新把她放回摇篮里。有人通报皇上驾到。武则天起身相迎，脸上洋溢着愉快的神情，揭开摇篮让皇帝看他们的女儿。皇帝的眼睛里闪过一丝可怕的表情，摇篮里躺着孩子的尸体。武则天放声大恸，但小心地不直接指控那个她一心要毁掉的女人。最后，当被问起的时候，她也仅仅是指控了她的侍女们。不出所料，后者为了摆脱嫌疑，向皇帝描述了几分钟前皇后所作的探访。场景设计得如此巧妙，以至于高宗皇帝对皇后的罪行深信不疑。就这样，皇后被贬，武则天取而代之（655年）。尽管有父亲的老臣们的反对，高宗还是彻底落入了新皇后的控制之下。像古罗马的阿格里庇娜一样，她隐身在纱帘的后面参与军国大事的商议。由于高宗继续秘密探访从前的皇后，武则天下令剁掉了这个可怜女人的手和脚。

从660年起，就一直是武则天在以软弱的高宗皇帝的名义管理着国家大事。凭借她所建立的一套密探制度，武则天能够不受惩罚地在朝廷里施行恐怖统治，尽情地放纵自己的嫉妒和报复心理，放手消灭她的敌人，哪怕他们恰好是大唐王朝的皇室成员。在灭掉反对她的官吏之后，她强迫他们的妻女为奴。软弱无助的高宗皇帝知道受害人是无辜的，但他不敢采取任何行动。据说，悔恨和同情损害了他的健康。中国的编年史家讲述了他生命中最后的那些日子："上苦头重，不能视，召侍医秦鸣鹤诊之，鸣鹤请刺头出血，可愈。天后在帘中，不欲上疾愈，怒曰：'此可斩也，乃欲于天子头刺血！'鸣鹤叩头请命。上曰：'但刺之，未必不佳。'乃刺百会、脑户二穴。上曰：'吾目似明矣。'后举手加额曰：'天赐也！'自负彩百匹以赐鸣鹤。"[2]然而，一个月之后，人们听说皇帝突然病重，在无人目击的情况下死去（683年12月27日）。武则天以儿子的名义，继续保持着对帝国的绝对控制，长达22年之久（683—705）。

尽管武则天的所作所为肆无忌惮，但她也是个才能出众的女

第18章　武皇开边

人，在管理国事上比她那位不幸的丈夫更圆熟老练。尽管在后宫里上演了一幕又一幕悲剧，但大唐帝国的行政机器，依然在她的积极操纵下继续运转，久经沙场的将领们几乎在到处阻击野蛮人。正是在她的治下，中国人在塔里木盆地重新建立了"安西四镇"：龟兹、疏勒、焉耆和于阗（692年）。就大唐与蒙古突厥人的关系而言，她并不怎么成功，几乎没有哪一年突厥人没有突袭、劫掠甘肃、陕西、山西与河北的边境。阙特勤碑文记述道："那时候，奴仆们自己拥有了奴仆。"

在国内事务上，武则天克服了所有障碍。每个人都在这个不屈不挠的女人的钢铁意志面前退避三舍。她的胆子是如此之大，以至于在684年，她索性废黜了自己的儿子——年轻的中宗皇帝，然后自己取而代之，正式称"帝"（690年）。皇族子弟耻于被一个从前的嫔妃所统治，在诗人骆宾王的一篇檄文的激励下，他们采取了行动，实施了一场流产的反叛。他们的叛乱被镇压下去了，人们砍下他们的脑袋送给这位女皇。与此同时，武则天认识到，有必要与蒙古的突厥人握手言和，以取得他们的支持，来对付她的敌人。她派出了一位特使去见突厥人的可汗默啜，请求把他的女儿嫁给武则天的侄子。这个突厥人不屑一顾地拒绝了这个提议。他并不打算把女儿嫁给一个篡位者的侄子，而是想嫁给那位被废黜的皇上。他自封为朝廷里各派别之间的调停者，声称自己是正统的拥护者，威胁说，如果不恢复大唐王朝的话，他就要率领他的游牧部落，亲自实现复辟。武则天给吓住了，正式承认了中宗皇帝的权利，不过实际上她依然是唯一的统治者。

巩固了自己的权力之后，武则天就开始满足自己各种心血来潮的怪念头。尽管韶华已逝，岁月不饶人，但她还是让一位年轻的佛僧作了自己的面首，并安排他担任洛阳一座主要寺庙的住持，"随时出入禁宫，不论早晚"。此外，武则天对佛教也很有兴趣——当然，这位年轻佛僧的个人魅力那就更不消说了。这个非凡女人的性格中，有一种强烈的宗教感情，与所有残忍和淫荡的刺激相映成趣，都有她表现出的最热爱的方面。672至675年间，她下令并亲自监制了著名的龙门石佛以及围绕着他的菩萨、僧徒和护法国王的雕像的凿建。这样一些作品，过去时代的理想主义和神秘主义，已经被一种惊人的现实主义暴力所取代，这无疑让我们看清了一种很可能对武则天有吸引力的佛教类型。它们还佐证了这位君主给予这一信仰的特殊保护。这一保护的一位著名的接受者就是朝圣者义净，他是一位来自河北的僧人，公元671年，他乘船经苏门答腊去了印度。695年，在印度和外印度的寺庙里待了24年之后，他由海路回到中国，带回了大量的梵文佛经。抵达洛阳城的时候，武则天领着庞大的随从人员去接见他，为他的译经工作提供了极大的便利，他把整个余生都投入到了这项工作中。

　　与此同时，武则天的统治也正在走向其尾声。敌对的民意，以及突厥入侵的威胁，使得她决定要实现中宗皇帝的复位——至少名义上的复位。实际上，她继续在独揽朝纲，由她新近宠幸的面首张氏兄弟辅佐。然而，一场针对她的阴谋正在酝酿之中。705年的一天夜里，密谋者们拿起了武器，拥入皇宫。他们遇到了那位无权无势、胆小怕事的中宗，他们欢呼着拥戴他为皇帝，连拉带拽地把他拖进了武则天的寝宫。年迈的女皇从睡梦中惊醒，孤独而无助，她的两位面首就在她的脚下被杀掉了，但她依然有能力抵抗。她作了最后的努力想要胁迫中宗，如果密谋者给她时间的话，她没准会实现自己的目标，但他们却用匕首对着她的喉咙，强迫她宣布退位（705年2月22日）。几个月后，她含恨死去，享年82岁。

　　中宗皇帝再一次成了国家的领头人，表现得像从前一样善良而软弱。他最喜爱的娱乐就是去见佛僧义净，在后者翻译他从印度带回来的梵文佛经时跟他聊天。中宗皇帝想必回想起了他在受到他那位可怕母亲的迫害时是如何向菩萨祈祷(无论对身体还是对灵魂菩萨都是一位好医生),以及他的祈祷是如何得到应验的。在他于705年复位之后,他不想表现出对他那位天上的保护者忘恩负义,他经常把都城里最圣洁的僧人召到自己的宫里。他特别喜欢的人是义净,707年的夏天他一直跟义净待在一起。皇帝甚至去这位朝圣者工作的那座寺庙,坐在他的席子上,亲手协助他翻译印度佛经。

不幸的是,温和帝王与得道高僧之间的这种友好协作不久之后就被另一出宫廷戏剧给打断了。中宗的妻子——年轻的韦后,是一个行为放荡的女人。她让英俊的武三思(已故的则天女皇的侄子)做了自己的情人。中宗被欺骗了,对此毫无觉察。一位年轻的皇子被这种堕落行为给激怒了,他杀死了武三思(707年),但一切都无济于事,因为皇帝不接受这位复仇者。最后,这位中国的梅萨利娜[3]发现她的影子丈夫依然是个障碍,于是索性把他毒死拉倒,这样就可以取而代之(710年7月3日)。但她缺少武则天那样令人敬畏的权威,她的罪行刚一败露,就导致了皇室成员的一次反叛,领头的是年轻的皇子李隆基。7月25日的夜里,反叛者们重演了705年的大戏,他们拥入皇宫,乱箭射死了韦后。她的头被人用长枪挑起,掷向人群。于是,李隆基让他的父亲当上了皇帝,这就是唐睿宗。

在此期间,蒙古的突厥人在他们令人生畏的可汗默啜的率领下,依然在继续着他们对中原的蹂躏。706年,默啜的侄子阙特勤在宁夏赢得了对唐朝人的一场大胜仗。阙特勤碑碑文讲道:"我们与沙陀将军的军队交战。他首先骑灰马塔地克啜进击。此马在那里被杀。第二次,他骑灰马沙钵略奄达进击。此马在那里被杀。第三次,他骑披甲栗色马叶勤悉利进击,此马在那里被杀。他们将一百多支箭射中他的甲胄与战袍,但是他未让一箭射中脸部或头部。突厥的伯克们,你们都知道他们射击他的。我们在那里歼灭了这支军队。"

睿宗皇帝有着很高的道德品质，但他并不觉得自己被赋予了应付国内外环境所需的力量。对于应该采取什么样的行动，他总是拿不定主意，于是就征求一位道教哲学家的建议。后者依据老子的信条，建议他遵照宇宙惯性行事。"完美政府在于什么？在于无为！万事顺其自然，天下即会自治。"[4]睿宗更愿意把权力交给儿子李隆基，也就是那位诛杀韦后的皇子，他过人的精力和机敏预示着一个伟大的统治时期。公元712年9月8日，皇帝让位给李隆基，如今人们只记得他是玄宗皇帝，他的统治时期，将是中国历史上最辉煌的时期之一。

【注释】

[1]《旧唐书·李敬业传》卷六十七。

[2]《资治通鉴》卷二百〇三。

[3] 梅萨利娜（Messalina, ?—48），罗马皇帝克劳狄的第三个妻子，以淫乱和阴险著称。

[4] 原话参见《新唐书·司马承祯传》二百〇二："国犹身也，故游心于淡，合气于漠，与物自然而无私焉，而天下治。"

第 19 章

大时代

第19章 大时代

玄宗皇帝继位的时候只有28岁。他积极而勇敢，对自己的职责、家族的伟大以及大唐帝国在亚洲的命运，都有着鲜活的感受。他的统治时期（712—756），是最伟大的统治时期之一；他的时代，从许多方面看都算得上是中国历史上的"盛世"。很少有过这么多的天才人物一起涌现。玄宗皇帝本人就是一个出色的文士、诗人和音乐家，他是文学的保护人，身边的诗人群星荟萃。两位最伟大的抒情诗人李白（701—762）和杜甫（712—770），就生活在他的统治时期。

尽管中国诗歌主要依靠文学典故，因此常常被我们所忽略，但唐代抒情诗理解起来似乎更直接，因为它们所唤起的情感是人类普遍经验的一部分。或许，这要归功于唐诗所汲取的多重来源。如果我们分析它的成分，就会发现其中既有古代道教的宇宙幻想（由一种对崇高事物的澎湃激情所引发），又有佛教的忧思（由俗世红尘的万物无常所唤起）。这种双重的灵感，在李白诗歌中某些更阔阔浩大的诗行里非常明显：

> 黄河走东溟，白日落西海。
> 逝川与流光，飘忽不相待。
> 春容舍我去，秋发已衰改。
> 人生非寒松，年貌岂长在？

> 吾当乘云螭，吸景驻光彩。

有时候，李白的一行诗就独立地传达了佛家万物无常的全部精神：

> 长波写万古。

而有的时候，调子则越来越苦涩、越来越绝望，就像这首以"虚空中的虚空"般的音调结尾的诗中所表现出来的那样：

> 日月终销毁，天地同枯槁。
> ……
> 尔非千岁翁，多恨去世早。

还有：

> 生者为过客，死者为归人。
> 天地一逆旅，同悲万古尘。
> ……
> 前后更叹息，浮荣何足珍？

下面这首也是类似的幻想主题：

> 海客乘天风，将船远行役。
> 譬如云中鸟，一去无踪迹。

李白的另外一些诗歌则是纯粹的道教灵感：

> 花间一壶酒，独酌无相亲。
> 举杯邀明月，对影成三人。

提到大鹏鸟的古老神话，就这种带有明显象征色彩的非凡翱翔而言，李白甚至比道教走得更远：

　　大鹏一日同风起，扶摇直上九万里。
　　假令风歇时下来，犹能簸却沧溟水。

当他们不能上升到这样的高度时，唐代诗人就会满足于想象中的水陆山川、天高海阔，这意味着风景的创造。下面是王勃（649—676）著名的对句：

　　落霞与孤鹜齐飞，秋水共长天一色。

王维（他也是一位著名画家）下面的这行诗，本身就是一幅画：
　　积雨空林烟火迟。

在李白的诗歌中，也有许多这样的空间想象，以最敏锐的印象主义风格表现出来。下面就是一幅洞庭湖的图画：

　　清晨登巴陵，周览无不极。
　　明湖映天光，彻底见秋色。
　　秋色何苍然，际海俱澄鲜。
　　山青灭远树，水绿无寒烟。
　　来帆出江中，去鸟向日边。
　　风清长沙浦，山空云梦田。

这是山景：
　　翠影红霞映朝日，鸟飞不到吴天长。
　　登高壮观天地间，大江茫茫去不还。

　　　　黄云万里动风色，白波九道流雪山。

这是一幅黄昏的景色：

　　　　暮从碧山下，山月随人归。
　　　　却顾所来径，苍苍横翠微。

一幅夜景：
　　　　床前明月光，疑是地上霜。
　　　　举头望明月，低头思故乡。

在访僧的古典主题中（诗画是共通的），你不难发现佛教和道教的灵感：

　　　　蜀僧抱绿绮，西下峨眉峰。
　　　　为我一挥手，如听万壑松。
　　　　客心洗流水，余响入霜钟。
　　　　不觉碧山暮，秋云暗几重。

下面是探访一位道教隐士：

　　　　犬吠水声中，桃花带露浓。
　　　　树深时见鹿，溪午不闻钟。
　　　　野竹分青霭，飞泉挂碧峰。
　　　　无人知所去，愁倚两三松。

在说到李白的时候，如果不提及另一位伟大的唐代诗人、他的朋友兼竞争对手杜甫的话，那将是不公正的。杜甫也是一位风景诗人，正像在这幅秋景中所显示的那样：

> 清秋望不极，迢递起层阴。
> 远水兼天净，孤城隐雾深。
> 叶稀风更落，山迥日初沉。
> 独鹤归何晚，昏鸦已满林。

李白与杜甫不仅仅是伟大的抒情诗人，玄宗皇帝还给了他们宫廷诗人的位置。他们都写过长安宫廷里的无与伦比的生活，写过皇帝宠妃杨贵妃的魅力。这个女人以她的才智和美貌而著称，既是中国的蓬巴杜夫人，又是中国的玛丽·安托瓦内特[1]。她最初是玄宗皇帝一位儿子的宠妾，皇帝被她给迷住了，让他做了自己的宠妃。李白将她喻为著名的汉代美人赵飞燕：

> 选妓随雕辇，征歌出洞房。
> 宫中谁第一？飞燕在昭阳。

他进一步表达这种优雅微妙的敬意：

> 只愁歌舞散，化作彩云飞。

李白的另一首在宫廷宴会上创作的诗，说到这位宠妃：

> 云想衣裳花想容，春风拂槛露华浓。

杜甫也唱道：

> 中堂舞神仙，烟雾蒙玉质。

下面是杜甫所勾画的一次皇家气派的郊游：

> 三月三日天气新，长安水边多丽人。
> 态浓意远淑且真，肌理细腻骨肉匀。
> 绣罗衣裳照暮春，蹙金孔雀银麒麟。
> 头上何所有，翠微㔩叶垂鬓唇。
> 背后何所见，珠压腰衱稳称身。
> 就中云幕椒房亲，赐名大国虢与秦。

后来，当华宴曲终人散、美人香消玉殒之后，杜甫回想起了一次这样的宫廷游园会：

> 忆昔霓旌下南苑，苑中万物生颜色。
> 昭阳殿里第一人，同辇随君侍君侧。
> 辇前才人带弓箭，白马嚼啮黄金勒。
> 翻身向天仰射云，一箭正坠双飞翼。

在下一代中，另一位著名诗人白居易（772—846），在他的《长恨歌》里写到了这些其乐融融的集会：

> 汉皇重色思倾国，御宇多年求不得。
> 杨家有女初长成，养在深闺人未识。
> 天生丽质难自弃，一朝选在君王侧。
> 回眸一笑百媚生，六宫粉黛无颜色。
> 春寒赐浴华清池，温泉水滑洗凝脂。
> 侍儿扶起娇无力，始是新承恩泽时。
> 云鬓花颜金步摇，芙蓉帐暖度春宵。
> 春宵苦短日高起，从此君王不早朝。
> 承欢侍宴无闲暇，春从春游夜专夜。

> 后宫佳丽三千人，三千宠爱在一身。
> 金屋妆成娇侍夜，玉楼宴罢醉和春。

除了在敦煌壁画中发现了少量寺庙捐助人的肖像之外，世俗主题的唐代绘画保存下来的非常少。然而，玄宗宫廷里的那些风流优雅的娱乐活动，却在唐代陶俑小人像的发展中被唤醒了——女性音乐家和舞蹈者，贵妇人和他们的侍从，"剽悍强壮"的打马球的少女。精致的彩饰，使它们的肤色生气饱满，使它们的饰带更加醒目，使它们的姿态更加优雅。这些小雕像，像李白和杜甫的诗歌一样生动逼真，它们使长安宫廷的那个无与伦比的时期重新复活了。唐代骑兵连同他们的马也已整装待发，那些战马正用前蹄刨着地面，蛮族友军带有强烈鲜明的人种特征，甚至包括佛教的护法天王，所有这一切，全都在讲述着从太宗到玄宗时期，中国人在亚洲的英雄史诗。

宫廷生活的娱乐，并未妨碍玄宗执行他伟大的祖先在亚洲扩张的政策。在继位之初，他有幸摆脱了他的主要对手、蒙古突厥人的统治者默啜可汗——他在一次叛乱中被杀，他的脑袋被送到了中国的宫廷（716年）。默啜的侄子和继任者毗伽（意为"智者"）可汗真心诚意地努力与大唐帝国讲和（721—722）。就这样，长安城的辉煌朝廷与鄂尔浑上游的蛮族宫廷之间建立起了友好的关系，后者对前者表现出了显著的敬重。它的位置，被那些打算控制蒙古的维吾尔人部落中的一个所取代，他们在鄂尔浑上游建立了大本营，他们的都城位于今日喀拉和林附近的黑城遗址。维吾尔人后来证明了他们是大唐王朝忠诚的盟友。

714年，在托克马克附近，唐朝人在西突厥人的国家里赢得了一场彻底的胜利，这使得很多这样的部落都归顺到了唐军的帐下。在736年和744年，唐朝的将领们赢得了对巴尔喀什湖以南的伊犁河谷那些反叛的突厥可汗的进一步的胜利。748年，中原人的庙宇修到了伊塞克湖西边的托克马克城——这是大唐帝国扩张到西突厥斯坦的一个明显证据。在塔里木盆地，长期以来一直在捣乱的焉耆、龟兹、于阗和疏勒等小王国，再一次成了大唐帝国忠诚的诸侯。事实上，这些说印欧语言的古老民族开始意识到，大唐的保护是他们抵御新的入侵者——吐蕃人和阿拉伯人——不可或缺的手段。我们已经看到，早在670年，安西四镇就曾被吐蕃人占领，直到692年，大唐人才有能力解救它们。毋庸置疑，比起几近野蛮的吐蕃人的统治，他们更愿意接受大唐的宗主地位。至于阿拉伯人，在公元652年消灭萨桑王朝并征服波斯帝国之后，他们就把自己的征服范围扩张到了河中。709年，他们把自己的宗主权强加给了布哈拉和撒马尔罕的国王。712至714年之间，他们延伸到了塔什干，渗透进了费尔干纳。费尔干纳的国王跑到疏勒避难，在那里请求大唐守军的帮助。他的请求立刻被接受了，715年，大唐大军进入费尔干纳，恢复了他的王位，赶走了阿拉伯人的前哨。布哈拉和撒马尔罕的国王，试图从大唐人那里获得同样的援助，吐火罗（巴尔克）国王也是如此。从718年到731年，所有这些亲王都一直在向大唐朝廷上表称臣。对此，玄宗皇帝做出的回应是：授予他们任职的文书，并让那些处于他的宗主权之下的突厥部落去协助他们对付阿拉伯人。但他一直在犹豫不决，拿不定主意是不是要派一支大唐远征军到这么远的战场上去。相反，他着手干涉帕米尔高原的另一侧。

在这里，他的主要任务就是阻止吐蕃人的扩张。现在，大唐人正在这一地区全方位地遭遇吐蕃人，特别是被迫发动一场让人精疲力竭的针对荒凉的青海湖（库库诺尔）地区的吐蕃人的边境战争。在吐蕃的另一端，吐蕃人正在威胁着位于帕米尔高原南部、印度一侧的那些小王国。大唐在塔里木盆地的保护国和印度之间的最直接的通道经过这些王国——钵和（瓦罕）、小勃律（吉尔吉特）、大勃律（巴尔提斯坦）。唐代中国，通过贸易和佛教朝圣的纽带与印度联结起来，穿越这些帕米尔高原河谷的活动自由，对中国有着至关重要的意义。吐蕃人把他们的宗主权强加给了小勃律，747年，唐朝将领、龟兹副节度使高仙芝（他是一个在中国效力的朝鲜人）由奇里克（婆罗犀罗）山口穿越帕米尔高原，在小勃律建立了大唐的保护国。当吐火罗国王于749年请求中国人的帮助以对付一位次要的山地首领（他是吐蕃人的盟友，切断了小勃律与克什米尔之间的交通）的时候，高仙芝再度穿越帕米尔高原，又一次扫清了这一地区（750年）。在这一时期，克什米尔的首领和喀布尔的国王都是大唐朝廷的忠诚盟友，多次向朝廷上表称臣。

就这样，大唐在天山和帕米尔高原奠定了自己的地位，成了塔什干、费尔干那和小勃律的主人，成了克什米尔、大夏和撒马尔罕的保护者，大唐在亚洲享有了一个无与伦比的位置。高仙芝在龟兹的官邸中担当了中国的中亚总督。

突然之间，整个结构轰然坍塌。同样是这位高仙芝，对大唐军队走得如此之远负有主要责任。

塔什干的突厥人国王一直是大唐人的忠诚诸侯，因为他，塔什干成了抵御阿拉伯人的最前哨。但在750年，高仙芝希望把国王的财富据为己有，于是捏造了一项针对他的子虚乌有的指控，领着一支大军来到了国王的领地，砍掉了他的脑袋。这一暴行导致了西突厥人的反叛。受害者的儿子求助于阿拉伯人，他们立即派出了布哈拉和撒马尔罕的守军去帮助他。751年7月，高仙芝的军队在怛逻斯河畔（今江布尔附近）被突厥和阿拉伯联军团团包围，最后全军覆没。阿拉伯人把数千名大唐战俘带回了撒马尔罕。这个历史性的日子决定了中亚的命运，或者至少是决定了突厥斯坦的命运，它没有成为大唐的（从事情的早期进展来看很有可能会这样），而是成了穆斯林的。或许，大唐人在怛逻斯河畔所遭遇的灭顶之灾还是有可能挽回的，倘若这场灾难没有碰巧跟

第 19 章 大时代

大唐王朝军事力量的崩溃合拍的话。就在同一年,也就是751年,南诏的僰僰王国在云南的大理湖畔把唐朝的大军打得落花流水;也是在这个灾难性的一年,契丹的蒙古部落再一次在辽河西岸(今天的热河)击溃了中国将领安禄山。

事实上,唐朝已经被没完没了的军事征服弄得疲惫不堪。人民已经越来越厌倦这些大范围的远征,他们从中看不到任何好处,最重要的是,他们越来越厌倦征兵。就连李白这样的宫廷诗人,也掩饰不住这样的心境:

荒城空大漠,边邑无遗堵。
白骨横千霜,嵯峨蔽榛莽。
借问谁凌虐?天骄毒威武。
赫怒我圣皇,劳师事鼙鼓。
阳和变杀气,发卒骚中土。
三十六万人,哀哀泪如雨。
且悲就行役,安得营农圃!

在杜甫的诗歌中,这种对战争的厌倦尤为醒目,哪怕他把时代改为汉朝以掩饰他的批评。下面是他写于752年的《兵车行》:

车辚辚,马萧萧,行人弓箭各在腰。
爷娘妻子走相送,尘埃不见咸阳桥。
牵衣顿足拦道哭,哭声直上干云霄。
道旁过者问行人,行人但云点行频。
或从十五北防河,便至四十西营田。
去时里正与裹头,归来头白还戍边。
边庭流血成海水,武皇开边意未已。
君不闻,汉家山东二百州,千村万落生荆杞。

纵有健妇把锄犁，禾生陇亩无东西。
况复秦兵耐苦战，被驱不异犬与鸡。
长者虽有问，役夫敢申恨？
且如今年冬，未休关西卒。
县官急索租，租税从何出。
信知生男恶，反是生女好。
生女犹得嫁比邻，生男埋没随百草。
君不见，青海头，古来白骨无人收。
新鬼烦怨旧鬼哭，天阴雨湿声啾啾。

第二年，杜甫的批评变得更直接了：

戚戚去故里，悠悠赴交河。
公家有程期，亡命婴祸罗。
君已富土境，开边一何多。
弃绝父母恩，吞声行负戈。

这是一首描述新兵到达上亚细亚的：

驱马天雨雪，军行入高山。
径危抱寒石，指落层冰间。
已去汉月远，何时筑城还。
浮云暮南征，可望不可攀。

杜甫甚至把人民的悲惨境遇与宫廷的奢侈豪华做了比较，尤其是跟宠臣家庭所积聚起来的财富做了比较：

彤庭所分帛，本自寒女出。

> 鞭挞其夫家，聚敛贡城阙。
>
> ……
>
> 况闻内金盘，尽在卫霍室。
>
> ……
>
> 朱门酒肉臭，路有冻死骨。

揭竿而起的条件成熟了。反叛来自最意想不到的方向，领头的是朝中的一位将领——安禄山，他是一位在大唐效力的鞑靼冒险家。玄宗皇帝和美丽的杨贵妃都对他宠爱有加。然而，755年，深知人民对君王普遍不满的安禄山，突然在辽东他的大本营里举起了反叛的大旗。几周之内，他越过了河北，突袭了洛阳，正向都城长安进军。就在他逼近长安的时候，皇帝带着杨贵妃和她的两位姐姐以及她的一位担任宰相的堂兄，连夜逃往四川。路上，随行将士缺乏粮饷，发动兵变。他们杀死了杨贵妃的堂兄、宰相杨国忠，把他的脑袋挑在长矛上，带给了皇帝。接下来，他们以同样的方式处理了杨贵妃的两位姐姐。皇帝被将士们的叫嚷声给吓住了，他走了出来，试图用温言好语平息他们，但哗变者们现在要的是杨贵妃本人的脑袋。玄宗皇帝被叛乱者团团围住，只好眼睁睁地看着这个不幸的女人被人带走，然后被士兵们绞死。完事之后，心满意足的士兵们各归其位。

曾经在杨贵妃的辉煌岁月赞美过她的杜甫，在一首感人至深的诗歌里哀叹了她的悲剧结局：

> 明眸皓齿今何在，血污游魂归不得。
> 清渭东流剑阁深，去住彼此无消息。

晚辈诗人白居易在他的《长恨歌》里写到了她戏剧性的死亡：

> 渔阳鼙鼓动地来，惊破霓裳羽衣曲。

> 九重城阙烟尘生，千乘万骑西南行。
> 翠华摇摇行复止，西出都门百余里。
> 六军不发无奈何，宛转蛾眉马前死。
> 花钿委地无人收，翠翘金雀玉搔头。
> 君王掩面救不得，回看血泪相和流。
> ……
> 天长地久有时尽，此恨绵绵无绝期。

第19章 大时代

在此期间，安禄山占领了都城长安（756年7月18日）。不幸的玄宗皇帝继续他的逃亡之旅，直奔四川，这是一次事实上的退位。他的儿子李亨在宁夏地区指挥着忠诚于皇室的军队，在那里被他的将士们推上了皇位（756年8月12日）。

这位新皇帝（唐肃宗）是一位积极而善意的皇子，他的整个统治时期（756—762年）全都被用来从叛乱者手里赢回中原。在完成这项任务的过程中，他得到了一位伟大的军事将领的协助，此人就是郭子仪。郭子仪是军事忠诚和献身王朝的榜样，唐朝的复辟，最大的功劳要归于他。为了得到增援，肃宗求助于突厥人，从太宗时期以来，大唐王朝在突厥人当中享有相当高的威望。最有力的突厥民族，是当时控制着外蒙古的维吾尔人，他们给肃宗派出了一些小分队，多亏了这些援军，唐军才得以收复长安和洛阳（757年）。但叛乱远没有被镇压下去，肃宗死了，留下了未完成的任务（762年5月）。叛乱者甚至第二次占领了洛阳。要想最终把他们赶走并平定下去，还需要维吾尔可汗亲自介入，他领着自己的骑兵从蒙古挥师南下（762年11月）。

在这场战役期间，维吾尔人的可汗结识了一位摩尼教教士。摩尼教是一种在波斯创立的混合宗教，部分源自于本地的袄教，部分源自于基督教。作为会见这位教士的结果，维吾尔可汗皈依了摩尼教，并让它成为了本民族的国教。这种曾经几乎让圣奥古斯丁也皈依的异端信条，如今被一种奇怪的命运拿来征服蒙古。必须承认，摩尼教帮助了维吾尔人的风俗习惯人性化，除此之外，还在他们当中传播了艺术，这种艺术，就像摩尼教本身一样，主要来自于波斯。在吐鲁番地区发现的摩尼教的壁画和缩图（鉴定年代在800至840年之间），事实上是现存的波斯绘画最早的样本。

既然是靠着人家的力量挽救并恢复了皇位，唐王朝对这些维吾尔国王的任何要求都没法拒绝，有几次，他们还娶了唐王朝的公主。维吾尔人还把他们的影响力用来保护唐王朝的摩尼教，在他们的要求下，长安朝廷批准了在几座城市里修建摩尼教的庙宇。只要维吾尔人的统治继续存在，这种保护就会一直维持下去。840年，当维吾尔人的统治被吉尔吉斯突厥人的攻击所中断的时候，唐王朝的摩尼教团体发现，一夜之间，他们的宗教就被禁了。

另一方面，景教在唐代却享受着几乎从未中断的保护。我们已经提到过，最早的景教教堂是638年在长安城建造的。就在同一年，太宗皇帝颁布了一篇支持景教的诏书，称它是王朝宽容精神的一个值得赞许的榜样："道无常名，圣无常体，随方设教，密济群生。波斯僧阿罗本远将经像来献上京，详其教旨，玄妙无为，观其元宗，生成立要。词无繁说，理有忘筌，济物利人，宜行天下。"[2]关于景教在中国的情况，有一块著名的碑刻，是781年在长安城用古叙利亚文和汉文刻成的。它一开始是一段基督教（景教）教义，然后是一份清单，开列了唐朝皇帝自太宗时期以来赐予景教团体的恩德，这里面着重提到了玄宗皇帝，他曾带着一幅亲自题写的字驾临长安的景教教堂。景教一直没有遭受过什么磨难，直到845年，当迫害对准佛教的时候，它也遭受了池鱼之殃。

但摩尼教和景教在中国从未得到过广泛的传播，几乎完全局限于波斯和突厥的居民。主要的观念之战，依然是在儒教、道教跟佛教之间进行。745年，玄宗皇帝（他终其一生主要是受道教的影响）统治的晚期，道教典籍首次被收集成一部总集，这形成了未来道教经文的基础。837年，9部儒家经文被镌刻在石碑上，这样，学者就可以制作任何数量的经文拓片。至于佛经，我们已经看到了，像玄奘和义净这样的朝圣者从印度回来的时候是如何整套整套地带回了梵文佛经的典藏[3]，这些典藏很快就被翻译成了汉文。大量汉文典藏的收藏，佐证了这项工作是以什么样的水准来完成的。

文人们以古代儒家智慧的名义，极力反对佛教和道教神秘主义的前进浪潮。819年，宪宗皇帝（他本人醉心于这两种宗教信仰），以盛大的仪式迎接了一件佛教遗物。为此，他受到了韩愈的责难。韩愈是唐代最著名的作家之一，他呈递了一篇措辞激烈的奏折，其中的有些话直到今天依然经常被人们引用："佛本夷狄之人，与中国言语不通，衣服殊制。"韩愈诚实而勇敢，他把佛教和道教归为同一类，指责它们是反社会的、无政府主义的："口不道先王之法言，身不服先王之法行，不知君臣之义、父子之情。"[4]儒家文士总是攻击佛教徒的懒惰和出家，攻击道教徒的消极、炼丹和巫术。然而，在某些特殊场合，儒教和道教又能够采取共同的立场，一致反对"外来宗教"——佛教。845年，武宗皇帝（他本人是道教信徒）颁布了一篇反对佛教的诏书，以回应韩愈的所有论点。大量的佛僧被迫还俗，4600座佛寺和庙宇被关闭。但下一位皇帝懿宗（859年—873年在位）却是一个虔诚的佛教徒。在他的统治时期，佛僧恢复了其全部的影响力。

然而，佛教终归还是在中国扎下了根，理由就在于它变得更加汉化了。在唐代早期经由塔里木盆地从印度北方传过来的最新的佛教，是古代印度宗教信仰的一种高度发展的形式，事实上几乎就是一种全新的宗教。我们已经看到，在印度，从大约公元初年开始，一种不期然而产生的形而上学和神话被添加上了最初由佛教所宣扬的相当简单的教义。这种转化，是那些被称为大乘佛教的教派的杰作。其中的一部分宣称信仰一种绝对的理想主义，或者更准确地说，是一种唯心主义的一元论，它多少有点类似于费希特的体系，灭除了自我和外部世界，最终仅仅只承认"唯识"，或者"理想的世界"。正如我们已经看到的那样，这就是玄奘从印度带回来的那套体系。有些类似的观念，形成了另一套体系的框架，这套体系是6世纪晚期一位中国佛僧在浙江的天台山创立的。在普遍无常当中（根据佛教的说法，正是这种无常组成了世界），天台宗发现了一种普遍本质，掌握了这种本质，信徒就能够实现彻悟。这种信条导致了一种神秘的一元论，在其中，我们不难发现道教的渗透，因为这种普遍本质跟"道"有着显著的类似性。另一个佛教流派禅宗（梵文是dhyana，汉文是"禅"，日文是zen），试图通过直觉来发现心灵深处完美的本质。这种内省式的投入，这种神秘的净化，无疑可以追溯到印度瑜珈信徒（既有佛教徒，也有婆罗门教徒）的苦行。然而，你可以在这里再次认识到道教观念的逐步渗透。禅宗的沉思，与道教的忘我并没有太大的不同。但是，如果说古老的本土道教就这样影响着佛教的发展的话，那么反过来说也同样是对的。如今，道教也仿效佛教把自己组织成教会组织，道教的圣人们，按照佛教僧院的模式聚集在教派团体中。

　　佛教对中国民众的最大吸引力，就在于它的神话，在于它五花八门的礼拜仪式，尤其是对菩萨的祭拜，这些超自然的存在被创造出来以代表历史上的佛陀。这样的创造是必不可少的。一种宗教必须提供信徒能够对之祈祷的上天保护者。如今，佛教并不包括任何绝对的观念，历史上的佛陀作为人的存在已经实现了涅槃或者最终消失了（整个佛教教义依赖于这一断言），你如何能向他祈祷呢？因此，在印度，大约从公元初叶开始，大乘佛教的信徒们就赋予了他们的弥赛亚——弥勒佛——以一个相当重要的位置，他即将道成肉身(像佛陀释迦牟尼一样)，再一次拯救世界。在公元纪元的前6个世纪里，信众的虔诚转向这位弥赛亚，在中国——从云冈石窟和龙门石窟的佛像来判断——他在北魏时期的佛像中扮演了一个相当重要的角色。接下来，随着救世主的缓慢出现，这种对弥赛亚的崇拜也就逐渐衰退了。流行的礼拜仪式转向了另一位菩萨——Avalokiteshvara(他的名字在梵文里的意思是"俯视苍生的主人")，相当于佛教里的上帝。通过一种古怪的变形，在这位菩萨到达中国的时候，他似乎披上了女性的装束。这位俯视苍生的主人变成了"女神"观音，相当于佛教里的圣母马利亚，充满温和与怜悯，她拯救灵魂，把他们从五花八门的地狱里营救出来，让他们重获新生(在她脚下神秘的莲花内)，进入美妙神奇的天国。与观音共同承担这项任务的，是另一位神——dhyani-buddha(神秘的佛陀)阿弥陀佛，他被看作是观音的精神之父，观音把他的像戴在自己的头发上。对阿弥陀佛的虔诚礼拜，产生出了一种心灵的宗教，一种真正虔诚的纯粹个人化的崇拜，或者更准确地说，是一种基于对菩萨慈悲的无限信任的单独祈祷，只要向阿弥陀佛看上一眼，或者在心灵深处向他发出一声祈祷，就足以获得拯救。

这种充满了温柔和信心的个人宗教，或许正是佛教在中国民众中能够赢得更多皈依者的原因，其作用要超过所有玄乎其玄的佛教哲学沉思。无论是儒教还是道教，都拿不出堪与之相比的东西。女神观音被中国百姓所接受，在民间的祠庙里跟儒家的圣贤和道家的神仙并排摆在一起。她也被道教徒自己所采用，她依然在所有不同宗教崇拜的普遍结合中占据着头等重要的位置，这种宗教融合，组成了今天中国的民间宗教。

敦煌的那些旗子(鉴定年代来自唐朝和五代)，显示了发展中的各种佛教崇拜。弥勒佛的救世信仰与观音的天国福地并驾齐驱，印度人的俯视苍生的主人，在你的眼前转化成了中国人的观音。这就是敦煌洞窟为什么特别引人入胜的原因。敦煌不仅仅是从依然渗透着印度影响的塔里木盆地艺术过渡到纯中国艺术的交汇点，它还保存了中国被佛教征服之后中国人对佛教的反吞并的唯一证据。

【注释】

[1] 蓬巴杜夫人(Marquise de Pompadour, 1721—1764)，法国国王路易十五的情妇。玛丽·安托瓦内特(Marie Antoinette, 1755—1793)，法国国王路易十六的王后，法国大革命中被送上断头台。

[2] 《唐会要》卷四十九。

[3] 原注：玄奘朝圣是在630—644年，而义净是在671—695年。

[4] 这两节引文均出自《旧唐书·韩愈传》卷一百六十四。

第 20 章
社会危机

第20章 社会危机

唐代中国,从此再也没有完全从安禄山叛乱所造成的震荡中恢复过来。皇家世系的复位,看上去似乎给叛乱画上了句号,但再也没能恢复国家从前的繁荣。叛乱期间,中国丢掉了除安南之外的所有外国领地。八年内战(755—763),加之劫掠带来的损失、财富的毁灭和农田的弃耕,导致人口大量减少。在内战前夕,经过140年的和平时期之后,754年的人口普查显示了相当于5200万人口的户数。到839年,复辟的王朝已经花去了四分之三个世纪的时间抚平内战留下的创伤,人口普查表明,当时的人口总数不超过300万。

人口数量的急剧下降,伴随着空前的经济和社会危机。在唐代,国家在理论上依然是土地的唯一所有者。但在实际上,它只不过是个分配者而已。每个农民在达到成年的时候都会分配到一份农地,从七亩半到十五亩不等,这块地一辈子都是他的,还会得到一块不超过三亩半的所谓"地产",除了这块地产他可以传给子孙外,其余土地全都不能转让。这些慷慨恩赐使得农民有责任承受捐税、劳役和兵役。当他去世的时候,他的分配地将会被收回,用于重新分配。只有官员才能获得大片的地产,而且——这一点甚至更重要——可以通过继承来保持它们。由此产生的大地主,则把他们的土地交给农业工人去耕种,支付给他们年度佣金。这些大地产,要么交给管家打理,要么出租给佃农。

在8世纪中叶,农民的小片土地(在每个乡村,农民的生活都依赖于小块土地给耕种者的恩赐)突然消失了。安禄山的反叛使得帝国的财政彻底破产,而平定叛乱又使得不断增长的征兵成为必要。马伯乐写道,捐税、劳役和兵役变得如此沉重,而农村人口的债务又是如此紧迫,以至于大多数农民无视禁止卖地的法律,把他们的土地卖给大地主,成了佃农或农业劳工,确切地说,比农奴好不了多少。他们的小块土地就这样消失不见了,被那些大庄园给吞掉了。到了8世纪末,拥有土地的家庭不超过总人口的百分之五。中国现在只有一种农业无产阶级,而不是富裕的农民。

贸易也衰败了。781—783年间,国家没收了每个商人的部分货物,为的是补充被内战耗空的国库。在执行完这些措施之后,都城长安——主要的商业中心,是丝绸之路的起点和来自印度及波斯的沙漠商队的目的地——荒芜得就像是遭受了蛮族的洗劫一样。政府的财政勒索是如此苛刻,以至于最终导致了骚乱。国家依然在对买卖双方、对每一种商业业务和交易征收极其繁重的苛捐杂税。例如,793年,来自四川的茶叶要交纳百分之十的税。

革命的舞台已经搭好了。它终于在875年年底爆发了。其主要的发动者是一位心怀怨恨的知识分子,名叫黄巢,此人是一个智商很高、精力充沛而又肆无忌惮的人,是一次明目张胆的司法不公的受害者。叛乱在河北南部与山东的交界处爆发,这一地区一直是叛乱的发源地,从黄巾起义到义和团运动。这是一个人口稠密的地区,贫困的村庄散落在低洼的冲积土和黄土平原上,没有一英寸土地被浪费,但却容易遭受干旱和洪水的袭击,这些天灾毁坏谷物,导致可怕的饥荒。875年的运动是从一场农民暴动开始的,一些铤而走险的人揭竿而起,组成了"大军"打算四处劫掠。为了平定这次叛乱,政府采取了一个只会加剧动乱并使之普遍化的步骤。朝廷下令,让农民把自己武装起来,并为他们提供相应的手段。等他们刚一武装起来,那些被苛捐杂税逼得买田卖地的农民,还有那些被收税人弄得破了产的店主,便迅速地加入了叛乱者的队伍。

黄巢把所有这些五花八门的成员联合在一起。数月之内,他扫荡了山东的部分地区以及富庶的河南开封平原。从那里,他领着自己的人马,挥师南下,劫掠了华南两个大港口:福州(878年)和广州(879年)。广州是当时最大的商业中心之一,是"最大的外轮停泊港口,以及整个海上贸易的仓库"。阿拉伯的地理学者(他们把广州称为"广府")告诉我们,那里有非常重要的阿拉伯和波斯商人的侨居地,这些人有着各种不同的宗教信仰——穆斯林、基督徒、摩尼教徒和犹太教徒——他们是丝绸、瓷器、茶叶、樟脑、芦荟以及其他中国产品的出口商。当黄巢的人马到达的时候,广州人关上了城门,做好了抵抗围城的准备。黄巢提出了讲和的条件:朝廷任命他为广州节度使。大臣们拒绝了,"广州市舶宝货所聚,岂可令贼得之"。[1]他强行攻下了这座城市,屠杀了全城百姓,包括阿拉伯侨民,劫掠他们的货仓,从屋顶到地窖。"除此之外,他们还砍掉了整个地区的桑树,这样一来,在很长时间里就再也没有丝绸输往阿拉伯人的帝国。"(879年夏)。在此期间,黄巢叛军中的农民(北方各省的土著)被广州的热带气候折磨得够呛,大批大批地死于疟疾。他领着生还者回到了北方,攻占了都城洛阳和长安,洗劫了这两座城市,屠杀了城里的居民(880年12月20日和881年1月15日),而朝廷再一次溜之大吉,逃往四川。

在穷途末路之时,唐王朝向一个被称为沙陀的突厥游牧部落求助。最初来自戈壁大漠的沙陀部落,后来在鄂尔多斯河套地区作为大唐的盟友而站稳了脚跟。当时,他们利用大唐的内战定居到了山西北部(878年)。他们的首领李克用[2]当时只有28岁,是他那个时代最富有同情心的人之一。这个突厥人的勇敢和忠诚,与唐朝衰亡这出大戏中其他主角的败德行为形成了鲜明的对照。朝廷向他求助,以便把他们从叛乱者的手里解救出来。他答应了,此后再也没有动摇过他对大唐事业的忠诚。他的骑兵(因身着黑衣而被称为"鸦儿军")从山西挥师长安。黄巢的部队显然已经消失得无踪无影。劫掠长安城之后,这帮农民造反者只想带着他们的战利品回到安全的地方,他们一批接一批地开了小差,为的是回到他们的村子。883年初,李克用赶跑了最后一批残存的小股部队,派人去请皇帝还都。长安城里,"荆棘满城,狐兔纵横"。[3]黄巢逃到了山东,在那里被人杀死。他的主要副将朱温及时地重整了队伍,投到唐军的帐下,作为奖赏,他获得了开封(汴州)周围的一块重要封地。大唐王朝的救星李克用则得到了山西,后来他又把河北北部收入囊中。

事实上,这些只不过是全面瓜分帝国的最突出的例子罢了。各省的地方官和军事首领,利用内战和民团武装,程度不同地独立了。世袭的封建制度在整个国家迅猛生长,正像法兰西大约在同一时期(也是在有点类似的环境下)、在卡洛林王朝崩溃的时候所发生的一样。就这样,整个华南很快就分裂成了7个地方王朝,而在北方,争逐天下的两位竞争对手,便是突厥首领李克用和前强盗头子朱温。

胜出的是朱温,李克用碍于自己的忠君思想而犹豫迟疑,这个有骑士风度的突厥人,拒绝违背他忠诚于唐朝的誓言。而朱温则没有这样的思想捆住自己的手脚。这位前强盗头子竭力要把他的竞争对手诱入圈套,以便除掉他。他邀请李克用赴宴,把他灌醉了,然后让一伙刺客袭击他。李克用的同伴把凉水浇到他的脸上,把他弄醒了,然后用绳子把他从城墙上放下去,设法让他逃走了。朱温对待自己的士兵就像对待敌人一样严酷,他在他们的脸上刺上本部的番号,这样,任何逃兵都能轻而易举地被认出来,并就地斩首。他把皇室家族诱入了自己在河南的封地,然后把皇帝给杀了（904年9月22日），后来，他又把受害人的兄弟们聚集到宴会上，在宴会结束的时候把他们8个人全给杀了（905年）。与此同时，他把最后一位唐室皇子——一个13岁的孩子——扶上了皇位。907年5月12日，他废黜了这个孩子（9个月之后被杀），自己登基称帝。

半个世纪以来，华夏世界重新恢复到了无政府状态。正如我们已经看到的那样，华南被7个地方王朝所瓜分。在皇帝的领土内（已经减少为北方的几个省，以河南为中心），朱温的家族掌权的时间只有短短16年。他们被李克用的家族给赶跑了，但轮到后者的时候，也仅仅统治了17年（923—936），便被另一个突厥血统的家族所取代。到这时，沙陀人在风俗习惯上已经完全变成了汉人。但此时，在北京地区出现了一个依然完全野蛮的部落：这就是契丹，他们声称有权参与对中国的瓜分。

契丹[4]是一个有着蒙古血统的民族，在北京东北方向、位于辽阳与达来诺尔（呼伦湖）之间的松辽盆地上过着游牧生活。他们插手中原事务的机会是由汉人自己提供的。936年，契丹收到一位中原将领石敬瑭的求助，他在叛乱中是反对朝廷的。耶律德光可汗领着5万骑兵，挥师南下，直奔河北，帮助石敬瑭在开封建立了一个新的王朝。作为他们介入的价码，契丹人得到了河北最北边的一部分——包括今天的北京——和山西最北边的一部分——包括大同（963年）。这些蛮族人就这样在关内站住了脚跟，包括北方边境，在那里，他们能够控制中原的政治。石敬瑭的叛国，在中原完整的版图上打开了第一个缺口，这个缺口后来被加宽了，那些在12世纪征服华北的游牧部落，以及那些在17世纪征服全中国的满族人，正是通过这个缺口席卷而下。北京地区被耶律德光占领之后，它就从契丹的蒙古游牧部落的手里转到了女真的通古斯人游牧部落的手里，再又从女真人的手里转到了成吉思汗的蒙古人的手里；就这样，从936年至1368年，它一直都在鞑靼人的手里。

契丹占领北京的痛苦结果，很快就被导致这一结果的人感受到了。石敬瑭的继任者渴望摆脱掉契丹人那难以承受的保护，然而他唯一成功的就是激怒了后者进一步的入侵。947年1月25日，契丹可汗耶律德光进入了都城开封。他没有返回北京，直到他认真负责地把开封城洗劫一空，带走了整个中原朝廷的人作为战俘，这才心满意足地离开。契丹人离开之后，一个新的中原朝代在开封城登上了皇位，但他们在那把龙椅上只坐了4年(947—950)。960年2月，皇位传给了一个伟大的王朝——宋朝，但中原由于另一个持不同政见的汉人王国的创立而更进一步地分裂了，这个王国是在山西建立的，定都太原。正如南方已经分裂成了7个独立王国一样，这一次，为了所有实际的目的，总共产生了8个地方分离主义国家[5]，而不是一个已经大为缩水的中央帝国，这8个国家分别位于今山西、河南、安徽北部、山东与河北南部。

【注释】

[1]《资治通鉴》卷二百五十三。

[2] 原注：唐朝的国姓"李"被赐予给了他的父亲，以褒奖他为王朝所立下的汗马功劳。

[3]《资治通鉴》卷二百五十六。

[4] 原注：契丹，在蒙古语里，单数形式是Kitan，复数形式是Kitat。在汉语里是"契丹"。在突厥语、波斯语和阿拉伯语中是Khitai。这成了突厥人用来称呼中国的名字。马可·波罗也用这个名字(Cathay)称呼北方中国。

[5] 原注：这就更不用说安南了，939年，安南利用中国的分裂摆脱了中国人的控制。

第 21 章

宋代与改革的难题

第 21 章　宋代与改革的难题

长期以来，中国人一直怀着深厚的感情回忆起宋朝。它并没有重演汉唐对亚洲的征服，正相反，它甚至没有把鞑靼人从那些他们依然占据着的部分中原领土上赶出去，在宋代的后半时期，它甚至被迫放弃了整个北方。然而，中国文人从来都不认为军事力量应该跟文化成就等量齐观。他们的古典气质，或许还有对军人的阶级嫉妒，导致他们系统化地站在哲学的立场上贬低所有尚武的政策。当他们的反武理论导致入侵的时候，他们就会用软弱无力的主张和姗姗来迟的爱国主义批评赢得胜利的军队。《资治通鉴》是一部中国通史，或许是由宋代文人中最合格的代表所编纂的，此书就是这种观点的代表。另外，宋朝凭借其对古典文化、哲学思考、教育、考古和业余艺术爱好的优雅趣味，从而不可避免地赢得了文人的共鸣。

没有追寻汉唐的辉煌足迹当然不是宋朝创立者的过错。宋朝的第一位皇帝赵匡胤(宋太祖)，是中国历史上最富于同情心的人物之一。在当上皇帝之前，他是一位为前朝效力的将领。前朝皇帝去世的时候，留下了一个7岁大的孩子作为继承人。同时，一场战争正在发动，对手就是那个令人生畏的契丹，这场战争是由赵匡胤指挥的，结果大获全胜。军队觉得，必须由一位强人来掌权，于是迫使他们的统帅采取行动。一天早晨，天刚蒙蒙亮，将士们把赵匡胤的大帐团团围住，他被惊醒了，看到周围自己手下的军官正剑拔弩张,声称要拥戴他做皇帝。还没等他来得及答复,将士们就给他披上了皇帝的黄袍,用肩膀扛着他,把他举到了马背上。他们把他带到了军队中间,将士们大声向他欢呼,排成纵队,动身朝都城的方向行进。然而,在马背上待了几分钟之后,赵匡胤便下令停止前进,对将士们说:"汝等贪富贵立我,能从我命则可,不然,我不能为若主矣。"众将士纷纷下马,大声喊道:"愿受命!"赵匡胤说:"太后、主上,我北面事者,不得惊犯;公卿,皆我比肩,不得侵陵;朝市府库,不得侵掠。用命,有重赏;违,不汝贳也。"[1]所有人全都发誓遵守这些命令,军队继续秩序井然地向前行进。第二天,他们进入都城开封(汴州),在那里,赵匡胤悉心确保了儿皇帝和太后的安全,而且确保让他们过得舒适安宁。这之后,他正式登上皇位(960年2月)。

他后来的统治与这一开端是一致的。他是个仁慈而能干的管理者,头脑冷静,作风稳健。他治愈了四分之三个世纪的内战所留下的创伤,几乎重新统一了全中国。在他统治时期的15年里,他一个接一个地征服了华南的地方王国(971年打下广州,975年平定南京)。最值得注意的是,这些征服尽管也牵涉到战争,但并没有伴随着针对平民百姓的暴行。宋军的将领们下令,一旦城市被攻克,就宣布大赦。至于那些其领土因此被重新纳入帝国版图的地方诸侯,赵匡胤不仅不为难他们,反而给他们发放津贴,让他们入朝陪侍。对那位抵抗时间最长的、南京的前统治者,太祖皇帝还不乏幽默地封他为"违命侯"。

像唐朝衰亡以来所有王朝的创立者一样,赵匡胤也是凭借军威登上皇位的。但一旦掌权,他就决心要结束这样的惯例。他把所有的军队首领——他从前的战友——召集起来,举行了一场友好的宴会,仅仅凭借说服而没有威胁恐吓就赢得了他们的支持,他们纷纷保证,为了国家的利益,将正式放弃他们的军事指挥权。作为交换，皇帝赏赐给他们土地和财富。就这样，结束了半个多世纪以来让中国精疲力竭的经常性军事政变的规律，一个"民事帝国"终于重新建立起来。赵匡胤一直到最后都表现出了同样的智慧。他感觉到死亡正在逼近，考虑到自己的儿子太年轻，不足以担负治国的重任，他叫来自己的弟弟，取下挂在床边的战斧，交给他作为权力的象征，告诫他要做个好皇帝。然后，他死了（976年11月）。

新皇帝太宗（976—998年在位）收复了最后的地方王国（在陕西境内），尽管有契丹人的介入，但还是在经过长时间的围攻之后拿下了它的都城太原（979年6月），就这样完成了他哥哥未竟的事业。接下来，他尝试从契丹人手里夺回他们在关内占据的领土——大同和北京地区。979年7月，他挥师北京，包围了这座城市，但在城市的西北方被契丹人击败，不得不匆忙撤退。986年，他又一次发动攻击，这一次甚至连北京的边都没摸着。他的大军在北京与保定之间被击溃了，乘胜追击的契丹人顺势而下，进入了河北南部。在他的儿子真宗皇帝的统治时期（998—1022），契丹人继续着他们对中原领土的入侵，到达了黄河岸边，与皇城开封隔河相对。朝臣们惊慌失措，建议真宗撤退到长江下游的南京，甚或四川，但被皇帝拒绝了。在北边，黄河对岸有一座中国小城澶州（澶渊）在抵挡着敌军，它的抵抗阻挡了契丹向都城的进军。真宗皇帝勇敢地亲自前往，坐镇澶州；他坚定的姿态使守城将士军心大振，也让契丹人大为震惊。在澶州，真宗皇帝跟契丹人签订了和议，契丹同意撤出他们最近在河北南部占领的地盘，满足于像过去一样只占据北京和大同（1004年）。其间，在跟契丹人争逐的同时，帝国的困境被吐蕃的一个民族——唐古特（党项）人——给利用了，这些唐古特人大约在公元1000年的时候成了鄂尔多斯、阿拉善和甘肃的主人，他们在那里建立了一个独立王国——西夏。

宋军两次企图从契丹人手里收复北京的努力均以失败告终，再加上唐古特人在西北边陲建立了这个新的蛮族王国，这一切让宋王朝开始反感好战的政策。他们开始满足于仅仅阻止契丹人的袭击，听天由命地把北京和大同的边境留给契丹人，而把鄂尔多斯和甘肃交给唐古特人。就北京而言，这一牺牲远没有我们今天看上去的那么重大。至于它的偏远位置就更不消说了，在那个年头，它仅仅是个非常次要的地方城市，一个在中国历史上几乎没有扮演过任何重要角色的边陲之地。它的重要地位是从契丹人定都于此的时候开始的。从11世纪汉人的观点看，一方面放弃北京和大同，另一方面放弃甘肃，都不是什么大不了的牺牲。除了这三个偏远的边陲之外，大宋王朝依然拥有整个历史意义上的中原。一百多年来，他们沉湎于文学、艺术和智力论争；最重要的是，宋代是一个意识形态大讨论的时期，最重要的论战发生在"保守派"与"改革派"之间。

然而，这场论战不仅仅是一场智力娱乐。那些导致唐朝崩溃的经济和社会危机，已经造成了对农村人口的普遍奴役，小地主被迫卖地，成了佃户或大地主庄园里的雇工。当时的一位著名作家苏洵（1009—1066）描述了这一情境：

> 田非耕者之所有，而有田者不耕也。耕者之田资于富民，富民之家地大业广，阡陌连接，募召浮客，分耕其中，鞭笞驱役，视以奴仆。……而田之所入，已得其半，耕者得其半。有田者一人而耕者十人，是以田主日累其半以至于富强，耕者日食其半以至于穷饿而无告。[2]

1308年的一篇文献也说到宋代同样的情形："有田者视佃户生死如草芥。"

王禹偁（死于1001年）的一首诗描绘了一幅饥荒时期乡村贫

困的辛酸画面：

> 谪居岁云暮，晨起厨无烟。
> ……
> 门临商于路，有客憩檐前。
> 老翁与病妪，头鬓皆皤然。
> 呱呱三儿泣，惸惸一夫鳏。
> 道粮无斗粟，路费无百钱。
> 聚头未有食，颜色颇饥寒。
> 试问何许人，答云家长安。
> 去年关辅旱，逐熟入穰川。
> 妇死埋异乡，客贫思故园。
> 故园虽孔迩，秦岭隔蓝关。
> 山深号六里，路峻名七盘。
> 襁负且乞丐，冻馁复险艰。
> 惟愁大雨雪，僵死山谷间。

应当承认，这样的情境并非只有宋代才有，饥荒的岁月，连同它们带来的苦难和不幸，在整个中国历史上总是周期性地反复出现。但可以肯定，在这一时期，当人们还没有找到解决耕地问题的办法的时候，农民的悲惨境况看来是无可救药的。除此之外，小块地产的消失，彻底颠覆了税赋的定额，扰乱了国家的财政，无论如何，一百年的宫廷政变和内战已经使得国家财政陷于崩溃[3]。

在经过如此之多的内战之后，似乎预示着一次传统价值的普遍回归，大宋王朝从一开始就关注着为这次复归提供一个明确的智力基础。赵匡胤从他作为王朝创立者登上皇位的那一刻起，就一直依靠儒士，他和他的继任者们都从儒士阶层中招收管理人员。为了保证新成员的稳定供应,他们重建并改造了科举考试制度,这一制度从那时起就拥有了它的最终形式。仁宗皇帝(1023—1063年在位)在各主要城市创立了府学,在首都创立了太学,而且重建了包括三个主要科目(经义、词赋、策论)的考试大纲,从而完善了这些措施。最后,他把最重要的公共职务委任给了当时两个最著名的文人:欧阳修(1007—1072)和司马光(1019—1086),两个人都是有名的历史学家,前者还是个著名诗人。

不久之后,文人的内部出现了分歧。尽管他们全都借助于儒家正统,但他们对儒家经典的解释却各不相同,对他们那个时期的经济社会危机所提出的解决办法也不相一致。在神宗皇帝统治时期(1068—1085),改革者们在鼎鼎大名的王安石的领导下开始掌权。

实际上,在他掌权之前,改革已经箭在弦上,蓄势待发。在仁宗皇帝(1023—1063年在位)的治下,1057年,诏天下置广惠仓,分配谷物给老幼贫病者。英宗皇帝(1064—1067年在位)尽管是个有保守倾向的统治者,但他还是投入了百万缗钱捐赠给常平仓。在丰收之年,物多价贱的时候,这些官仓就以高于市场价的价格买进谷物,在歉收之年,物价飞涨的时候,就以较低的价格把这些谷物投放市场。这些官仓就这样服务于双重目的,储备谷物以应对匮乏时期,打击投机以平抑物价。

然而,王安石很快就超越了这些温和的努力。

王安石(1021—1086)是中国历史上最有趣的人物之一。很少有人像他这样在有生之年遭到过如此猛烈的攻击。他因为教条主义者的倔犟、因为他的不修边幅和不干不净的脸,而饱受责难,所有这些都与其他文人形成了鲜明的对照。然而就在最近,他又被人们吹上了天,不仅被视为一个"国家社会主义者",而且还被认为是一个民主主义者和孙中山的先驱。实际上,他的改革似乎一直都受到了牵制,尤其是财政因素的牵制。为了让国家从普遍的繁荣中获得财富的增长，就必须帮助人民提高产出。正是抱着这一双重目标——在让国家富强的同时也让人民拥有更好的命运——1069年，王安石创立了一个常设的改革委员会，由他自己领头。经济体系的重建立即就开始了。王安石制定了一套收入和支出的固定预算，不得以任何借口超出这个预算，支出被削减了百分之四十。

农业，是迄今为止中国财富最大的来源。为了增加产量，王安石决定要保护农民免受贫困，免遭债权人的掠夺。为了这个目的，国家同意贷款给农民，以收成作为担保[4]。这些贷款在春天给农民，到了秋天，收获之后，就向国家偿还本金和利息。农民们的另一项抱怨就是地方官下令让他们做苦役时所使用的专横方式。王安石废除了强迫劳役，代之以岁捐，用这笔钱建立了一项基金，用于支付公共工程的费用。这是一项重大创新，因为这项税捐是最早按个人征收的税赋。与此同时，他还把土地测量的记录刷新到了最近的日期，这项革新措施因为9世纪的耕地改变而变得绝对必要。在古代中国，土地税一直是按照农民的土地征收的，而这些土地又常常是村民的财产。自从9世纪以来，当那些小块土地消失、被并入大庄园的时候，就有必要寻找另外一种办法。这正是王安石在重建土地登记时萦绕心头的事情——不，正像有人所声称的那样，这不是重新登记，而是一次财产的重新分配。1073年，他把整个国家按一平方里（一里约为630码）为单位进行了划分，这是新土地税定额的基本单位。正如马伯乐曾经指出的那样，这是一次纯粹的财政改革，不带任何"社会"特征："土地所有制依然没有改变，而且跟这些新的财政分割也毫无关系。在地产的部分或整体属于同一地区几个土地所有者的地方，每个人按照自己在整个地区所占比例缴纳一部分税金。"这套地产制度依然是大领地的制度（就连王安石这样的改革家，也没考虑拿它开刀），但帝国却因此得到了一份准确而便利的地籍测量。

这期间，国家控制是成功的。1074年之后，每一位土地所有者都不得不对自己拥有的每件东西进行申报，"包括猪和鸡"。商业也得到了管制。一切日用品都由官吏定价，他们规定强制性的市场价格。国家收购全部未售出的货品。税捐可以用实物抵付。官吏仿佛成了官方的仓库管理人，他们囤积这些产品，在播种时节或者在匮乏时期重新分配它们，作为预付款。"这些措施的目标，就是把价格保持在一个合理的水平上，阻止任何非法提价或日用品价格的过度下跌，以此打击投机。"但在这里，最终的目的又一次是财政目的。仓库里的商品应征收百分之二十的年税，这是以商品本身和贮藏商品的建筑物做抵押的。如果税捐没有及时缴纳，就会按百分之二的比例递增。与收成抵押贷款一起，王安石在1071年至1072年间还创立了财产抵押贷款，这样做为的是鼓励商业行为。更准确地说，这是"专门为市场中的贸易组织创建的一个法庭"，它有权贷款给以抵押作担保的商人。

王安石是个文人，但他认为，科举考试的科目所产生的更有可能是三家村学究，而不是管理人才。1071年，他裁掉了文体比观念更重要的词赋考试，以及所有纯文学意义上的文学。打那以后，考试科目就只包含：经义（依据这位改革家的新解释）、策、论。判断投考士子所依据的，更多的是他们的个人观点和实践知识，而不是他们遣词造句的典雅。

正是这些文学上的改革，而不是他在经济上的创新，把王安石暴露在大多数官僚的最猛烈的攻击之下。他按照自己的理念对儒家经典所作的新解释，在保守派儒士们看来，是一种亵渎圣贤的行为。他的所有改革被当做笑柄看待，后来的关于这一时期的记载，读起来就像是一份直接针对他的长篇小册子。事实上，由于历史是由他的那些获胜的死对头们所撰写的，要想形成一个没有偏见的观点恐怕也很难。然而，他的耕地改革似乎导致了生活费用的降低。据他自己证实，只要他的改革依然在发挥作用，就会"五谷贱如水"。他的一首诗真挚感人（像他那个年头的所有文人一样，他也是个诗人），显示出一种深沉的人道主义情怀，正是这种情怀激发了他的那些经济措施：

> 婚丧孰不供，贷钱免尔萦。
> 耕收孰不给，倾粟助之生。
> 物赢我收之，物窘出使营。
> 后世不务此，区区挫兼并。

然而有一点倒是真的，这些改革（或许操之过急）因为采用了惰性的形式而引发了所有更强烈的反对。由官方实施的产品储存，需要一个廉洁公正的管理机构，而实际上的管理机构远不够廉洁。即便是播种时节发放给农民的贷款，也产生了与立法者的意图背道而驰的结果。经常出现的情形是：那些接受贷款却没能偿还本息的农民，结果发现自己的财产被当局给没收了。保守派领袖、历史学家司马光，有一个很好的机会以此为理由反对整个制度："在理论上，华而不实，堂皇美妙，无过于此者；而在实践上，为害国家，亦无过于此者。你把谷物借贷给百姓，他们始而吃喝浪费。你再贷给他们谷物，他们就卖掉它，他们的能动性就消失了，变得懒惰了。"对此，王安石答道："士大夫行路，只会跟着祖宗亦步亦趋；如果向他们指出一条更安全、更有益的道路，他们根本不会屈尊尝试着走上一步。"

对王安石的改革，最严肃的批评是：国家只以百分之二十的利率发放青苗钱。这比起私人放债者百分之五十的利率来，无疑算是一个相当温和的利率了。同样肯定的是，农民因此背上了异常繁重的债务。如果收成很糟，或者像司马光所预言的那样，如果他们草率地挥霍掉了贷给他们的青苗钱,那么,当还贷的时间到来时,他们就只能选择:要么被没收财产,要么逃之夭夭。危险越来越大,因为当穷人几乎无法抵抗一笔意外资金的诱惑时,地方官也乐于让穷人屈从以符合自己的利益。由于这些百分之二十的利息,青苗钱于是成了地方收入最丰富的来源之一,因此导致行政部门施加一切可能的压力,劝诱农民背债。尽管王安石的用心良苦,其意可嘉,但青苗钱却成了从那些头脑简单或穷途末路的农民那里榨取的附加税,从而显得面目可憎,而这个改革者的政府,则扮演了一个大规模放债的高利贷者的角色。从根本上讲,王安石被悬在了中间,一边是渴望帮助人民的良好愿望,一边是恢复国家财政的必要。跟他作对的保守派则显得游刃有余,不乏技巧地把他的青苗钱制与更温和也更稳妥的"常平仓"计划(我们已经解释过)相比照。

1085年,神宗皇帝的去世,以及他15岁儿子的继位(由高太后摄政),导致了改革派的失宠以及司马光所领导的保守派的重新掌权。不久之后,王安石辞别人世,紧随其后的是司马光(1086年)。司马光之后,保守派中最杰出的人物是诗人苏轼,通常被称做苏东坡(1037—1101),他的影响似乎一直是令人愉快的。他对人民相当熟悉,了解卑微百姓的观点和真正的渴望,他总是设法降低把君王与臣民隔开的障碍,打破朝廷危险的隔离状态。他说:"在仁政时期,最卑微的臣民应该自由地让皇帝知道自己的冤屈。"然而,苏轼的率直很快就让他失宠了。1093年,当摄政太后(她宠信保守派)去世的时候,哲宗皇帝重新起用了改革派。接下来的一位皇帝徽宗(1100—1126年在位,他戏剧性的一生我们将在后面论述)在1106年先是召回了保守派,然后在1112年又再次把信心寄托在改革派的身上。但是,从现在开始,改革运动的命运多半是个次要的问题了,更大的问题是两派政治家之间的个人冲突。无论如何,尽管有许多的政治争执,但大宋王朝给中国带来的和平还是产生了有益的结果。845年的人口普查显示，当时的人口总数大约是3000万，而1083年的人口普查却显示全国人口将近9000万。这大概并不是因为北方人口的大规模增长，这里的人口已经非常稠密了，而是因为帝国的南部地区开始达到了相当大的人口密度，从汉代以来，这里一直被系统地拓殖。

而且，幸运的是，南方的这种殖民化如今已经完成了。由北方各省的蛮族入侵所导致的徽宗皇帝的政策，再一次让南方成为了中国独立的庇护所。

【注释】

[1] 本段中的引文均出自陈邦瞻《宋史记事本末》卷一。

[2]《苏洵集·嘉祐集》卷五《衡论》。

[3] 原注:1065年,王安石变法的前夕,正常的财政支出(据《宋史》记载),总计达120,343,174缗,加上11,521,278缗的额外开支,而财政收入则只有10,138,400缗。

[4] 原注:在中文里,这一贷款被称为"青苗钱"。这一制度从1067年9月起执行。(参见周还:《收成信贷》,巴黎,1930)

第 22 章
一路南迁

第 22 章 一路南迁

19岁那年在开封城登上皇位（1100年的2月或3月）的徽宗皇帝，是中国有史以来文化修养最高的统治者之一。他是个唯美主义者和考古学家，伟大的艺术收藏家和艺术批评家，他本人也是一位颇有造诣的画家。他亲自主持画院的集会，所谓的画院，就是一个绘画研究会，其成员穿着紫色的衣服，佩戴金玉徽章，享有进入皇帝私室的特权。徽宗还亲自为绘画竞赛出题，并对参赛者进行评判。其中有些题目被人记录了下来，从而让我们对皇帝陛下的品位有一个清晰的概念，这些题目有："竹锁桥边卖酒家"、"野渡无人舟自横"、"踏花归去马蹄香"等等。皇帝本人专攻花鸟，在日本的一些收藏中，有些归到他名下的作品，很有可能确实出自他的手笔。在开封城的宫殿里，他搜集了一批独一无二的大师的作品，其目录被保存了下来，包含6000多位大师的姓名。

徽宗对宗教冥思同样有兴趣。近百年来，一场宗教复兴正发生在中国人的各种不同的信仰中。在佛教徒中，这种复兴表现在对阿弥陀佛的崇拜中。实际上，这是包孕在老的宗教之内的一种新的宗教；它给中国百姓带来了一种一神论的等价物，或者更准确地说，是一种让所有乐意接受的人都容易理解的虔诚主义和寂静主义；它是一种心灵的宗教，其中有些东西是东亚此前从未见到过的。虔诚的人只要把他的全部信任交付给阿弥陀佛的怜悯，就可以被后者的慈悲所拯救，在不可言说的来世福乐当中获得再生，那是一块名副其实的福地："净土"。画家李公麟（1049—1106）所画的罗汉像，长着苦行修道者的长脸，古怪地有知性，显示出佛教对中国人的灵魂的影响有多么深，因为这些在本质上是印度的主题，至此已经完全成了中国的。

大约在同一时期，道教也创造了对一位至高神祇——"玉帝"（玉在中国一直是纯洁的象征）——的崇拜，从而向着类似的有神论方向发展。实际上，这位至高的神祇出现得有点晚，他的初次露面是在1012年，当时，他向真宗皇帝显现真身。到了徽宗的时候，皇帝表现出对这位神祇的巨大热爱。长期以来，徽宗一直在寻找某种与神仙及道教神殿中的不朽神灵之间的直接联系，突然之间，他的祈祷应验了。一个冬天的日子，他正在开封附近的乡村散步（1113年12月），突然看见地平线之上隐隐出现了"天上的宫殿"，神仙们的住所漂浮于"云气之上"。这毫无疑问就是不朽神灵们的家了，"并给了他穿过凡尘俗世、走向福乐之岛的强烈愿望"。据同代人讲，他曾竭力在自己的一幅画中再现这一福乐景象。

徽宗似乎构想了一种儒道融合，佛教也包含其中。新道教的至高神祇"玉帝"，被他描述为跟儒家的"上帝"和"皇天"是同一的，在这位神祇所主持的万神殿里，他混入了来自印度天国的佛教菩萨。

知识分子应该当心，不要卷入政治，尤其是对外政治。这位皇座上的梦想家——徽宗，原本可以过一种幸福的生活：收藏艺术品，画画鹌鹑和开花的李子树，融合各种宗教仪式和神祇。然而相反，直到他自己的毁灭和国家的崩溃，徽宗皇帝都参与了世界政治，在这方面，他犯了一个无法挽回的错误：希望从契丹人的手里收复北京，为此，他与女真人结成了同盟。女真是通古斯人的一个民族，是满族人的祖先，他们居住在今天的满洲东北部和俄罗斯的普里莫尔斯克的森林里。

这是十足的愚蠢之举。近百年来，契丹人已经在很大程度上被中原的习俗和思想所同化，仅仅满足于占据北京和大同这两个边境城市，还有今天的辽宁、察哈尔和热河，已经成了大宋帝国的文明而和平的邻居。而另一方面，女真人仍然处于半野蛮状态，总是在他们的森林空地里举行野性十足的舞会，他们的可汗端坐于层层叠叠的虎皮上。中原因为让女真人取代契丹人的位置而损失惨重，但徽宗皇帝一心渴望收复北京，并因此在祖辈失败的地方建功立业，他的激情被这一渴望所点燃，他设法让自己相信，女真人会仅仅满足于占据内蒙古和满洲。他于1114年与从背后攻击契丹人的女真可汗阿骨打缔结了一份条约。起初，一切都在按照皇帝的愿望发展，契丹被消灭了，1122年，他们最后的阵地北京落入了女真人之手。而中原朝廷的麻烦，也从此开始了。

从前的契丹王国如今已经完全被强大的女真人所控制，他们也因此成了大宋帝国的直接邻居。依据他们从前缔结的条约，徽宗皇帝要求女真人交出北京。他们同意这样做，尽管很勉强。如果只满足于此，应该说还是明智的，但徽宗还对北京和长城之间的许多地方提出了主权要求。在没能得到这些让步的时候，他秘密地煽动当地的汉人起来反抗占领者。

这意味着战争，一场开封的朝廷对之毫无准备的战争。女真人不仅占领了北京，而且在几个月的时间内，他们的骑兵就突入了河北南部，横扫了黄河两岸的华北平原。在开封城里，朝廷大为惊恐。而那位不可救药的知识分子皇帝——徽宗，并没有亲率大军以迎，而是撤换了他的内阁。他赶走了改革派，重新起用了保守派，并且依据保守派的愿望，重新确立了以前的科举考试科目，恢复了对文学的尊崇。在此期间，女真人渡过了黄河，开始封锁开封城。心烦意乱的徽宗皇帝最后只好投降（1126年底）。他被放逐到了满洲北部女真国的最内部，带着他的长子、仆从和财

第22章 一路南迁

宝(1127年初)。

这位业余艺术爱好者皇帝、造诣颇深的艺术品收藏家,在满洲森林的某块空旷之地、在身披兽皮的猎人中间,走向了他的末日。他再也没有见到过自己的国家,在度过9年的放逐生活之后,以54岁之年客死他乡。

徽宗皇帝的一位幼子有幸逃过了这一劫。这个年轻人(当时只有21岁)就是后来的高宗,他在一座以长江为屏障的城市——南京(建康)登基称帝(1127年5月或6月)。在此期间,女真人已经完成了他们对华北的征服。接下来,他们兵分两路,渡过了长江,一路在鄱阳湖附近的湖北,另一路在长江的下游河段。前一路一直推进到了广西南部,而另一路则通过奇袭拿下了南京,直逼位于浙江东部海岸的宁波(1129—1130)。然而,他们的纵队完全由骑兵所组成,被寻找新马的困难所拖延,冒着陷身于一片遍布着山川、河渠与稻田乡村地区的危险。很快他们就不得不想到回撤。他们被迫再次渡过长江,那是一片像海湾一样宽阔的水域,被汉人的小舢板所阻断。他们最后成功地越过了南京以东,夺路回到了河南。南方眼下暂时摆脱掉了入侵者,1132年,高宗皇帝迁居杭州(临安),这座城市是今天浙江省的省会,从此之后一直是大宋帝国的首都,直到蒙古人入侵的时候。

宋朝的将领们利用女真军队暂时的衰疲,收复了几个战略要地。其中最勇敢的将领是岳飞,他已经赢得了几场胜仗,并于1138年准备进军开封。要不是一位对他的成功心怀嫉妒的大臣先是强迫他停止前进、继而以莫须有的罪名把他监禁、最后在监狱里把他杀掉了的话,他无疑会收复帝国从前的首都。高宗皇帝是个软弱而懒惰的人,他已经厌倦了战争。就在同一年(1138年),他与女真人媾和,把女真人占领的全部领土(换言之,就是整个华北直到淮河)都拱手奉送给了他们。大宋王朝只保住了华南,亦即长江流域及福建和广东地区。宋朝的首都,正如前面已经说过的，是浙江的杭州。

在华北，女真人采用中原习俗的时间并不长。他们的国王把自己的朝代称为"金"，打这以后，历史上这个女真人的王朝就是这个名字了，我们也应该用这个名字来称呼它。1153年，王室居地一直在满洲的金朝把他们的首都迁到了北京——这是这个国家已经开始汉化的一个清楚的信号。

第 23 章
生活的优雅

第 23 章 生活的优雅

宋朝的皇帝们已经放弃了收复华北的希望，如今，在他们的南方领地里他们把全部注意力都投入到了重建诗歌和艺术氛围、重建生活的优雅上，这都是曾经在开封的宫廷里享有过的。1161年和1206年两场短暂的战争，只不过是和平时期两场简短的动乱插曲而已。1126年的大灾难，尽管给帝国带来了巨大的领土损失，但就其本身而言，似乎是一段纯粹的插曲。在每一个领域，宋朝的优雅精致的文明(中华文化的奇葩)都依然在继续。我们必须唤醒它的艺术和诗歌，我们应该从回到开封时期(960—1126)开始，然后再过渡到杭州时期(1132—1276)。

关于开封时期山水画的概念，有一篇颇有价值的文献，这就是画家郭熙(出生于1023年)的一篇论"山水"的文章。在这里，你可以看出，这些11世纪的大师都是怎样细致的大自然的观察者：

> 真山水之云气四时不同：春融，夏蓊郁，秋疏薄，冬黯淡。画见其大象而不为斩刻之形，则云气之态度活矣。真山水之烟岚四时不同：春山淡冶而如笑，夏山苍翠而如滴，秋山明净而如妆，冬山惨淡而如睡。[1]

还有：

> 大山堂堂为众山之主，所以分布以次冈阜林壑为远

近大小之宗主也。其象若大君赫然当阳而百辟奔走朝会，无偃蹇背却之势也。

长松亭亭为众木之表，所以分布以次藤萝草木为振契依附之师帅也。

郭熙还指出，山在外观和特征上的变化，依据观看的距离而有所不同：

每看每异，所谓"山形面面看"也。如此是一山而兼数十百山之形状，可得不悉乎！

它们还根据季节的不同而表现出不同的心境："春山烟云连绵人欣欣，夏山嘉木繁阴人坦坦，秋山明净摇落人肃肃，冬山昏霾翳塞人寂寂。"

你会注意到，郭熙的论文是对"风景即心境"这种观念的纯粹而简单的解释，在西方，这种观念要到相当晚近才出现。

在这个主题上，这位宋代大师着重强调的是山的光与影之间相互影响的重要，尤其是雾气介入的重要："山日到处明，日不到处晦，山因日影之常形也。……山烟霭到处隐，烟霭不到处见，山因烟霭之常态也。……山无烟云如春无花草。"

我们从中国历史学家那里得知，郭熙本人遵循这些格言，"作长松巨木、回溪断崖、岩岫巉绝，峰峦秀起，云烟变灭，晻霭之间，千态万状"。[2]日本所藏的一些归在他的名下的画作，至少让我们对他的风格有了一个大致的概念。一幅冬景："雪堆岩罅，冰锁江河，渡船正载着发抖的旅人过河。"春景："浪拍孤舟，山隐烟霭。"一幅秋天的晨景，这是他最喜爱的题材："雨过天清，大雁排成长行飞过天空，仿佛是去会晤远山。"开封时期另一位伟大的画家米芾(1051—1107)留下了许多类似的山水画作。他在表现"中国褶皱"的典型特征上无人能及,这在他的画作中看上去就像是现代地理学家所描述的那样,像:"树木繁茂的山峦上的碎波,刺破雾霭的圆顶山。"

很多的宋代诗歌都是名画的文学版本。比如诗人欧阳修（1007—1073）也是生活在开封时期,是保守派领袖之一,他在自己的那首《远山》中写道:

> 山色无远近,看山终日行。
> 峰峦随处改,行客不知名。

或者比如这幅江景:

> 寒川消积雪,冻浦渐通流。
> 日暮人归尽,沙禽上钓舟。

或者这首渔夫的主题:

> 风牵钓线袅长竿,短笠轻蓑细草间。
> 春雨蒙蒙看不见,水烟埋却面前山。

欧阳修还留下了同样敏锐的音乐印象,这一回是散文的形式,写的是关于秋声的主题[3]:

> 欧阳子方夜读书,闻有声自西南来者,悚然而听之,曰:"异哉!"初淅沥以萧飒,忽奔腾而砰湃;如波涛夜惊,风雨骤至。其触于物也,鏦鏦铮铮,金铁皆鸣;又如赴敌之兵,衔枚疾走,不闻号令,但闻人马之行声。予谓童子:"此何声也?汝出视之。"童子曰:"星月

皎洁，明河在天，四无人声，声在树间。"予曰："噫嘻，悲哉！此秋声也，……"

另一位伟大的宋代诗人苏轼(通常被称为苏东坡，1037—1101，他也是开封时期的保守派领袖之一)，留下了许多堪与唐代大师们相媲美的作品。《前赤壁赋》(赤壁位于湖北省的长江岸边)是中国文学中最著名的篇章之一：

……清风徐来，水波不兴。……少焉，月出于东山之上，徘徊于斗牛之间。白露横江，水光接天。纵一苇之所如，凌万顷之茫然。浩浩乎如冯虚御风，而不知其所止；飘飘乎如遗世独立，羽化而登仙。……客有吹洞箫者，倚歌而和之，其声呜呜然：如怨如慕，如泣如诉；余音袅袅，不绝如缕。……客曰："……吾与子渔樵于江渚之上，侣鱼虾而友麋鹿，驾一叶之扁舟，举匏樽以相属；寄蜉蝣与天地，渺沧海之一粟。哀吾生之须臾，羡长江之无穷；挟飞仙以遨游，抱明月而长终；知不可乎骤得，托遗响于悲风。"苏子曰："客亦知夫水与月乎？逝者如斯，而未尝往也；盈虚者如彼，而卒莫消长也。盖将自其变者而观之，而天地曾不能以一瞬；自其不变者而观之，则物与我皆无尽也。……"

这些，就是宋朝的皇帝们在把北方诸省拱手送给入侵者的时候带到华南去的遗产。

这次迁移并没有危及这笔遗产。杭州的新都城(从1132年到1276年，这里一直是宋朝的首善之区)很快抹去了人们对开封的记忆，成了一座甚至更好的艺术财富之都。当高宗皇帝(1127—1162年在位)迁都杭州的时候，他把那些在他父亲的开封宫廷里赢得了名声的艺术家召集到了一起，很快就能够重开画院了。像徽宗从前所做的那样，他也亲自颁赐金腰带给最负盛名的艺术家，让他们在宫里留宿。他喜欢以自己特有的书法写古诗，然后让艺术家们配上画。他的孙子宁宗皇帝（1195—1224年在位）也成了一位伟大的绘画爱好者，不仅颁赐金腰带给官方的儒家学派的大师们，而且也颁赐给独立学派（亦即佛教）的艺术家们。这一时期的文献表明，高宗和宁宗一直很关注由皇家画院的成员们主持的宫殿亭阁的装饰，整个杭州城里到处都建有这样的亭台楼阁。

杭州城本身也适合于这种装饰。它坐落的位置绝佳，很容易迷住像宋朝几位末代皇帝这样的与生俱来的艺术家。它的东面挨着钱塘江流入杭州湾的入海口，被钱塘江潮所冲刷，西面被西湖所环绕，它像威尼斯一样，也是一座水城。马可·波罗因为杭州城让他想起了自己的老家而深深地爱上了它，他惊叹于数不清的小船、石桥，以及美不胜收的西湖，湖中绿树成荫的小岛和杨柳依依的湖岸，掩映着亭台楼阁、宝塔宫殿。在地平线上，像背景一样，是布满深壑、峰峦奇特的群山，掩映着许多佛寺，因为画家和诗人而流芳千古——因为杭州地区的所有风景很久以前就被老一辈宋代大师们表现过。

皇帝的宫廷引领着时尚。高宗皇帝有一座巨大而华丽的亭阁，修建在西湖边的山上，画家萧照用了一幅巨大的山水全景来装饰它，"画得非常棒，以至于你不知道自己究竟是在看一幅画，还是身临其境"。画中表现的不只是杭州的景色，而是引发一次艺术灵感复兴的整个浙江的景色。浙江是一个以其景色的丰富变化而闻名的省份。在北边，从长江口到杭州，有一条由圩田（从海中开垦出来的耕地）所组成的海岸地带，让人想起荷兰的风景，还有一片只比海平面高出3至6英尺的海上平原，一望无垠，数不清的河渠星罗棋布。在南边，从杭州直至福建，延伸着一条断断续续的海岸线，错综复杂的海湾被高耸入云的花岗岩山峦所分割，到处是嶙峋的峭壁，以及斑岩石耸立的草地。地理学家们很早就指出了这些地岩层与日本内海沿岸的那些地岩层之间的相似之处。因此，在日本风景画家（15世纪以后）与杭州山水大师之间找到显著的亲缘性，也就没什么可惊讶的了。前者毫无疑问模仿了后者，但他们也模仿他们自己国家的风景。

　　日本人最近发表了对宋代最著名的绘画与福建和浙江的海岸线和山峦的摄影之间所进行的颇为有趣的比较。他们以一种惊人的方式显示出了宋代大师们是如何忠实于大自然。至于浙江和日本之间的相似性，塞因描述了李希霍芬[4]在探访浙江的时候是如何"在他的旅行日记中连篇累牍地记录了与日本之间的这种相似性：森林很少，但每一片奇形怪状的峭壁附近都有一座佛塔掩映在苍松翠柏之间；在深谷里，到处是浓密的竹林和参天大树，数不清的水车和巨大的白房子。尤其是这些雨量丰沛的丘陵中繁茂的植被：到处可见成片的松树和栎树，油桐树和漆树；无边无际的肉质叶灌木丛，像忍冬和紫藤这样的藤蔓缠绕其上；整个山坡上覆盖着桃金娘、杜鹃花和野玫瑰。这是一片鲜花烂漫、灌木丛生之地。在中国的其他地区，都找不出一片这样秀丽如画、色彩缤纷、千姿百态的乡村地区"。无论是在12、13世纪的宋代山水画中，还是在15、16世纪的日本绘画中，毫无疑问都有对某种自然哲学的表现，但也有对实际景物的现实主义描绘，无论地点是在浙江、福建，还是在日本某地——后者常常类似于前者。因此，浙江的这些花岗岩或斑岩山，连同它们通过从岩石中开凿出来的"阶梯"攀登而上的陡坡，瀑布从300多英尺的高处飞流直下（像宁波附近的"雪谷"），也大量出现在日本的风景里——正像日本人一系列相关照片所证实的那样。

　　宋代和明代的艺术家们特别乐于再现杭州附近的历史场景，尤其是西湖的岛屿和湖岸。对这一著名湖泊的最好的描写，出自韦锡爱[5]的笔下：

> 远处，群山耸立，层峦叠嶂，环拥着西湖。近处矗立着一座高高的宝塔，建在一个坚固的基础上，塔的侧面刻有碑文。绕过这座高塔，你就来到了被列为"西湖十景"之一的断桥，桥的两头连着长堤。这条长堤是唐朝的时候由诗人白居易修建的，它通向孤山岛。当你在这条凉爽而令人愉快的通道上走了一多半的时候，你就来到了另一座石桥，它横跨在长堤中的一个缺口上，使得湖水能够从一个湖泊流向另一个湖泊。这就是"锦带桥"。

最著名的景点在孤山岛上：

> 右边就是孤山，岛以此得名。它是一座美丽的高岗，树木繁茂，苍翠葱茏，亭台楼阁，点缀其间，小巧的白色建筑庇护着石刻碑铭，见证着过去。左边，依山傍水，是亭台、庙宇和供游船靠岸的码头；更远处，是皇帝的行宫，红墙环绕，从孤山南岸一直延伸到山顶。第一座亭阁，它的石砌露台、栏杆，以及典型的中国石桥向湖水伸出，在孤山的景点中也都榜上有名。上有这样的题字：
>
> **平湖秋月**
>
> 四面八方，在湖岸边，在湖心岛上，到处可见典雅别致的建筑：寺庙和私人别墅，被绿树所环绕。经由一条铺砌的通道，你登上孤山，山上覆盖着茂密的植被、假山和石碑。请注意那座雅致的亭阁，它被称为"放鹤亭"，其栏杆伸向一片小湖泊的边缘。陆地上，在西边的

崇山峻岭之间，有山峰耸立，它是如此陡峭，以至于中国人把它称做"飞来峰"，也有"砌道蜿蜒大树之间，盘桓溪流瀑布之中，上通古寺"。皇帝的行宫本身（如今已颓圮）坐落在岛的南坡上，"从那里，可以饱览优美而壮丽的湖景，从杭州城墙到西边高高的山峰"。

然而，对于杭州时期的大师们来说，这些物质上的自然环境，只不过充当了一个媒介工具而已，为的是把思想运送到一个纯粹的精神层面。尽管有他们无与伦比的绘画，但对他们来说，形式的世界，用佛家的习语来说，只不过是"露水的世界"，是一条雾气的披肩，通过它，最陡峭的山峰也只是作为纯粹的幻景而升起。他们笔下的风景，淹没于薄雾，迷失在远处，像脸庞一样活泼生动。它的确就是世界的脸庞，杭州时期的大师们想要表达的就是这个世界最普遍的面貌，或者更准确地说，他们想呈现出其更深刻的意义，因为形式的物质属性只有为了暗示隐藏在远处的东西才会显示出意义。这种山川河流、水陆风光的外在面貌越是因薄雾而柔和、因距离而简化，其内在的精神也就辨识得越清楚。因此，人们习惯使用水墨。前景上，有意只画出空旷的轮廓，几棵弯弯曲曲的树，一间摇摇欲坠的小屋，岸边的一条小船，当峡谷中涌出的薄雾与水融合在一起的时候，小船很快就变得模糊不清了。地平线上，隔着无法计算的距离——介于其间的薄雾让我们失去了跟现实世界的所有联系——出现了起伏的山峦，其模糊不清的轮廓似乎是悬在半空中。有一些笼罩着湿润水汽的风景，被分隔成不同的平面和半遮半掩的近景的具体形式，最后只留下抽象距离中的空间。

在这些一流派的大师当中，有几个名字跻身于历代以来最伟大画家的行列，他们是：马远和他的儿子马麟，文献记载的马远最早的作品出自1190年，他应该死于13世纪中叶之前；然后是夏珪，他和马远一样，也工作在宁宗皇帝的统治时期（1195—1224年）；最后是梁楷和牧谿，他们生活在1200年至1270年之间。

日本和美国的收藏中有几幅水墨画，人们相信是马远的作品。喜龙仁描述了现藏波士顿博物馆的一幅早春的山水画："背景是高高的山峦，山脚下一个小村笼罩在薄雾中。一座小桥横跨过一片水，前景的右边是两棵柳树，纤细的枝条微微颤动，你可以感觉到早晨的微风正轻轻地吹动柳枝；晨雾刚刚升起；此外便毫无动静、没有声音。春天依然在踌躇。"在三井的收藏中，有一幅画画的是一位孤独的渔翁，在冬天的湖面上，正从他的小船上垂下一根渔线在垂钓。小船迷失在浩瀚的湖面上，看不到湖岸，除了寂静的湖水和专心致志的渔翁，别无他物。在岩崎的收藏中，有一幅雨景图：前景是一条停泊的小船、岩石和高树，接下来有薄雾；背景是烟雾缭绕的山峰。黑田的收藏中有一幅画，画的是一位诗人站在一棵高悬于半山腰上的松树下，注视着月亮在天空升起。马麟的作品，以根津收藏中著名的《黄昏风景》为代表："只有从薄雾中浮现出来的岸的高处；一只飞燕带着想象飞进了空旷处。"巴黎的吉美博物馆藏有马远的一幅画的复制品《海上遇仙图》，这是一次浪漫的召唤，峭壁上隐约出现了一座梦境般的住宅，高高的阳台俯瞰着雾气迷蒙的海面和暗礁，小鸟从画面中飞过。

在岩崎和川崎以及北京故宫博物院的收藏中，有一些作品很可能是夏珪的原作。川崎收藏中的一幅画，寥寥几笔就再现了一场山林暴风的情形："在一条峡谷中，一阵狂风刮倒了掩映着亭阁的大树，树叶四处乱飞，一位农夫撑着一把雨伞正穿过一座小桥，与狂风搏斗着，另一个人在亭子里躲避。远处，大雨瓢泼，遮住了山顶上的风景，那里，一些灌木丛被大风吹得剧烈地晃动，狂风的力量和速度被表现得淋漓尽致。"岩崎的收藏中有一幅画被归到夏珪的名下，画的是一片海湾或河流的风景：一条小船停泊在岬角的后面,右边是水生植物和一些树木,处理方式是这位艺术家常用的方式,用的是点画和细微的笔触;背景是隐隐绰绰的山峦的轮廓线,浩渺的水面和远处的山脉,创造出了一种空间印象;光与水彼此交融,与背景上若隐若现的线条形成对照。最后,北京故宫博物院有一幅长卷,这是一幅全景图,画面上的一切都和谐地融入在大气里:"岩石嶙峋的河岸,松林茂密的山峦,歪歪扭扭的树木,依偎在灌木丛中的茅屋,竹桥连着岬角,深水湾流过峡谷,至此越来越宽,注入一片海湾,对岸消失在视线之外,远处的小船迷失在薄雾里。所有这些,都仅仅是借助水墨的手段表现出来的……"

上述几位风格各异的山水画家,都属于杭州城里皇家画院的儒士圈子。而像梁楷和牧谿这样的受到佛教启示的艺术家们,则形成了一个完全不同的团体。这些人都是佛教禅宗的追随者,他们在散落于西湖周围及杭州附近山坡上的禅宗寺院里画画。梁楷尽管很受宁宗皇帝本人的宠幸,但他还是舍弃了皇家画院,住到了一座禅寺里。日本的酒井收藏中有一幅他的杰作,画的是"释迦牟尼正在去菩提树的路上"。这位佛教的创立者被描绘为一个苦行僧的形象,他拄着拐杖,站在一条湍流旁陷入沉思,周围是陡峻山崖的奇特风景;思考的强烈和冥想的力量,通过那张多毛而近乎野蛮的面孔上那洞穿一切的精神性表现出来。正是这种内在的力量——它就像吹过峡谷的大风一样——使得奇特的衣服皱褶生气勃勃,并在那些节骨嶙峋的树枝中找到了它的对应物,这些树枝像怪兽一样在这位苦行者的脚下爬行扭动。酒井收藏的梁楷的另一幅画可以说是由空白所组成的:背景是一块突出于水面之上的岩石,上面有三根光秃秃的、看上去无精打采的树干;左边,一块被雪覆盖的高地很快从视线里消失了;另一边,积雪盖顶的山峦,在背景上几乎看不见,之间的空处则填满了薄雾;这幅画的真正主体,以及这片风景的灵魂,是禅定冥思,是与天地宇宙的交流。

这一时期最伟大的天才牧谿成了杭州城边上的六通寺的一位佛僧，他画过一些超人的灵怪，这些形象属于神的范畴或者神话中的动物。在这位伟大的幻想家的诸多作品中，大德寺藏有一幅力量惊人的龙：从雷雨云的光与影当中，隐现出这条传说中的动物，张着可怕的大嘴，长长的触须，恶魔般的龙角，忽闪忽闪的大眼睛，目光就像闪电一样；所有来自未知世界的捉摸不定的威胁突然间呈现在这副神兽面具上。在这里，牧谿似乎重新发现了前孔子时期的古老神话，大约公元前12世纪的商代青铜器上就描绘过这样的神话。

当牧谿的天才转到表现佛教理念的时候，他的作品甚至更伟大。在这些作品中，他笔下的龙所表现出的狂野得近乎凶残的力量，乃是服务于禅宗神秘主义的目的，正像岩崎收藏中的一幅画所表现的那样，这幅画展示了一位正处于迷狂状态的苦行僧。这位隐者端坐在一条山脊上，一条凶恶的大毒蛇缠绕着他，它凶险的头落在他的膝盖上，一动也不动。然而这位苦行僧却依然无动于衷，神情专注地俯视着这条爬虫。这一奇异的组合，看上去跟从山腰的一个罅隙中升起的云霭有关。大德寺所藏的一幅观音像，在灵感上完全不同，但在构成上却非常相似：一个苍白的幽灵带着一种沉思的表情，同时既和善又严肃，端坐在山脚下的一片水边，雾霭迷蒙的大气让背景的山峰变得影影绰绰。"观音的长袍被描绘为长长的线条，带有柔和的曲线，让人联想起内在的和谐与绝对的平静，像水洗岩石的完美寂静一样。"作为一位山水画家，牧谿可以超越儒家的大师们，比如松平收藏中的一幅卷轴，画的是一些小船正返回洞庭湖畔的渔村：你几乎辨认不出小船，因为画面上大片的地方都充满了水、雾气、空间和距离；山峦一点一点地消失在薄雾中；画面上四分之三的地方被苍茫辽阔所占据，没有前景，也没有背景；村子本身也几乎消失在薄雾里，在画轴的底角上被树丛所掩映——对这样一片辽阔的空间来说，人工作品总是被大自然的浩瀚所淹没。"无限的空间与寂静的和谐"：老一辈宋代大师们所描绘的，正是苍茫大地的面容，它从未得到过像他们所表现出的那么良好的感受、解释和热爱。

在这样的作品中，中国的绘画接近了形而上学领域。现在，让我们随同宋代陶瓷一起回到纯艺术吧，宋代的陶瓷与绘画一样繁荣。正像画家们选用了水墨一样，宋代陶瓷也显示出了对单色的偏爱，或者最多，在一种颜色上配上另一种颜色。这是因为这两种艺术都"迎合了爱好艺术的上流社会的品位，在他们看来，适度节制才是最高的奢华。宋瓷的美就在于它无声的富贵、精致的暗影与微妙的和谐；因为其自身的原因而比其他任何时期的瓷器都更有价值，因为它的质地、色泽、声音和光彩，既赏心悦目，又能满足微妙的触觉愉悦"。这一点，在宋代前夕的954年至959年颁布的一篇皇帝诏书中就曾明确提出过，这篇诏书要求，柴窑[6]瓷器应该"青如天，明如镜，薄如纸，声如磬"。

出产于1200年前的汝窑瓷器(以产地河南汝州得名)，很好地回应了上面的描述。釉色通常是粉青或紫蓝。另一个陶瓷中心是河北磁州，它是在唐代发展起来的，整个宋代一直在出产瓷器。磁州窑瓷器以典雅的花卉装饰而驰名，在米色背景上饰以褐色的花卉植物。定窑瓷器(以产地河北定县得名)通常使用象牙色、米色或灰黄色的釉，有时候带有裂纹，有时候有花卉装饰，常常带有金属镶边。一位热心的收藏者这样写道："因为其材料和装饰的精美，因为其外形的优美典雅，这些器皿可以被认为是所有国家、所有时代中最好的瓷器。"在大宋朝廷从开封迁到杭州之后，定县的陶瓷工匠也撤退到了江西的景德镇，在那里继续生产瓷器，直至整个明代，到了清代再一次建立了皇家的官窑。有一组有亲缘关系的瓷器，被称为"豫瓷"，包括一系列黑色或深栗色器皿，带有模仿青铜器的金属光泽。在开封时期，还出现了青瓷,以微暗的橄榄绿色为特征。

这些"北方青瓷"与朝鲜瓷器颇有关系,关于这一点,在欧洲可以找到几个这样的例证。"北方青瓷"来自浙江的龙泉窑;它们鲜艳明亮的碧玉色,一眼就可以把它们与更早的瓷器品种区别开来。出自龙泉哥窑的裂纹瓷器,有极其精细的"蛛网纹",瓷釉通常是海绿色、灰绿色、蓝灰色或灰白色。常常很难把它跟另外一种裂纹瓷器区别开来,这种裂瓷带有蓝灰色或淡紫色的釉彩,它们出自官窑——也就是说出自开封的皇家瓷窑。1127年之后,官窑跟着朝廷一起搬到了杭州。但著名的"月光瓷"——有着淡紫蓝色或紫红色的釉彩,带有"火焰痕"斑纹,一种颜色渐变为另一种颜色的制作者们,看来似乎留在了钧州附近,他们的产品被称为钧窑瓷器。钧州的瓷器生产一直持续到了元代。起源福建建安的建窑瓷器,以深栗色或红褐色釉彩的瓷碗最为著名,带有更亮反光的斑纹,因为这个原因而被称为"兔毫"或"鹧鸪斑"。最后还有几种不见文字记载的瓷器,这些都被米歇尔·卡尔曼笼统地列为"灰白瓷",它们一般被称为"影青瓷",常常带有浅蓝色的釉彩。

【注释】

[1] 郭熙《林泉高致》。后面所引郭熙的文字均出自此篇。

[2] 《宣和画谱》卷十一。

[3] 原注:"诗"、"文"二字在汉语里并不完全等同。《秋声赋》是一篇"赋"。据说,赋是从早期的祷词中发展而来的,是汉代诗人所使用的主要形式。宋代的赋被称为"散文"赋;它们是"散漫的风格",换言之,没有韵律和严格的对句。

[4] 费迪南·冯·李希霍芬(Ferdinand von Richthofen, 1833—1905),德国地理学家和旅行家。

[5] 阿诺德·韦锡爱(Arnold Vissiére, 1858—1930),法国汉学家。

[6] 关于柴窑有两种看法:一种认为五代后周世宗姓柴,当时钦定烧制的瓷器均称"柴窑";另一种认为吴越秘色青瓷器即"柴窑"。后文引用的那12个字最早出自明儒张应文的著作《清秘藏》,并非五代时的文献。记载柴窑的文献以宋人欧阳修的《归田集》为最早:"柴氏窑色如天,声如磬,世所希有。"

第 24 章

中国思想的结晶

第 24 章 中国思想的结晶

宋代之所以显得很突出，不仅仅是因为艺术领域的繁荣兴旺，而且还因为儒家哲学的复兴，以及因为哲学争论的重要意义（这更普遍）。也正是在这一时期，一项最有价值的发明的完成，为中国思想提供了一件在别的地方尚完全不为人知的工具：这一伟大事件，就是印刷术的发明——或者更准确地说，是普及。

印刷术在中国的发明，并不是某一个人的工作，不是天才手笔的一挥而就，而在欧洲也并没有做得更多——事实上远不及。这是数百年的工作，在不知不觉的演变中进行着。它的起源，就潜藏在三项更古老的发明中：纸张、拓片和雕刻印章。

在远古时期，中国人在薄竹片上书写，后来他们还使用一种特殊的丝绸，但竹板难以操作，而丝绸又花费昂贵。根据传说，纸的发明被归到了东汉时期一个名叫蔡伦的人的名下，他于公元75年成为一名朝廷官员，121年去世。他用到了树皮、麻线、旧布和渔网，他把这些原料放在一起久煮、捣烂，直至变为浓稠的浆，这就是"纸浆"。在唐代，纸已经变得稀松平常，以至于有人说，在751年的塔拉斯之战中被阿拉伯人抓去的中国战俘把这一技术传入了穆斯林世界。

正如我们已经看到的那样，墨印拓片的技术可以追溯到儒家经典的复制，这些经文最早于公元175—183年之间雕刻在石碑上。然而，由于文字是刻在石头上的，因此拓片总是以黑底白字的形式出现。此外，拓片的使用也不会早于公元6世纪。主要的技术进步源自于印章的使用。像碑文一样，在很长的时间里，印章也是镌刻的，但在6世纪初叶，人们开始以浮雕的形式反着雕刻印章，这样一来，墨印就以白底黑（或红）字的形式正面显现出来。这是最重要的一项发明，因为它包含了印刷术的基本原理。

在隋代，木版雕刻以及采用这种方法的文字印刷取得了新的进展。593年的一篇诏书下令，将大量的文本和绘画雕刻在木版上。但将这一进步普及化的，主要还是佛教徒和道教徒，他们印制了包含大量文字的符咒。伯希和与奥里尔·斯坦因[1]的团队在敦煌找到了8世纪佛教木版印刷的例证，但在唐代，木版印刷使用最广泛的地方似乎应该在长江下游和四川，因为在这些地方，这一技术被用来印刷深受大众欢迎的皇历。现存的中国最古老的印刷书籍是868年印行的佛经（《金刚经》），这是一个由首尾相连的纸页所组成的卷轴，现藏大英博物馆。

说到印刷，官方的儒教只不过是效法了道教和佛教的榜样而已。904年，一项重大改进被引入到权威经文的刻石中，当时，这些经文也是以反字的形式雕刻，为的是墨印拓片上能出现正字，这种方法来得太迟了，没人会把它看作是印刷术的发明，那早已经借助木版印刷实现了。这种方法很快就被用在了印刷儒家经文上：932年，皇帝颁诏，下令把这些经典文献雕刻在木板上。印刷术的最终发明被归到一个名叫毕昇的人的名下，他活跃在970—1051年之间，早于古登堡[2]大约400年。据说，毕昇发明了陶制活字。

印刷术的传播，必定会对宋代中国意识形态的发展产生影响。"四书五经"（加上大量的权威注释）在纸张上的印刷，成倍增加了智力工具的效用，为观念的交换提供了意想不到的便利。

这一发明发生在这个时候再合适不过了。自从唐代以来，中国的思想家们就一直在竭力拟订一份过去的精神上的资产负债表，以发现它的不足之处，并给它追加一种权威性的哲学。这是一种普遍的倾向，无论是在道教徒、佛教徒还是在"儒士"们当中，都一样显而易见，由此产生了新道教、新佛教和新儒教，它们互相之间比它们声称代表的各自的古老学派之间更加接近。事实上，这三种宗教都得出了相同的结论，这就是一元论，或者说是用单一的基本要素来解释宇宙和人。我们已经看到，自公元6世纪以来，佛教的禅宗和天台宗通过发现开悟的原则从而得出了这个结论，并把它视为宇宙的本质，无论是在人类灵魂的深处，还是在宇宙的中心。在宋代，道教徒们从老子的箴言中构建了一致的宇宙进化论和形而上学。他们的一篇文章这样解释道："空，实际上并不是绝对的空（虚无）；它是道（这个术语在这里的意思是普遍法则），尽管表现为一种更加微妙的形式。为了彰显自身，道变得容易被感知。可感知的东西包含一切具有外观和形态的事物；而外观和形态则包含道，在其内部运转的正是道。在一切可感知的存在中，有一个与道完全一致的灵魂"——换句话说，也就是与宇宙的法则完全一致。

古老的儒教也被宋代的经院哲学家们冠以类似的一元论。这场伟大的哲学运动，是由开封时期的一位作家周敦颐（1017—1073）发起的，当时，开封城依然是帝国的首都。周敦颐是个为了思考命运而解甲退役的军人。正如这位哲学家的作品中所展现出来的那样，其人有着高贵的品格，他曾在一篇显而易见的寓言中描述过自己的理想，这就是题为《爱莲说》的名篇：

> 水陆草木之花，可爱者甚蕃。晋陶渊明独爱菊；自李唐来，世人盛爱牡丹；予独爱莲之出淤泥而不染，濯清涟而不妖，中通外直，不蔓不枝，香远益清，亭亭净植，可远观而不可亵玩焉。予谓菊，花之隐逸者也；牡

丹，花之富贵者也；莲，花之君子者也。噫！菊之爱，陶后鲜有闻；莲之爱，同予者何人？牡丹之爱，宜乎众矣。

正是周敦颐，给儒学引入了第一法则的观念，他使用了古代术语"太极"来表示这个观念，这个术语字面的意思是"至高至大的界限"，像老子和庄子的"道"一样，也被认为是原初的统一。然而，周敦颐乃是仿效新道教的榜样，从纯粹的宇宙进化方面而不是从形而上学方面来设想这一原初本质。它类似于那种被称为"星云"的无限稀薄、无穷扩散的物质；它是一种尘埃，当它服从于自然法则的内在作用的时候，就变得组织化了，并通过进化的过程产生整个宇宙。

与周敦颐同时期的邵雍（1011—1077），也发展出了类似的观念。周敦颐是一位形而上学的数学家，被称为"中国的斯宾诺莎[3]"。而邵雍则是个无拘无束的梦想家，他留下了许多可以跟魏尔伦相媲美[4]的诗篇：

花前把酒花前醉，醉把花枝仍自歌。
花见白头人莫笑，白头人见好花多。

邵雍生活在开封城郊，住着一间不能遮风避雨的陋舍，"寒不炉，暑不扇"[5]。他给这间茅屋取了个诗意的名字："安乐窝"。他拒绝所有的官方聘请，乐于在他的茅舍里招待当时的名流显要，这些人当中包括历史学家和朝廷重臣司马光，在对朝中的纷乱生活感到厌倦的时候，司马光总是去他那儿，寻找片刻的平静。

邵雍的学说是纯粹的一元论：

人与天地万物为一，因为宇宙的法则是唯一的。这就是天地的法则，万物皆然。在每一类事物中，它达到了包含此类事物特殊本性的发展程度，在每一个个体中，它达到了具有这一个体特征的完美程度。万物所由出的最初存在，就是道，是太极，是皇极；但这些只不过是临时借用的名字；因为原初的存在是不能定义、无法命名、不可言说的。天和地，与其余的被造物在本性上并无不同；它们只是中间物，太极由此产生万物。普遍物质就是一，万物皆然。生命元气就是一，万物皆然。始与终，生与死，只不过是这两种实体之间的转换。万物与我为一，从我这边看：真的存在外物么？从外物那边看：真的有"我"么？

不难看出，这跟古代道教哲学家庄子的思考并没有什么不同，而且使用的术语也几乎是一样的。但是，像他那个时代所有的思想家一样，邵雍也不满足于这些"诗意的崇高"。他把这些古老的观念调和进了一个一致的体系，一套惊人广博的演化理论："太极最初处于不活跃状态。它本身是一个单独的实体，通过最初的行动产生另外的单一实体，稀薄的物质。然后在这种物质中，它通过阴和阳的双重形态产生出多数。"奇怪的是，在这里我们发现，最古老的原始中国社会的观念，不仅伴随着后来的道家所苦心经营的体系，而且还伴随着佛教带到远东的印度人的宇宙演化论，只不过勉强用正统儒家的斗篷给罩了起来。

古代印度人的观念也认为，这个世界通过"劫"的无穷轮回而交替经历着扩张和收缩阶段。新儒家哲学家张载（1020—1078）表达过同样的观念，你或许很想知道，他是不是改编了某段梵文佛经：

> 万物皆始于稀薄物质的凝聚。凝聚到物质变得可以感知的某个点上，它就是"气"。其本质不凝聚、不可见

而且无形，这就是"神"。在膨胀和收缩的两重运动开始之后，一切物质都服从于它。物质不可抗拒地膨胀为多种形态，当它收缩的时候又回到其孕育处。这种两重运动是连续的。它在物质的内部发生而不会导致它的改变，这类似于水的结冰和融化的双重现象，在这两种现象中水的本质都没有改变。……任何生都是物质的浓缩，而死则是物质的分解。生无所得，死无所失。在个体中，天的规范就是生命元气；在个体形成之后，它就再一次成了天的规范。收缩的时候，物质获得了形态；稀释的时候，它就是转化的基础。

这种儒士的新哲学，当朱熹赋予它最终的形式的时候，在其所有的本质要点上都已经得到过系统化的表达。朱熹1130年出生于福建。在早年生活中他或多或少受到过佛教观念的影响，但在1154年左右，他最终抛弃了这些观念，回归了官方的儒教。1163年，宁宗皇帝把朱熹召到了杭州的朝廷，任命他为皇家图书馆的管理员。后来，他又在几个重要城市担任地方长官（1178—1196年）。1196年，他终于失宠了，原因是他参与了分裂朝廷的党派之争。1200年，朱熹在隐居处去世。除了哲学著述之外，他还编纂了一部中国通史，是从司马光的《资治通鉴》删简而成的，此书至今依然是同类著作中应用最广泛的一部。朱熹的哲学著作所产生的影响是如此广泛，对前人的超越是如此彻底，以至于其整个体系通常被人们称为"朱学"。

在万物之初，朱熹提出了"无极"的概念，这个术语字面上的意思是"不存在"、"绝对的无"，但在这一体系中，它实际上是代表可能的存在、普遍的虚无，或者按照这一学派的描述，叫做"太虚"。事实上，正是从无极当中产生了太极——万物的法则，对于朱熹来说，正像对他的前辈们一样，这也是整个体系的基石。根据他的定义,这个第一法则是纯粹的、无穷的、永恒的、绝对的存在,是完备意义上的实质,是世界的准则和万物的因。因此有人说它是"至高、至好、至妙、至灵"。尽管它可以被视为精神的,但一旦要定位,它应该被定位于物质。如果你愿意,可以说它是精神,但不是与物质截然不同的精神;它与物合而为一,注入那个由它组织起来并赋予生机的物质体中。那些在朱学中看出了形而上学学说的人,认为太极就是一种超验的绝对。而那些认为朱熹学说不过是一种唯物主义一元论的人,则把太极理解为一种宇宙以太。必须承认,现存的朱熹本人的文字对这两种解释都有利。比如下面这段话,就支持了第二种解释:"太极如一木生长,分为枝干,又分而生花生叶,生生不穷。"[6]他的一位前辈也同样说:"一株植物产下一粒种子,种子播撒在地里,产生另一株植物。第二株植物并不是第一株,但生命元气是一样的;因为普遍的生命元气是合一的,这就是万物起源的法则。"但在后面一段文字里(它依然说的是第一法则),却使用了不同的形象化的比喻,这赋予他的思想以完全不同的解释。他希望解释太极在这个世界上的普遍存在,于是这样写道:"本只是一太极,而万物各有禀受,又自各全具一太极尔。如月在天,只一而已;及散在江湖,则随处而见,不可谓月已分也。"[7]事实上,太极,作为普遍的宇宙实体及特殊的个体存在背后的因,同时既是先验的,又是内在的,既是精神世界的智性原则,又是物质世界的内在原则。像古老的"道"一样,太极也发散出世界,而世界尽管与它同质,但并不与它同一,正是因为这个原因,太极才是永恒的,而那个它周期性地发散出并重新吸收的世界,则是昙花一现。

世界的这种发散,或者叫组织,是太极通过"理"的媒介来实现的,"理"这个术语,可以翻译成"理由",或者"规律",事实上,它代表着万物的理由,代表着自然法则的总和。这一不变的、必然的规律,对于一切可能的世界中所有的存在秩序都是有效的,它是一切短暂的存在形式赖以成形的永久土壤。朱熹用下面的话来解释这一点:"理是一家之主,坐堂待客;他始终都在那里,而客人则来来往往。"自然法则先于被造物存在:"未有天地之先,毕竟也只是理。有此理,便有此天地;有理,便有气流行,发育万物。"[8]

这里,我们又有了另一个原则:气,这个术语的意义非常宽泛。它最初是气态的、无形的团块,是宇宙及自然法则的支撑媒介的本质和虚拟。事物的规律和理由——理(这里很清楚,理涉及自然法则),唤醒这个气团并使之运转,激发并释放潜藏其中的能量;这种宇宙能量则反过来产生并混合一组对立物——阴和阳,女性和男性的原则——从而让整个演化过程运转起来。因此,普遍的因,在无限地超越存在的同时,其本身又是固有的。通过在物质中实现自我,它塑造万物,使之成形,使之充满生机,使之内部组织化。它是第一法则太极与万物进行交流的通道。但这种交流只是暂时的:特殊的存在只是来自普遍物质的短期贷款,每一种现存事物的命运,只不过是自然法则的微不足道的衍生物。

朱熹着重强调了理与气之间的关系,也就是自然法则与作为万物起源的气团之间的关系,他所使用的措辞,就连赫伯特·斯宾塞也没法反驳。他说,自然法则不是通过感官感知到的,但它的范围却是无限的,它是所有一致性的法则。另一方面,物质却是感官可以感知的,是有限的,是所有差异性的来源。这也正是欧洲哲学中自然法则概念和物质概念之间的差别。然而,像自然法则与物质一样,理与气也严格地保持着互补,如果没有另一方,任何一方都不可能存在。哲学家把它们分隔开来纯粹是为了方便。实际上,它们是两条密不可分的法则,尽管从理论上讲,理在逻辑上要先于气。

这些哲学原则一旦确定下来，朱熹的宇宙演化学说也就以严谨的科学方式展开了。鸿蒙之初是太虚，这个空间被认为是以太的容器，它极其稀薄，弥漫着星云的物质。事实上，物质不管在其最初的状态下有多么稀薄、多么散漫，但它依然与它所有的可能性一起存在于太虚之中，正如朱熹本人在说到没有物质太虚将不可能存在的时候所指出的那样。接下来，通过自然法则的运转，物质开始凝聚。这是最初的混沌阶段，它相当于我们所谓的星云的浓缩。反过来，混沌又依靠自然法则"理"的力量，而变得有组织了；通过阴和阳的旋转以及有节奏的交替（这里我们再一次发现了史前时期中国人的古老观念），整个看得见的宇宙得以产生。朱熹说："天地初间，只是阴阳之气，这一个气运行，磨来磨去，磨得急了，便拶许多渣滓，里面无处出，便结成个地在中央。气在清者便为天，为日月，为星辰，只在外常周环运转。"[9]

此外，朱熹还解释说，这种创造只是暂时的。机体的宇宙，就像个体一样，也只不过是普遍能量的瞬息体而已。千百万年之后，就会进入物质的发散阶段，接下来又是一个新的凝聚和创造阶段。这个过程会永远持续下去，因为这种循环往复是永恒而必然的，是自然法则的精确结果。严格的宿命论控制着这种演化。毁灭和创造被连在了一起，正如那个植物的例子所显示的那样，在产生种子的过程中死去的植物，反过来又会再产生新的植物，在经过一系列转变之后，种子又回到了最初的形态。

朱熹的伦理教义源自于其基本的哲学体系。他的伦理体系纯粹是理性主义的。所谓的"理"，换句话说就是集体的自然法则，是道德世界和物质世界的准则。道德法则是自然法则在人类身上的应用，像自然法则的任何其他应用一样必不可少，一样必须遵守。

这种理性主义，在朱熹哲学与某些中国古代道德家们的早期有神论之间创造了一条可以明显感觉到的分界线。朱熹明确表示:天就是在我们头顶之上旋转的苍穹。它并不包含上帝(不管古书上怎么说),物质在自然法则的控制之下演化。个体存在的出现和消失,就像水车的戽斗一样,某些戽斗下落到井里的时候是空的,另一些戽斗再次升上来的时候是满的,而水车从不停止转动。另一方面,也不能说大地没有主人,因为它受理(自然法则)的主宰。但这种推动世界的动力——理的法则——并不被认为是一种普遍意识,一种不可言说的精神性,也就是印度泛神论中的众魂之魂、世界之魂。朱熹说:"理无思而行。它的行动是必需的、必然的和无意识的。"因此任何唯心论都遭到排斥。

> 一代代的人就像一波波的海浪一样,每一波都是其自身:第一波不是第二波,第二波不是第三波,但他们都是同样的水的形态。人也是如此。今天的我,是普遍的因的形态,是天地物质的形态。我的祖先也是同样元素的形态。他已经不复存在,但这些元素却留存了下来。我与他是有联系的,通过成例、原因和物质的共生体。以同样的方式,天地万物与我为一。我可以称天为父,地为母,万物为兄弟;因为它们全都与我合成一体:我与整个宇宙为一。

朱熹的反对者陆象山(1139—1193)以颇为类似的方式表达了自己的观点:"元来无穷,人与天地万物皆在无穷之中者也。……宇宙内事,乃己分内事;己分内事,乃宇宙内事。"[10]此外,值得注意的是,就科学精神而言,在建立这种人与宇宙相一致的原则时,朱熹和陆象山仅仅是发展了中国思想中的一种最古老的观念;这种观念从有史以来就有了,是一切古老智慧的基础。陆象山在写下下面这段文字的时候,依然是在发展这一思路:

> 宇宙便是吾心，吾心即是宇宙。东海有圣人出焉，此心同也，此理同也。西海有圣人出焉，此心同也，此理同也。南海北海有圣人出焉，此心同也，此理同也。千百世之上有圣人出焉，此心同也，此理同也；千百世之下，有圣人出焉，此心同也，此理同也。[11]

如果把这段话翻译成西方哲学的话，我们可以说，古希腊的圣贤与中世纪中国的圣贤必定会以莱布尼兹或康德那样的术语构想世界的问题，因为思想的法则在任何地方都是一样的，处理的也都是同样的材料。这是对理性的普遍价值和人类理解的一致的肯定。这样的看法，其在哲学上的重要性再怎么高估都不过分，任何人类思想史，如果忽视了这些12世纪的中国的形而上学家，必定是很不完整的，因为他们所展示的，不亚于一种普世人文科学的哲学基础。

陆象山的体系（它为精神性留下了空间）与朱熹的纯粹机械论体系之间存在着某种差别。而正是后者，对中国人的思想产生了决定性的影响，数百年来被公认是权威的。因此，重要的是要把它作为一个整体来加以判断，并指出其所产生的影响。

这个体系是宏大的。它是一次条理清晰的综合，详细阐述了许多更古老的学说所提供的大多数材料，从远古时期的阴阳分类，到道教"宗师"们的御风而行和官方儒学的道德说教，从中甚至可以辨认出某些从未得到承认的对印度思想来源的借用。整个综合被强有力的理性思考得非常周全，以至于整个链条以一种令人印象深刻的科学严谨被逐步解开，就好像斯宾诺莎在使用赫伯特·斯宾塞的材料一样。事实上，这些材料的来源是如此五花八门，又被朱熹如此有效地融合在一起，以至于最后的大厦显得天衣无缝。

然而，这幢大厦有点像一座监狱，中国的知识分子只有费尽艰辛才能从中逃出来。因为这一体系的强大力量，我们不该无视它的危险，而且，这些危险非常严重。它把所有思考封装在一个被尼采哲学的"永恒回归"的远景所限定的机械进化论的封闭圈中，阻塞了任何唯心论的出口，借此，朱熹阻遏了中国思想的涌流，过早地结束了10、11、12世纪的伟大的哲学复兴。朱熹的学说，最终成了一种官方的信条，阻断了进一步思考的道路，把整个官僚阶层投进了实利主义和例行公事中，对13至20世纪之间中国哲学的僵化负有主要责任。这一切，因为一系列政治事件对同一结果的推波助澜而变本加厉——先是蒙古人的征服，然后是明代保守主义的滥觞。

【注释】

[1] 伯希和(Paul Pelliot, 1878—1945)，法国汉学家、东方语言学家和考古学家。奥里尔·斯坦因(Aurel Stein, 1862—1943)，英国考古学家、艺术史家、语言学家、地理学家和探险家。

[2] 约翰·古登堡(Johnnes Gutenberg, 1400—1468)，德国活版印刷的发明人。

[3] 布鲁克·斯宾诺莎(Baruch Spinoza, 1632—1677)，荷兰哲学家及神学家。

[4] 保罗·魏尔伦(Paul Verlaine, 1844—1896)，法国象征主义诗人。

[5]《宋史·邵雍传》卷四百二十七。

[6]《朱子语类》卷七十五。

[7]《朱子语类》卷九十四。

[8]《朱子语类》卷一。

[9] 同上。

[10]《象山先生行状》，《象山全集》卷三十三。

[11] 同上。

第 25 章
世界征服者

第 25 章 世界征服者

就在大宋王朝最后几位皇帝依然在风流儒雅的杭州城里陶醉于他们对美学和形而上学问题的热爱的时候，成吉思汗已经开始了对亚洲的征服。

成吉思汗1167年出生于外蒙古鄂嫩河与克鲁伦河的源头附近的一顶蒙古毡包里。当时的蒙古部落在亚洲各民族当中属于较落后的。无论他们的生活方式怎样——不管是北部西伯利亚森林中的猎人，还是从森林地带向南一直延伸到戈壁大漠的辽阔草原上的游牧民——他们全都依然处于半野蛮状态。他们的全部财富，像他们的祖先匈奴人一样，也是由他们的畜群所组成的，他们季节性地跟随自己的畜群到处迁徙，寻找草场和水洼。在酷热与严寒的糟糕气候里，他们过着悲惨的生活，当干旱使大草原上的牧草枯萎、让他们的畜群死去的时候，他们就面临着饿死的危险。他们对读书写字、城市生活和农业耕作一无所知；他们唯一的宗教就是萨满教，而景教已经在他们的邻居们（中部蒙古的克烈人、西部蒙古的乃蛮突厥人和内蒙古的汪古突厥人）当中传播，不过尚未渗透到他们当中。但是，这些幸运的游牧民，比起那些其财富让他们垂涎三尺的古老的文明帝国来，拥有令人生畏的军事优势。他们是出类拔萃的骑手和百发百中的弓箭手。13世纪的蒙古勇士们都是骑射手，他们总是出乎意料地出现，用箭洞穿敌人的身体，消失得无影无踪，然后，再一次在新的地方出现，乱箭齐发；如此反复，直到敌人筋疲力尽，在最后一击之下土崩瓦解。事实上，这支骑兵的灵活性很有欺骗性，使其看上去好像同时出现在每一个地方，这构成了他们对那个时期的其他大军的战略优势。此外，蒙古的猎人和骑手们在使用弓箭上的精湛技巧，在战斗中同样是一个决定性的因素，从战术的观点看，相当于一种"隔山打牛"。

成吉思汗打得最艰苦的几场战役，对手是跟他争夺蒙古霸权的另外几个突厥－蒙古部落。到了1206年，他除掉了这些竞争对手，让自己成了整个地区的主人。然后，他挥师南下，直逼中原。

正如我们已经看到的那样，中国的领土被三个不同的政权不等地瓜分了。首先是女真人的金国，以北京（燕京）为首都，盘踞着华北，亦即黄河流域。在他们占据这些古老的中国行省的80年里，女真人已经变得非常汉化了。其次是汉人的大宋帝国，以杭州为首都，占据着华南，也就是长江盆地及南部沿海各省。最后，是跟吐蕃人颇有渊源的唐古特人，他们控制着鄂尔多斯、阿拉善和甘肃，也就是西北边陲，在那里建立了西夏国。这个民族也正在逐步汉化。

成吉思汗通过进攻西夏开始了他对中国的征服，几场战役之后，迫使唐古特人承认了他的宗主权（1209年）。然后，他掉转兵力，挥师中原，并在1211年尝试着突破长城，打通从热河与宣化方向通往北京的通路。女真人尽管吸收了华夏文明，但并没丢掉从他们的通古斯人祖先那里继承来的军事才能。《秘史》中的那位蒙古吟游诗人，最早把他们视为勇猛之士和英勇的对手而举手致敬。战斗空前惨烈。9年过去了，从张家口到北京的旅行者们沿途通常能够很容易由散落在周围的白骨堆辨认出昔日的战场。有些目击者还讲到过地面上堆起的腐尸，讲到过由这些腐败物所引发的疫病。

蒙古大军完全由骑兵所组成，依然对如何实施攻城一无所知，他们被长城的堡垒所阻，在进入北京之前，一直逗留在宣化与热河地区将近两年（1211—1212）。1213年，成吉思汗终于强行入关，以三路大军进犯河北与山西。他进入了今日山东的心脏地带，攻城略地，洗劫一空，但他没能攻克北京，只好继续封锁这座城市。在休战期间，金国的国王——马可·波罗笔下的"金王"——放弃了继续固守都城的希望，把朝廷的驻地迁到了黄河南岸的开封（1214年6月）。成吉思汗利用这一事件重启战端。1215年5月，他的将士们进入了北京（中都），在屠城之后，放了一把大火把它夷为平地。破坏整整持续了一个月，而且是如此彻底，以至于45年之后，当成吉思汗的孙子忽必烈希望把这座城市作为首都的时候，他不得不重建整座城市。

这次毁城行为，显示了蒙古人跟其他领先于他们的蛮族比较起来有多么落后。契丹人在963年，女真人在1122年，都曾控制过北京，但他们非但没有毁掉这座古城，反而在不久之后就把它作为自己的首都：在经过尽可能小的流血之后，从前朝的手里接管了它。这是因为契丹人和女真人已经对中华文明有某种程度的熟悉，他们也乐于吸收这种文明。而另一方面，蒙古人依然是个野蛮民族，他们对征服中国的态度，有点类似于印第安苏人部落对北美农庄的袭扰。他们只懂得游牧的生活方式，对于在大城市中生活需要什么，对于如何利用它巩固自己的征服，他们全无概念。他们根本就没有认识到，把那些日后将成为自己财产的东西保全下来有着怎样的优势。北京平原上富庶的农业土地，把财富呈现在了他们的面前，但他们摧毁了那里的一切，这并非出于邪恶，而是因为他们实在想不出更好的办法。

成吉思汗的个人品格与蒙古大军的行为之间存在着一种奇怪的反差。根据可资利用的最可靠的证据，这位蒙古征服者似乎一直是位明君：冷静稳健，富于克制力和良好的判断力，在公平和道德上考虑周全，是一个能够公正对待勇敢敌人的人，但他痛恨叛国者。然而，他并没有远离原始的野性，除了普遍的恐怖之外，想不到借助任何其他手段来制伏被征服的民族。对他来说，就像对他所有的追随者一样，人命的价值是微不足道的。像北方大草原上所有的游牧民一样，他对定居民族也一无所知——诸如城市生活、土地耕作之类的习惯——事实上，对藏在他土生土长的大草原的地平线后面的任何事情都一无所知。在这些局限性之内（这都是他所处的时代和环境造成的），他是个天生的组织者，乐于听取文明人的忠告，由于智力超群，他拥有文明的天性。

在攻陷北京（中都）时所抓获的战俘中，成吉思汗挑出了一位名叫耶律楚材的杰出人物，此人是契丹王室的后裔，这些鞑靼人一百年前统治着北京，几乎完全汉化了。像许多契丹人一样，耶律楚材对汉文化也有透彻的了解。他还是个政治家，在金国的政府部门担任过重要职位。耶律楚材的仪表给成吉思汗留下了很深的印象："身长八尺，美髯宏声。"[1]成吉思汗问他，既然金国的创立者们曾经灭掉了从前的契丹国，他又为何如此长时间地为金国效力，并说："辽、金世仇，朕为汝雪之。"耶律楚材回答道："臣父祖尝委质事之，既为之臣，敢仇君耶！"这位蒙古征服者很赏识这种对王朝的忠诚，哪怕是在敌人当中，这个答复让他格外喜欢。他把耶律楚材收归到自己的帐下，很快就让他成为最受敬重的顾问之一。耶律楚材为了一些良好的目的而利用了自己的影响力，在接下来的战役中，当蒙古的首领们在搜刮人口财物的时候，"楚材独收遗书及大黄药材。既而士卒病疫，得大黄辄愈"。

退缩到都城开封附近的金国，如今只剩下河南及陕西的几个地区。但对成吉思汗来说，中国的事情已经不怎么上心了，从这时起，他开始把目光转向了西方。1219年，他率领蒙古大军的主力，动身前去征服突厥斯坦和波斯东部，一直到1224—1225年间的寒冬时节才回到蒙古。在此期间，与金国之间的争斗依然在不紧不慢地继续着,成吉思汗留在大本营里的将领们,只有一支兵力大减的军队可供调遣。战争演变为拉锯战,要塞频繁易手,因为蒙古骑兵只满足于洗劫城市,从未实现过任何有效的占领。

成吉思汗最后的战役再一次把中国当做了战场。这一次针对的不是金国,而是甘肃境内唐古特人的王国——西夏,它因为拒绝增援而冒犯了这位征服者。成吉思汗在1226年开始了这场战役,并顽强地参与了战斗,尽管因为落马而导致的严重内伤时时发作。为了一劳永逸地结束唐古特人的抵抗,蒙古的将领们建议采取斩尽杀绝的手段。他们对成吉思汗声称:"汉人无补于国,可悉空其人以为牧地。"正是耶律楚材阻止了这个建议被采纳。他说:"陛下将南伐,军需宜有所资,诚均定中原地税、商税、盐、酒、铁冶、山泽之利,岁可得银五十万两、帛八万匹、粟四十余万石,足以供给,何谓无补哉?"他的观点得到了支持,成吉思汗委托他以此为基础编订一套税制。

正当蒙古大军围攻唐古特人的都城宁夏的时候,伤病越来越严重的成吉思汗迁到了平凉西北方的甘肃山区,为的是躲避酷暑。1227年8月18日,成吉思汗死在了那里。几天之后,宁夏守军开城投降。遵照他的遗愿,全城的人被屠杀殆尽。唐古特人的整个王国——甘肃、阿拉善和鄂尔多斯——被蒙古帝国所吞并。

成吉思汗的第三个儿子窝阔台继承了蒙古帝国可汗的位置(1229—1241年在位)。窝阔台是个真正的蒙古人,粗野残忍、简单率直、天性快活、爽快宽容,对随从们极其慷慨,然而同时又决不缺乏智慧甚至精明。他继续居住在蒙古,在哈拉和林修建了永久性的都城。他的顾问、已经汉化了的契丹人耶律楚材,支持了他的这一方针。他对窝阔台说:"天下虽得之马上,不可以马上治。"耶律楚材努力把蒙古人的军事帝国和汉人的行政帝国结合起来。他设法建立了一套常规预算,蒙古人上缴他们十分之一的牲畜作为税捐,而他们的汉人臣民则用银钱、丝绸和谷物缴纳户税。为了这个目的，当时依然遭受任意劫掠的华北被征服地区被划分为10个常规地区，由蒙古官员和汉人儒士共同管理，同时他还把行政事务交给许多归顺蒙古人的汉人。

然而，蒙古人的征服绝没有就此停止。在中原，当金人表现出非凡活力的时候，一场新的努力势在必行：这个国家不仅保持了其河南大本营的完好无损，而且，在成吉思汗去世之后，它还在邻近省份开展了反袭击。为了结束这种抵抗，蒙古人制订了一项野心勃勃的计划。大可汗窝阔台率领军队的大部离开了山西，从北边向河南发起进攻。与此同时，他的弟弟拖雷则率领一队骑兵，向西进行了一次大规模侧翼移动，穿过了陕西南部，突然出现在河南南部，就这样抄了金军的后路。在这最后的搏杀中，金人勇敢地战斗到了最后，他们的英雄气概让蒙古的将领们不得不由衷地赞佩——他们完全有资格对勇气作出公正的评价。金国的将领们宁愿断肢残臂，也不愿向征服者屈服。但到最后，他们被团团包围，全军覆没。1233年5月，他们的都城开封被蒙古将领、波斯和俄罗斯的征服者速不台所攻陷。速不台打算像成吉思汗毁掉北京城一样把开封城摧毁，但耶律楚材从中插了一杠子，窝阔台很清楚他的谏诤的意思："你莫非又要为百姓而悲叹？"他这样对耶律楚材说。不过，大可汗尽管很不满，但还是再一次听从了这位顾问的忠告，下令赦免开封城——蒙古的将士们以他们令人敬佩的纪律性严格执行了这道命令。而早在开封城陷落之前，金国的末代君主就已经弃城而去，逃到了汝宁（蔡州）要塞附近避难，但当他看到蒙古人出现在最后堡垒的城墙之外的时候，他选择了自杀，而不愿意活着落入敌手。整个战役从1233年1月31日一直持续到了1234年3月2日。

从前金国的全部领土，以及整个华北，如今全都落入了蒙古人的手里，他们成了大宋帝国的直接邻居。

在金人与蒙古人交战期间，杭州城的大宋朝廷与后者缔结了联盟，希望能够分得一份战利品。在金国被击溃之后，大可汗窝阔台事实上已经把河南南部的几个地区移交给了汉人。南宋的统治者们本该为获得强大的蒙古人的善意而暗自庆幸，但他们非但没有这样，反而声称自己从这次联合行动中得到的回报少得可怜，在彻头彻尾的愚蠢中，他们为获得河南的其余地区而竭力与胜利者展开竞争。结果并没有拖得太久，1236年，三路蒙古大军进犯大宋帝国，扫荡了四川与湖北。

然而，这还只是一次试探性的远征，军事行动很快就慢了下来。在人口密集的华中与华南，被如此众多的河流与山川所分割，在这样一个湖泊与稻田星罗棋布的地带，有着如此众多的中心城市，战争只能是围攻战，在这样的战斗中，来自大草原的骑手们依然发现自己处在格格不入的环境中。对华北的征服，早在成吉思汗及其追随者出现之前，就已经实现过，从4世纪和5世纪的匈奴人与拓跋人，到1126年的女真人。然而没有人在征服华南时取得过成功。要征服南方，就必须以汉人的方式发动战争，使用大队的汉人步兵分队，以及由中外技师所操纵的攻城器械的炮兵部队。1224年，大可汗窝阔台的死，中止了蒙古人与汉人之间的对抗。

在窝阔台的第二位继任者、大可汗蒙哥的统治下，战争再一次开始了，蒙哥可汗从1251年至1259年统治着蒙古帝国。蒙哥是一位精力充沛的领袖，一个严厉但公正的行政官，一个严酷但聪明的政治家，还是一个出类拔萃的勇士。他对纯粹的袭击或劫掠不再感兴趣，而是把目标对准了对这个国家的全面征服，他决心要把对宋朝的战争打到底。1251年，他的第一步行动就是任命他的弟弟忽必烈为河南总督。这是一次幸运的选择，因为，对华夏文明表现出了浓厚兴趣的忽必烈，致力于恢复这一地区的农业，战争期间这里已经成为一片废墟，他给农民分发种子和农具，让汉人军队从事农业劳作。对大宋帝国的决定性的军事行动开始于1258年。在忽必烈由武昌发动对长江中游地区的攻击的同时，蒙哥打进了四川，为的是从西南方向侧翼包围华南。但在这场战役中，蒙哥死于一场疫病，时在1259年8月11日。

  大可汗蒙哥的死，让他的弟弟忽必烈成为了新的领袖。

【注释】

[1]《元史·耶律楚材传》卷一百四十六，后面几个段落中的引文均出于此。

第 26 章
一张大版图

第 26 章　一张大版图

哥哥的去世使得他登上了王位，这一年，忽必烈43岁。到目前为止，他是成吉思汗最卓越的孙子。他是一个天生的政治家——像他著名的祖父一样，一个优秀的军事领袖，以及一个精明的政客，他的身上，既有本民族的强壮品质，又有由于有意吸纳华夏文明所带来的优势。在蒙哥去世的时候，他正在围攻长江边上被汉人所占据的城市武昌。接着，为了腾出手来，他与汉人缔结了停战协定，立即赶回了北京。接下来，他继续向北，去了他在上都的夏日住地，那里位于今天的多伦淖尔附近[1]。正是在那里，1260年5月6日，他拥兵自立，自称大可汗。

忽必烈的即位，并没有得到家族的承认。他的弟弟阿里不哥也在蒙古的哈拉和林自称大可汗，事实上，正是为了与弟弟争斗，忽必烈才如此突然地与汉人休战。两兄弟之间的战争（以蒙古为战场和主要赌注）持续了4年。最后，1264年8月，被击败的阿里不哥向忽必烈俯首称臣。

一旦从家族竞争中脱身而出，忽必烈就能够继续他对大宋帝国的征服了。宋度宗（1265—1274）把他的信任交付给了一帮运气不佳的政治家，他们总是让那些通常勇气可嘉的将领的努力付诸东流。不过，蒙古人花8年多的时间才结束了汉人的抵抗。对湖北的襄阳与樊城这两座姊妹城市的围攻，用了4年多的时间

(1268—1273)才取得成功。守军表现得异常顽强,当陆路被封锁的时候,他们一度通过小船来获得补给,多亏了两位大胆的船长,他们成功地驶向了汉江,在这次辉煌的英勇行为中,他们献出了自己的生命。接下来,蒙古人把他们的弩炮兵和石弩投入了战斗,这些石弩由那些在他们的军中效力的维吾尔技师和阿拉伯技师建造并操作。这样的炮击终于击败了英勇的守军,这两座城市的陷落,使得蒙古人能够经由汉江下游到达长江中游地区,接下来,他们从武昌出发,沿长江顺水而下,直逼南京。到1275年年底的时候,所有的蒙古大军全都会聚到了宋朝的首都临安(杭州)。

杭州城陷入了一片混乱。度宗皇帝是个有着很高文化修养的人,但却是个不称职的皇帝,他把军国大事托付给了一位无能的大臣——贾似道,此人唯一的政策就是威吓将士们。度宗去世的时候,贾似道为了保住自己的权力,让一个4岁大的孩子登上了皇位(1274年)。在此期间,长江下游的战略要地一个接一个落入敌手。最后,摄政王贬黜了贾似道,但已经太迟了:杭州城被围。守军于1276年2月底开城投降。蒙古将军伯颜进入这座伟大的城市,把儿皇帝送到了忽必烈那里。忽必烈以不同寻常的仁慈对待他年幼的俘虏。在给了他一笔退休金之后,忽必烈做了法兰克人对墨洛温王朝和卡洛林王朝那些被废黜的王子通常所做的事情——把他培养成了一名僧侣。这位大宋王朝的继承人,47岁那年在一座佛寺中平静地离开人世。据马可·波罗记载,皇太后在退出红尘、进入一座尼庵之前,也同样受到了有礼貌的对待。这显示了蒙古人自从成吉思汗时期以来已经取得了多么大的进步。在两代人的时间里,这个半野蛮民族已经达到了更古老的文明民族的水平。

还有广东地区留待征服,在那里,残留的汉人爱国者们聚集到了那位被废黜的儿皇帝的哥哥的周围。抵抗运动的中心广州得以坚守了很长时间，于1277年陷落。最后一位宋朝的王位觊觎者是个8岁大的孩子，被保护在忠心耿耿的英雄张世杰的船上，几个季度以来，他居然能够一直隐藏在广东沿海的一些偏僻海港。但蒙古人百折不挠，他们组建了一支装备优良的舰队，在广州西南的崖山岛附近把汉人的小型船队给团团包围了起来（1279年4月13日）。对于大宋的忠臣们来说，这是个灾难性的日子。更快的中国小船成功地突破了敌军的包围圈，但皇帝乘坐的船太笨重了，没能及时跟上。皇帝的一位随从出现在他的面前，严肃地说："陛下的劫数到了。您应该随它一起结束自己的生命。您的兄长像个懦夫一样投降了，不要再重复这样的耻辱。"说着，他抓过那孩子抱在胸前，纵身跳入了波涛之中。至于勇敢的张世杰，当一场飓风刮到他的战船附近的时候，死神似乎擦肩而过。但他拒绝靠岸，而是爬上了船的主桅楼，点燃一炷香，对天大呼："我张世杰，已经把这条命交给了大宋王朝。而现在，他们当中最后一位也死了，如果他们的目标依然存有希望，如果皇帝的牺牲应该流芳百世，那么，就让老天爷留我一条性命，让我可以继续为他们效力。不然的话，我已经活够了。"就在这一瞬间，一阵旋涡吞没了他的小船，他消失在滚滚波涛里。

  第一次，整个中国全部落入了外来侵略者之手，忽必烈终于在中世纪早期的入侵者们失败的地方获得了成功，他实现了无数代游牧民数百年来的模糊梦想，这是从吉尔吉斯大草原到满洲森林的每一个蒙古包居民的梦想。幸运的是，由成吉思汗开始、忽必烈完成的这场征服，缓慢得足以让它最危险的结果得以减轻。对中国的征服，从成吉思汗最初对甘肃的唐古特人的王国的入侵，到宋朝最后的舰队被忽必烈的水军所消灭，让战无不胜的蒙古人耗去了不下于74年的时间（1204—1279）。当这个艰巨的任务大功告成的时候，汉人发现，那些征服自己的人，并不是成吉思汗的子孙——一个穿着野兽皮毛、只知道烧杀掠抢的游牧蛮族——

而是几乎和自己一样的蒙古人。

事实上,尽管忽必烈汗——成吉思汗的孙子——征服了中国,但他本人首先就已经被华夏文明所征服。他的胜利使得他能够实现自己的永恒野心:成为一个货真价实的"天子",把蒙古帝国变成华夏帝国。终于,这条路变得清晰可见了,随着大宋王朝的消亡,他成了这个1500年的古老帝国的合法主人。这种中国化的一个明显的信号就是:尽管忽必烈是蒙古的主人,但他已经不再生活在那里了。1260年,忽必烈定都北京;1267年,在那里,在古老的中都城的东北方,他开始修建新的城市——大都,也就是蒙古人所称的"汗八里"——可汗之城,马可·波罗把它拼作Cambaluc。

作为蒙古人的大可汗,忽必烈不得不在亚洲发动几场战争。成了中国的统治者之后,他声称有权得到远东其他国家的效忠。朝鲜(它或多或少一直在跟他的前任们对着干)承认了他的宗主权,但他派往日本(1274年和1281年)和爪哇(1293年)的战船与远征军却没有成功。大草原的勇士们对大海而言完全是门外汉;他们不得不依靠汉人和朝鲜士兵,但这些人只是在强迫之下才为他们效力的。1281年9月15日,驱散蒙古舰队的一场台风,结束了忽必烈征服日本的努力。在印度支那,他也栽了跟斗;1283年、1285年和1287年派去攻打安南王国(今天的东京湾及安南北部)及占婆王国(今安南南部)的部队,全都遭遇了灭顶之灾,因为,那些来自西伯利亚边陲的勇士,大批大批地死于东京湾的气候。然而,这些挫折后来并没有阻止安南、占婆与缅甸承认元王朝的宗主国地位。当忽必烈为争夺大可汗的头衔和对蒙古的占有而被迫与他的一位名叫海都的堂兄弟兵戎相见的时候,一场更为严重的冲突就一触即发了,海都在艾比湖附近统治着塔尔巴哈台和准噶尔。

忽必烈成了"天子",接纳了华夏文明,让蒙古人的帝国越来越汉化，并把自己的住地从哈拉和林迁到了北京，这一切，都让他的很多依然忠诚于本族传统、大草原的生活习惯和游牧精神的蒙古臣民感到不满。这些心怀不满的人首先聚集到了忽必烈的弟弟阿里不哥的身边，他们曾支持阿里不哥称王，但没成功。在阿里不哥被打败之后，这些人在他的堂兄弟海都那儿找到了新的王位觊觎者，他也是成吉思汗的孙子，在偏僻的西部继续过着游牧祖先们的那种野蛮生活。这匹大草原上的狼，与忽必烈这个中国化了的定居的蒙古人完全相反。1267年，他成功地从忽必烈的手中夺取了对突厥斯坦的宗主权，这个地方当时被称为窝阔台汗国，因为它是分封给成吉思汗的儿子窝阔台的领地。1275年，忽必烈试图收复突厥斯坦，但未能成功，而且，1277年海都险些把蒙古从他的手里给夺去了。10年之后，海都组成了一个反对他的新的诸王联盟，从突厥斯坦一直延伸到满洲。1288年，已经72岁高龄的忽必烈，在一场艰难的军事战役中粉碎了这一联盟，这场战役是在满洲打的，马可·波罗有过详细的记述。但最终除掉海都的任务，却留给了他的继任者——铁穆耳大可汗（1301年）。

简而言之，作为蒙古人的大可汗，忽必烈远远没有获得普遍的成功。尽管他能够保持对蒙古的完全占有，但他的堂兄弟们却统治着突厥斯坦和俄罗斯南部，拒绝承认他的宗主权；只有他的弟弟旭烈兀的家族（他们统治着波斯）依然是他忠诚的诸侯。他的同族给他带来的所有麻烦，都要归因于这样一个事实：他放弃了祖先的生活方式，成了一位中国皇帝。

而作为中国的皇帝（元世祖），忽必烈可以说十分成功，正是在这个地位上，他当得起马可·波罗的赞美："就臣民、土地和财富而言，他是这个世界上有史以来最强大的人。"没有哪位天子在履行自己的职责时比那位可怕的成吉思汗的这位孙子更认真。他的"与民休息"的治国策略，治愈了百年战争留下的满目疮痍。在宋王朝崩溃之后，他不仅保全了这个垮台王朝的制度和行政团队，而且还尽一切所能去获得在职官员的个人支持。他所征服的，不仅仅是土地，而且还有民心。他有权获得最大光荣，或许他并非整个中国的第一个征服者，但是他让这个国家平静了下来。

在经过如此大量的破坏和毁灭之后，这个国家处于非常可怜的境地，其间发生的事情，从人口普查的数据中可以看出某些端倪。1125年左右，中国有20 882 250户，按照通常的人口比率计算，这相当于大约一亿人口。1290年，人口减少到不足13 196 206户，这相当于5 900万人口。为了恢复这个国家的繁荣，必须在各个方面做出艰巨的努力。

忽必烈非常关心交通问题，对于这个辽阔帝国的行政管理和食品供应来说，这是一件头等重要的大事。他修复了御道，给其中大部分御道栽上了树，沿着御道每隔一段距离修建了商旅客栈。他把蒙古的邮政系统(驿站)扩展到了中国，这一系统赢得了马可·波罗与和德理[2]的赞美。20余万匹马被分配给各个驿站，据说就是服务于这一系统。为了向北京供应食物，并把稻米从长江下游运出，忽必烈着手在扬州与北京之间修造工程浩大的运河。这条在忽必烈治下修造的皇家"大运河"，其大部分河道今天依然在使用。为了抵抗饥荒，他恢复了"国家保险"措施，这是宋代在开封时期的国家控制法规——这套法规跟鼎鼎大名的王安石的名字是连在一起的。像王安石一样，忽必烈也颁布了"最高限价"的诏书。在收成好的年头，余粮将被国家收购，储存在公共粮仓里；在粮食匮乏、价格上涨的时候，这些粮仓就会被打开，谷物免费发放[3]。此外，公共救助体系也得以重组，1260年的一篇诏书，命令各地总督为老弱病残者提供生活必需品[4]。1271年的一篇诏令建立了慈善制度，定期向贫困家庭发放稻米和稷粟。马可·波罗说，忽必烈本人每天要供养大约3万名穷人。

蒙古人的行政管理，最大的缺陷就是它的财政。在宋代的制度中，忽必烈发现了纸币的作用，这种纸币也叫钞，由被赋予银锭同等价值的债券和息票所组成。忽必烈拓展了这一业务，使之成为其财政政策的基础，马可·波罗评论道："你完全可以说，大可汗是一位技艺精湛的炼金术士。"——因为蒙古人发现了真正的"点金石"，发现了用桑树皮做成的票据生产黄金的技艺。1264年，忽必烈颁布了一道诏令，规定了所有主要日用品的纸币价格。从经济学的观点看，这是一部通过确立最高限价来控制市场的法律；从财政的观点看，它是一部固定钞票汇率的法律。忽必烈的第一位财政大臣、伊斯兰教徒赛典赤·赡思丁（祖籍布哈拉，卒于1279年）把票据的发行保持在了合理的限度之内；但到了他的后任们的手上——先是来自河中的另一位穆斯林阿合马，然后是维吾尔人桑哥——一些不健康的实践开始施行。这两个人都执行了一项无限制的通货膨胀政策，很快就导致纸钞贬值。为了筹款，他们只好求助于重复兑换和对苛捐杂税的垄断。阿合马1282年被人暗杀，死后遭忽必烈贬责，桑哥因为盗用公款而被处死（1291年）。1309年，在忽必烈的第二位继任者、大可汗海山（武宗皇帝）的统治下，阻止已发行钞票贬值的努力被放弃了，新的票据被制造出来，但这些钞票也依次贬值。

最后，元王朝被迫恢复了历代所使用的金属货币，但是，要想维持财政危机的持久状态而没有民意的反弹——这种状态是忽必烈统治时期（1260—1294）和他的孙子铁穆耳统治时期（1295—1307）的显著标志——那是不可能的。这种持续的通货膨胀，不可避免地导致了货币的连续贬值，其结果就是市场的不稳定，这一切，不能不让蒙古人的政权在中国的商业最发达的地区、在长江下游大的中心城市以及福建与广东地区的港口城市变得威信扫地，在这些地方，大多数城市人口——从马可·波罗所盛赞的强大行会到和德理所注意到的小店主——都靠商业或银行业为生。14世纪中叶，正是在这一地区，开始爆发反对蒙古政权的普遍起义。

我们刚刚已经看到了,两位穆斯林大臣接连掌管帝国的财政。无独有偶,与蒙古人治下的土地所有制大有干系的也是穆斯林。

当蒙古人征服金国的时候,他们在华北发现了一套跟古代中国大不相同的土地所有制。在蒙古人之前统治华北的两支鞑靼人的势力——契丹人(10、11世纪的辽国)和女真人(12世纪的金国)——已经迫使大量的汉人地主沦为农奴,为的是形成大片的领地赏赐给他们自己的贵族。1183年,蒙古人征服的前夕,农奴的数量已经超过了金国总人口的五分之一:据记载,总数为6 158 636的人口中,有1 345 947名农奴或奴隶。

当蒙古人在华北取代女真人的时候,也占有了为金国贵族的利益而编组起来的所有封地和农奴。在华南,从前的大宋帝国,蒙古人也以类似的规模没收土地;成吉思汗部落的诸王,甚至包括低级贵族(那颜、把阿秃儿)的成员都被赏赐了一块很好的领土作为他们的私人财产。为了让中国的经济重新走上正轨,结束全面劫掠的时期,他们作出了以很高的利率向汉人发放现金贷款的计划[5]——这些汉人,也就是在征服时期乡村中被迫沦为农奴的那些人,或者是城市里那些其商行被他们洗劫一空的人。这些贷款通过银行行会或商号的媒介来执行,他们通常都由穆斯林所组成,蒙古人称他们为"鄂托克人"。这些来自布哈拉与撒马尔罕地区的穆斯林所扮演的角色,相当于中世纪欧洲的伦巴第人和18世纪法国的包税人。伯希和说:"他们是蒙古时期远东地区伟大的钱商。"他们想必极其贪婪,因为在1298年,忽必烈的继任者、大可汗铁穆耳感觉到不得不保护华南的百姓免遭他们的勒索,或者更准确地说,是免遭雇用他们的蒙古贵族的勒索。老百姓得到保证,可以抵制穆斯林行会的高利贷盘剥,抵制扣押债务人的妻儿。

除了这些特殊问题之外，蒙古王朝在其官方法典《大元律例》中还关注了普遍改善那些在大庄园里干活的奴隶、农工和佃农的地位。它力图做到能够比宋代立法更有效地保护这些不幸的人免遭主人的压迫。1295年（铁穆耳统治的第一年）的一篇诏令，甚至禁止蒙古贵族在庄稼地里骑马，以免损害农作物。马伯乐说："14世纪初的元代法律规定，土地所有者打死农工或佃农是应该惩罚的犯罪行为，犯罪者杖一百零七下。佃农的生活非常艰难，以至于朝廷不得不屡次下令减少过度的租赋。1285年，江苏的租赋被减少了十分之一，1304年被减少了十分之二，1345年，这一措施被扩大到整个帝国。"

蒙古人在中国的宗教政策，其意义尤其重大。

马可·波罗注意到，忽必烈对形形色色的宗教显示出了最大的宽容，或者毋宁说是一种普遍的仁慈。这种姿态有双重的理由。在成吉思汗时代，蒙古宗教的基础是一种萨满教的形式，敬畏那些隐藏在天空、山和水中的力量的每一种表现形式；出于同样的带有迷信色彩的畏惧，它还敬畏一切奇迹制造者的力量。因此，所有已经确立的宗教，以及代表这些宗教的五花八门的教士，都同样有资格得到这种谨慎的尊重。此外，像忽必烈这样的第一流的政治家，立刻就认识到了取悦这些不同的教士对于自己的政治目的的价值。为此，他与各种宗教之间缔结了相关协定，协定不是一份，而是和已有宗教的数量一样多。当忽必烈取代宋朝皇帝作为古老的帝国宗教的首领的时候，他也表演了国家儒教必需的仪式姿态，但没等儒家文士来得及把自己争取过去，他就开始寻求佛教徒和道教徒的支持，因为他认识到，自己可以利用这种支持来对付儒士们顽固的以宋朝为正统的观念。为了这个目的，他计划组建作为国家机构的佛教和道教的教会，各个宗教的首领都由他指定，对他负责。这也正是拿破仑的教会与国家间的关系的观念。

除了古老的蒙古萨满教之外(这种宗教从未被完全抛弃),忽必烈的个人偏爱毫无疑问是佛教,尤其是藏传佛教。在某些佛教徒与道教徒之间的教派争论中,当他被请求担当仲裁人的时候,他的裁决总是显著地偏袒前者、不利后者。据马可·波罗说,他有一些从锡兰带回来的佛教圣物。他把一位年轻的佛教圣僧八思巴喇嘛从吐蕃召到了自己的宫里,八思巴喇嘛后来成了他的朋友和被保护人,受命仿照吐蕃字母表的样式为蒙古语设计字母表——这项工作后来无果而终,蒙古人最后选择了源自古叙利亚语的突厥-维吾尔语的字母表。

忽必烈的继任者们继续,甚至更加偏爱佛教僧徒,尤其是吐蕃喇嘛。多亏了皇帝的保护,中国喇嘛教的教权主义在并非没有不利的情况下得到了发展。当时的一份行政报告声称:"人们看到这些喇嘛进入城市,他们并不暂住客栈,而是留宿私宅,赶走主人,以便更容易勾引他们的妻女。他们并不满足于放纵堕落,还从人民那里拿走他们本就不多的钱财。他们是公众的吸血鬼,甚至比收税官还要残忍。"这样的论调毫无新意,是儒家文人谩骂佛教僧侣制度的老生常谈,但可以肯定的是,儒士们坚持认为,蒙古人的政权对给予他们的教士对手以过多的特权负有责任,这无疑是普遍不满的原因之一,这种不满,对蒙古王朝的不受欢迎以及最终垮台,也发挥了一定的作用。

简而言之,佛教在蒙古王朝的治下,就像在过去那么多的鞑靼王朝的治下(比如5世纪的拓跋魏)一样受到偏爱。这一伟大的印度宗教,尽管受到过许多汉人皇帝的私人保护(比如唐朝的许多皇帝),但汉人政府从来都仅仅把它视为一种外来教派——对它的抱怨倒是经常重复,作为皇帝的官方顾问,儒士们对这种外来宗教暂时还可以容忍,但他们从未尝试着去证明对它的偏爱是正当的。另一方面,中国的游牧民主子,不管是突厥人、蒙古人,还是通古斯人,都毫无保留地接受了佛教。儒家的行政官员们，在每一次新的鞑靼人的政府中总是发现自己处在失败的一方，他们完全被置身于事外——至少在占领初期是这样。因此，佛教在中国，最兴盛的时期总是外族统治时期。

然而，做出某些保留还是必要的。我们刚才所说的是官方的中原佛教和吐蕃喇嘛教的情形，但在中原，也存在某些秘密社团，比如白云教和白莲教，这些教派都声称是佛教，但事实上只不过是异教。有人指出，白云教可能受到了摩尼教信条的浸染，正如我们已经看到的那样，摩尼教是在763—840年间传播开来的，这多亏了维吾尔突厥人的支持。至于白莲教，它发源于阿弥陀佛虔信派，在1133年变成了一个有大师、夜晚聚会以及诸如此类的秘密社团。这些秘密社团一直或多或少地遭到宋朝政府的反对，在蒙古王朝建立的过程中似乎有过合作，作为回报，他们被允许有礼拜的自由，甚至被承认是合法的存在。然而，不久之后，白莲教被迫再一次转入地下，因为遭到了蒙古政府的禁止（1308年、1322年）。他们的夜晚集会，事实上很快就充当了蒙古政权的敌人们的聚会场所。

道教曾受到最初的几位蒙古征服者的青睐，他们十分自然地在道教术士们的身上看出了他们自己的萨满教巫师的影子。成吉思汗1222年在阿富汗（当时他正在那里打仗）召见道士长春真人的时候就曾留下这样的印象。尽管这位圣徒并没能给他长生不老的秘诀，大概也只能向他宣讲"道"的信条，但这位征服者对他有很高的评价，同意给予道士以豁免令。在忽必烈治下，道教徒失宠了，佛教徒们则把他们对竞争对手的夙怨一股脑儿地摆在了他的面前，例如：他们指控说，道教徒伪称佛教只是道教的一个分支；在一次公开讨论中，道教徒被证明篡改经文、伪造过手稿，结果，忽必烈（他的同情心无疑是放在佛教徒一边的）下令烧毁那些真实性值得怀疑的著作，让佛教徒回到了某些被他们的对手所侵占的寺院（1281年）。

教士们之间也存在争吵。在决定对官方儒教应该采取什么态度的时候，皇帝面临着一项更微妙的任务，因为士大夫阶层对他的事业是否真诚将取决于这一态度，忽必烈是个非常精明的政治家，不会意识不到这一点。作为一个象征性的示范，忽必烈曾把山东曲阜孔氏家族（他们跟孔子一脉相传，从未间断）的首领召到了他的宫廷里，公开向他表示敬意。忽必烈的孙子和继任者铁穆耳最早的举措之一，就是颁布了一道诏令，要蒙古人和汉人都祭孔，这一举措让他赢得了士大夫阶层的共鸣（1295年）。

士大夫阶层对蒙古政权的这种至少是暂时的支持，因为赵孟頫（1254—1322）的名字而显得格外引人注目。他是个特别有代表性的人物，因为他是前宋皇室家族的成员。在1286年同意为忽必烈效力之后，他被委以不同的行政职务（1316年在翰林院得到了一个重要职位），忠心耿耿地为主子效命。赵孟頫还是他那个时代最伟大的画家之一，尤以画马著称。被归到他的名下的表现马的画作实在是太多了，以至于你不得不得出这样的结论：其中肯定有大量的摹本。然而即使是这些摹本，当它们表现毛发浓密的蒙古马及鞑靼骑手的时候，也是极其有趣的文献，让人遥想起蒙古人的统治时期。

除了佛教、道教以及牢牢扎根于中国的儒教之外，还存在景教这种基督教的形式。

我们应该还记得，景教是由来自波斯的传教士们传入唐代中国的，并于635年在长安城里建起了一座景教教堂。在唐王朝的治下，这一宗教很是兴盛，即使不是在汉人当中，至少也是在波斯和叙利亚居民当中（他们被丝绸之路的贸易所吸引来到中国），在那些生活在与中国结盟的边境地区的突厥人当中。正是沿着这些大漠边陲，我们再一次在汪古突厥人当中发现了13世纪的基督教，当时，他们控制着今天的归绥（归化镇与绥远镇）周围的地区，以及构成山西边界的长城以北地区。汪古人在蒙古人的朝廷里占据着一个相当重要的位置，因为他们从一开始就是成吉思汗的忠实封臣。作为回报，成吉思汗把自己的女儿嫁给了汪古人的国王，打那以后，蒙古大可汗的家族与汪古王子之间就不断联姻。因此才发生了汪古人的乔治（突厥语作Korguz[6]）王子娶忽必烈孙女的故事，乔治是个货真价实的基督徒，就连他的名字也显示了这点。通过汪古人，基督教在皇座的每一级台阶上、在皇室家庭的内部，维持了好几代人，因为他们一直是皇帝的忠实支持者（乔治王子在为铁穆耳大可汗效命沙场的时候于1298年英勇牺牲），他们为自己的信仰赢得了极大的信任。

此外，汪古突厥人并不是唯一宣称信仰景教的戈壁居民。正像我们已经看到的那样，信仰景教的还有克烈人，这是一个居住在外蒙古图拉附近的民族。1203年，成吉思汗把他们纳入了自己的帝国。忽必烈的亲生母亲、唆鲁禾帖尼公主，是一个聪明过人的女人，她就来自从前的克烈王室家族，也信奉景教。毋庸置疑，忽必烈希望通过保护景教来显示自己的忠诚，这种忠诚，针对的不仅是他与汪古亲王们的友谊和家族联系，而且也是对母亲的纪念。这种保护在1287年清楚地显示了出来，当时，景教教会被置于一个很微妙的位置上。一位被称做那颜的蒙古亲王（他也是个景教徒）在满洲发动了一场针对忽必烈的反叛，当他们向忽必烈进军的时候，他们的军旗上画着十字架。叛军刚刚被打败，景教的对头们就迅速抓住这个机会来诋毁景教。但忽必烈"愤怒地斥责了那些当着他的面嘲弄十字架的人。然后，他又招呼在场的基督徒，安抚他们，说：'如果你们的主的十字架没有帮那颜的话，那也有很好的理由……那颜是个不忠不孝的叛逆，他对抗自己的君主。……你们的主的十字架不帮他，这一点做得很好。……'"此外，据马可·波罗说，在那颜被打败之后的那个复活节，忽必烈让人拿来《福音书》，公开对它焚香，并亲吻它。

从神学的观点看，这只不过是显示对蒙古人所熟知的主要宗教的尊敬,是针对神的不同表现形式所开出的一份保险单,任何更高的估计都可能是错的。据马可·波罗说,皇帝这样天真地承认:"有四位先知,他们受到全世界的敬爱和崇拜。基督教徒说他们的神是耶稣基督,撒拉逊人说是穆罕默德,犹太人说是摩西,偶像崇拜者说是释迦牟尼。我尊重并敬畏他们所有人,因此,天上最强大、最真实的那一位,我将祈求他帮助我。"然而,从政治的观点看,忽必烈表现出了对景教的赞同,不仅仅是通过言辞,而且更多的是通过具体的措施:1275年,巴格达的景教大主教得以在北京创立了一个大主教教区;扬州与杭州都修建了景教教堂;1289年,忽必烈创立了一个专门的政府部门,负责处理景教事务;1291年,他任命一位名叫爱薛(即阿拉伯语的耶稣)的叙利亚景教徒为景教事务专员,不久之后,此人就成了他的大臣之一。

在忽必烈统治下的中国,景教社群的生活通过马·雅巴拉哈和拉班·扫马的故事而变得广为人知。拉班·扫马(1225—1294)与拉班·马可两位景教修道士,前者出生在北京附近,后者出生于汪古国(在绥远),他们于1275或1276年离开中国去耶路撒冷朝圣。汪古亲王们试图劝阻他们取消这个计划,但白费力气。他们说:"当我们费了这么大劲吸引来自西方的主教和修道士的时候,你们为何要离开这里去西方呢?"但是,当他们看到两位朝圣者的决心依然不可动摇时,他们为这两个人提供了穿越中亚所必需的装备。扫马和马可穿越了喀什噶尔和突厥斯坦,于1278年终于到达了美索不达米亚——波斯的蒙古汗国。当时的波斯可汗是忽必烈的侄子阿巴嘎。两位同胞的到达让他感到格外高兴,并导致马可在1281年被推上塞琉西亚—巴格达的景教大主教的位置。马可因此成了马·雅巴拉哈三世,在波斯的蒙古汗国的历史上扮演了一个重要角色。至于扫马,1287年,继承父亲阿巴嘎担任波斯可汗的阿鲁浑派他带着一项使命去了西方,意在让十字军战士与蒙古人结成联盟，共同抵抗埃及的马穆鲁克们[7]。1287年9月，扫马抵达巴黎，美男子腓力[8]亲自在圣礼拜堂召见了他。在罗马，他受到了教皇尼古拉斯四世的接待，在1288年的复活节上，教皇亲手给他分发了圣餐，跟他讨论了一支新十字军的组建。正是不可思议的神奇命运，导致这位出生在北京附近的蒙古臣民，成了波斯人的大使，出使罗马教皇和法兰西国王。

【注释】

[1] 原注:上都在柯勒律治的《忽必烈汗》中,以一个额外的音节,而获得了作为世外桃源的文学名声。严格说来,忽必烈的头衔应该是可汗或者大可汗。

[2] 和德理(Odoric de Pordenone, 1286—1331),又译鄂多立克,意大利圣方济各会士,约在1322年以后在华传教。著有《真福和德理传》(又译《鄂多立克东游录》)。

[3] 原注:这跟宋代引入的"常平仓"制度是一样的。

[4] 原注:这是宋代已有的"广惠仓"制度的一次复兴。

[5] 原注:这些贷款,类似于王安石时期发放(或强行摊派)给农民的"青苗钱"。

[6] 乔治王子的名字在汉语文献中有阔里吉思、奇尔济苏等译法。

[7] 马穆鲁克,中世纪埃及的一个军事统治集团的成员,该集团原本由土耳其的奴隶组成,约从1250年至1517年控制着埃及政权,直到1811年仍有影响力。

[8] 美男子腓力,即法国国王腓力四世(1285—1314年在位)。

第 27 章
欧洲人的寻梦

第27章 欧洲人的寻梦

这两位离开北京、穿越中亚、去耶路撒冷朝圣的蒙古基督徒的故事，显示了蒙古人的征服范围是多么广阔，他们通过统一亚细亚，打通了横跨欧亚大陆的古老通道。这条古代的丝绸贸易和佛教朝圣的通道，自11世纪以来因为伊斯兰的扩张而被封闭了，如今再一次有商队和朝圣者来往穿梭。这是蒙古人的征服所带来的一个不可否认的好处。成吉思汗的征战，使得马可·波罗的旅行成为可能。

马可·波罗的父亲和叔叔——尼可与马菲奥——是两位威尼斯商人，他们于1260年离开君士坦丁堡，进行穿越俄罗斯南部的蒙古汗国的旅行。从那里，他们经由布哈拉和中国的突厥斯坦，前往中国。在中国，他们受到了忽必烈的友好欢迎。当他们离开中国的时候，大可汗让他们肩负了一项使命去拜访圣座：请求教皇委派100位"通晓七艺"的博学之士来中国。两位威尼斯人于1266年离开中国，再次穿过中亚，经由叙利亚到达罗马。不幸的是，圣座低估了忽必烈的请求的重要意义，如果满足这一请求——派遣100位拉丁文学者去中国——很可能会改变历史的进程。在1271年底，这两个威尼斯人再一次动身去中国，只带上了尼可的儿子马可，他是一部旅行记的不朽作者，我们将尽力扼要概述他的这部旅行记[1]。

三位旅行者这一次横穿了波斯的蒙古汗国和阿富汗北部，翻越帕米尔高原，穿过喀什噶尔南部，沿着古老的丝绸之路，经疏勒、莎车、于阗和罗布泊，一直到中国的甘肃省。他们在甘州（马可·波罗称之为Canpchu）作了短暂的停留，这是一座他们认为有景教团体存在的城市。接下来，他们继续向东旅行，探访了从前的唐古特人的都城宁夏（额里哈牙），在这里，他们再一次注意到了景教团体的存在，而这个地方的大多数人口都是偶像崇拜者（佛教徒）。从那里，他们进入了汪古国（今天的绥远，马可·波罗称之为Tenduc），马可·波罗把这里当成了祭司王约翰的王国，他提到了"乔治王子"的家族，他们都是基督教信仰的支持者。离开汪古国之后，三个人进入了华北，马可·波罗像那年头的突厥人（还有今天的俄罗斯人）一样，也把这里称做Cathay（契丹），这个词源自于契丹人的国名，他们在11世纪曾统治过这一地区。终于，几位旅行者到达了上都（马可·波罗称之为Chandu），是忽必烈夏天的住地，位于今天的多伦诺尔附近。他们在这里把教皇格里高利十世的一封信交给了皇帝。后来，马可·波罗跟着朝廷去了北京，当时被称为大都或者汗八里（马可·波罗称之为Cambaluc）。忽必烈似乎很器重他，委托他管理扬州（他称之为Yanju）的盐税。

马可·波罗的书记述了在中国的两次旅程：一次是走西线，从北京出发，经山西、陕西和四川，到云南；另一次是走东线，从北京出发，经山东、长江下游和浙江，到福建。在这部记述中，他呈现给我们的是一份简略的关于华北（Cathay）和华南（马可·波罗称之为Manji，蛮子，即前南宋帝国）的经济调查。其中，他提到了华北的煤矿："有一种黑石，像任何别种石头一样，亦采自山中，但燃烧与薪无异，……契丹各省均燃此石。"同样给他留下深刻印象的还有通航水道所发挥的作用，并认为最重要的是长江（马可·波罗称之为Kian），那是中国经济的主动脉："江上的船只，比航行在基督教世界的江河湖海上的所有船只加在一起还要多，船上装载的器皿也更精美、更贵重。"马可·波罗补充道，每年有20万艘船溯江而上，沿江而下的就更不用说了。他还注意到由忽必烈重修并完善的那条大运河的经济价值，这条运河，使得从长江下游地区运送稻米至北京成为可能。

为了管理这一庞大的国内商业，以及与印度和东印度群岛之间的贸易，在长江下游、浙江和广东等地区的各大港口，组成了强大的商人行会，足以匹敌佛兰德斯的行业协会或者佛罗伦萨的大商会。说到杭州（他称之为Kinsai，意为"天堂之城"）的行会，马可·波罗写道："商人是如此众多，而且如此富有，以至于没人能讲出全部真相，它是如此惊人。我还要补充说，这些大商人和他们的妻子……不用亲手做任何事情：他们的生活过得是如此精致而洁净，就好像他们是国王一样。"纸币（马可·波罗幽默地把它比作点金石）的普遍使用，使交易更加便利："我敢向你保证，他的所有臣民，所有地方和所有百姓，都乐意接受那种纸钞作为支付手段，因为无论他们去哪里，都可以用它购买任何东西——各种陶瓷、珍珠、宝石、黄金和白银。"中国人非凡的商业才能，博得了这个威尼斯人的赞美，他不断回想起所有这些财富的展示——从印度返回的船只装满了香料：胡椒、生姜和桂皮；中国式平底帆船满载着稻米，沿长江顺水而下，或者沿大运河溯流而上；杭州和泉州的货船载满了贵重物品：金丝布料，"各种各样的丝绸"。简而言之，他的记述提供了一份13世纪的中国经济地理志。

马可·波罗给出了关于中国的主要市场的信息。首先是北京——北方的丝绸中心。在那里，"每天有1000辆装载着丝绸的大车进入北京，因为他们把大量的黄金和丝绸做成布料。事实上，他们的布料几乎全都是用丝绸做的"。四川的主要城市成都（马可·波罗称之为Sindufu），制造丝绸，并出口到中亚；长江下游地区最大的米市扬州；以及前宋的首都杭州，马可·波罗用了专门的一章，把这座城市描述为中国的威尼斯[2]。杭州是主要的食糖市场，也是一个数不清的船只停泊的港口，这些船只从印度和东印度群岛运来香料，离开的时候满载着丝绸去往印度和穆斯林世界。杭州城里有一个很大的阿拉伯、波斯和基督徒商人侨居地。最后是福建的两个大港口：福州（马可·波罗称之为Fuju）和泉州（他称之为Zaitun）。福州的商人们储存着大量的姜和薹；此外，"该省食糖的产量大得令人难以置信。有大量的珍珠和宝石交易。这要归因于下面这个事实：许多商船从印度来到这里，带来了大批在印度群岛做生意的商人"。不过，全中国最大的商业中心还是泉州："这是所有印度商船抵达的海港。……也是华南的商人们出发的港口，是一个四通八达的地区。一句话，在这个港口，有大量的商品、宝石和珍珠交易，那确实是令人叹为观止的景象。从这座城市的港口，所有这一切分布到了整个华南地区。我敢向你保证，假如有一船运往亚历山大港或别的地方的胡椒粉被带到了基督教国家，那么肯定有一百船胡椒粉来到泉州城的这个港口。"

1292年初，马可·波罗、他父亲和他叔叔登船起程，前往欧洲，忽必烈让一位年轻的公主跟他们同船而行，她是作为一位新娘被送给波斯的蒙古可汗。他们在苏门答腊结束了自己的旅行，离船登岸，于1295年抵达他们的家乡威尼斯。

与此同时，与这几位大胆商人（马可·波罗是他们的样板）同时代的几位天主教传教士也开始到达蒙古人的中国。1289年，教皇尼古拉四世（他最近从拉班·扫马那里得知在蒙古帝国有许多基督徒老乡）派遣圣方济各会修士孟德高维诺[3]前往远东。孟德高维诺先是在波斯的蒙古汗国、然后又在印度逗留了一段时间，之后，他乘船前往中国，忽必烈的孙子和继任者铁穆耳（1294—1307年在位）欢迎了他。孟德高维诺在北京建起了两座教堂，这部分得归功于意大利商人彼得鲁斯的慷慨，一路上是他陪伴在孟德高维诺的身边。几年之内,他为"一万余名鞑靼人"施过洗,并开始把赞美诗翻译成一种鞑靼方言。汪古王子乔治在那之前一直是个景教徒,通过他皈依了天主教;乔治的幼子也是由孟德高维诺施洗的。

1307年,教皇任命孟德高维诺为汗八里(大都,今天的北京)大主教。1313年,三位圣方济各会士到达北京,他们将成为孟德高维诺的副主教;他们当中的一位——杰拉德——后来成了泉州的主教,一位富有的美洲人在泉州城建起了一座教堂。泉州城的第三任主教、裴路加的安得烈,在落款日期为1326年1月的一封信里写道:大可汗给了他一笔退休金,共100个金弗罗林;还说他在泉州城附近为22位修道士建起了一座修道院,他的时间分别花在了自己的教堂和他的山林修道院里。

继孟德高维诺和安得烈之后,最著名的天主教传教士就是圣方济各会士和德理了。和德理于1312至1318年间从威尼斯乘船出发,横穿波斯的蒙古汗国,在印度结束了自己的旅程,大约于1324年或1325年在广州登岸,他把广州称做辛迦兰(Sincalan)。在自己的旅行记中,他谈到了这座城市的人口密度,这一地区的财富,粮食的充足与廉价,居民的勤劳品格(他们是天生的商人和丝绸工匠),以及老百姓所崇拜的大量神祇。他对泉州也同样有兴趣,这个城市"有罗马城的两倍大",在那里,他受到了圣方济各会的弟兄们的接待,有机会对那里的大教堂和山林修道院表示赞美。杭州城甚至赢得了他更大的赞美,据他说,这是"世界上最伟大的城市,位于湖泊之间,有像威尼斯那样的运河与泻湖"。说到诸多不同的成分——汉人、蒙古人、佛教徒、景教徒及其他,他们全都在这座巨大的城市里生活在一起——和德理对蒙古人的行政管理大加赞赏:"这么多不同的民族能够和平相处,并被同一股势力所统治,这在我看来似乎是世界上最伟大的奇迹。"通过一位蒙古权贵的斡旋,和德理得以拜访一家佛教寺庙,与那里的僧人们讨论了轮回的问题。

和德理对长江下游地区的渔业的重要性留下了很深的印象,尤其是借助鸬鹚来捕鱼的方法(这种方法在今天的中国依然在运用)。最后,他到达了汗八里(北京),他说:"大可汗所居住的宫殿如此巨大,以至于它的围墙超过了4英里长,几座次要的宫殿也圈在其中。皇城因此由几个同心圈所组成,大可汗和他的宫廷成员就住在第二圈中。在中央,竖起了一座人造假山,主殿就建造在假山上。山上栽植着非常漂亮的树,因为这个原因它被称做'绿山'。绿山被湖泊和水池所环绕,一架神奇的小桥横跨在湖上,那是我所见过的最漂亮的小桥,既因为它的大理石材质,也因为其建筑的精巧。在湖上,你可以看到很多水鸟:鸭子、天鹅和野鹅。围墙之内还包括一个圈养着野兽的大公园。这样,大可汗无须离开皇宫就可以享受逐猎之乐了。"

"而我,和德理兄弟,"这位传教士继续写道,"在这座城市里与我们圣方济各会的兄弟们一起生活了三年半(1325—1328),他们在城里有一座修道院,甚至在大可汗的朝廷里有职位。事实上,我们的一位兄弟(孟德高维诺)是朝廷里的大主教,每当大可汗出宫巡行的时候为他祈福。"和德理记述了一次这样的觐见,圣方济各会士们在主教的带领下,列队走近坐在马车里的大可汗:"我们举着一个固定在棍杖上的十字架,唱着《降临吧,圣灵》。当我们接近御车的时候,大可汗听到了我们的声音,吩咐我们走近他。当我们举着十字架走近的时候,他取下自己的头饰(其价值无法估量),向十字架致敬。主教宣了福,大可汗以最虔敬的礼节亲吻了十字架。然后,我把香插在香炉里,主教向圣上敬了香。"

像之前的马可·波罗一样,和德理也注意到了蒙古人所创立的邮政服务的卓越组织和非凡速度:"信使骑着快马或赛骆驼全速疾驰。当他们远远地望见驿站的时候,就吹响号角,宣布他们的逼近。接到以这种方式发出的信号之后，驿站管理人就准备好另外的骑手，以及新的马匹或骆驼。这位骑手抓过急件，向下一站疾驰而去，那里，也将发生同样的交接。以这样的方式，大可汗可以在24小时之内接收到那些来自偏远地区的、通常需要3天时间才能到达的消息。"

和德理看来应该是在1328年离开北京的。他首先穿越了汪古国，像之前的其他人一样，他也注意到了那里的景教徒。接下来，他经过甘肃，注意到那条商旅大通道沿途的城镇和村寨，它们彼此挨得很近，以至于你刚离开一个镇子，就已经看到下一个镇子的城墙了。他穿过中亚，于1330年5月到达帕多瓦他自己的修道院。

到这一时期，中国的基督教已经在欧洲广为人知。1340年，教皇本笃十二世派遣圣方济各会修士马黎诺里[4]前往远东。他在经过俄罗斯南部和突厥斯坦的蒙古汗国之后，于1342年抵达北京。8月19日，马黎诺里受到忽必烈的第十位继任者、大可汗妥懽贴睦尔的召见，并献给大可汗一匹高大的西洋马，大可汗对这件礼物大为称赏。1347年12月26日，马黎诺里乘船从泉州出发，在印度逗留了一段时间，于1353年回到阿维尼翁。1370年，教皇乌尔班五世任命了一位新的北京大主教，但这位教士从未到任，因为蒙古人的元王朝刚刚被汉人的民族起义所推翻，建立了大明王朝，获胜的汉人全面禁止了一切受蒙古人青睐的"外来教义"，其中就包括基督教。

在结束本章之前，让我们试着简单总结一下蒙古人统治时期所带来的利益和损害吧。

首先，我们说说这一政权所带来的好处。

由蒙古人所实现的几乎整个亚洲的统一，重新打通了自公元10世纪以来一直封闭着的横贯欧亚大陆的通道。丝绸之路，我们已经在安东尼王朝及大汉帝国的时期追踪过它的行程，其重要价

第 27 章 欧洲人的寻梦

值我们也已在公元7世纪唐玄宗的统治时期看到过,当时,它是佛教徒的朝圣之路——这条穿越帕米尔高原、连接波斯与远东的漫长的商旅之路,如今被马可·波罗所横穿。中国再一次与波斯以及更远的西方世界建立起了联系。距离被缩短了,欧亚大陆更紧密地联系在了一起。两位出生在北京附近的修道士,一位成了巴格达的大主教,另一位成了出访教皇和法兰西国王的大使。圣方济各的信徒们,有的被任命为北京的大主教,有的去福建沿海建造大教堂。一位威尼斯商人进入了中国的盐政部门。蒙古人刮起的风暴,吹倒了花园的围墙,把大树连根拔起,把花卉的种子从一座花园带到另一座花园。就这方面而言,"蒙古世界"所带来的利益,跟"罗马世界"曾经带来的好处是一样的;直到好望角和美洲被发现,这个世界才开始看到一个堪与马可·波罗时代相媲美的时代。

  与这些利益相对立的,必定是蒙古人统治所带来的恶果。这样的恶果,在物质方面并没有那么严重,因为,正像我们已经看到的那样,成吉思汗的孙子、伟大的忽必烈汗(他是数百年来中国历史上出现的最好的统治者之一)已经恢复了他那位可怕的祖父所毁掉的一切。但从精神层面看,就好像在蒙古统治时期一股清泉在中国人的灵魂中被阻断了一样,这种伤害修复起来将会很缓慢。诚然,在蒙古人被赶走之后,新生的汉人王朝——明朝——在各个方面都尽了最大的努力,以恢复到过去——把这段外族占领时期一笔勾销,让历史从它曾经延续到的那一点上重新开始,事实上,这个断点并不是在1260年,而是在907年。但是,因为它对传统的极其忠诚,因为它想在每件事情上复制过去,这个新生的王朝被一项没有生命的任务给束缚住了手脚。这才是蒙古人入侵在中国栽下的恶根。中国的有机体经受了如此剧烈的休克,如此疲劳虚弱,以至于暴风雨刚一过去,它就紧紧地、胆怯地退缩到了自身之内。中国,几百年来不知疲倦地喷涌了最为惊人的文学、艺术和哲学创造，如今，她除了复制陈旧老套的形式、从副本制造副本之外，再也不敢做任何事情了；她努力保持着对过去的忠诚，却背叛了她最伟大的传统。因为，中国过去的伟大，首先在于她复兴和更新的无穷力量，在于创造性的自发行为，这种创造力，依次产生过商代青铜器的辉煌、庄子的形而上学飞跃以及孟子的超人幻想。在后来的中国历史中，我们很少找到这种生命活力的踪迹，相反，倒是发现了自信的缺乏，以及对外部世界的普遍不信任。一颗怯弱的心灵，自然也就远离了那些已经逝去的伟大时代。

【注释】

[1] 原注：《马可·波罗游记》，拜内戴拖编辑，阿尔多·里奇翻译，伦敦，劳特利奇出版社，1931。

[2] 原注：Kinsai在汉语里的意思是"都城"，现代普通话读作"京师"。

[3] 孟德高维诺(John of Montecorvino, 1247—1328)，首位来华传教的圣方济各会士，也是北京总主教区的第一任大主教。

[4] 马黎诺里(John of Marignolli, 约1290—1357)，意大利圣方济各会士，1238年受教皇派遣率50人起程来华，1342年到大都时只剩32人。

第 28 章
民族的救赎

民族的和风

第28章 民族的救赎

在其漫长的历史进程中，中国能够数得出的像忽必烈那样卓越非凡的君主并不多。通过他强大的人格力量，他政治家的才干，他深邃渊博的智慧，以及他的统治的稳固和仁善，这个蒙古人跻身于历代以来中国最伟大皇帝的行列。他的孙子铁穆耳（成宗，1294年—1307年在位）也是一位精力充沛、认真负责的统治者，但在这两位皇帝之后，元王朝就迅速堕落了。元朝的王子们沉陷于放荡淫逸之中，缺乏意志力，只能通过喇嘛教徒的宗教来救赎他们的罪恶，这让儒家士大夫对他们又有了新的不满。最糟糕的是，他们自己之间从未停止过争吵，短短几年时间里，就毁掉了在忽必烈时期让马可·波罗赞叹不已的堂皇的行政外表。这一世系的最后一位皇帝妥懽帖睦尔（顺帝，1333年—1368年在位），他只喜欢跟娈童或吐蕃喇嘛们打成一片，任由混乱无序演变为无政府状态。

皇室家族的堕落，鼓励了汉人爱国者奋起反抗外族统治。起义由秘密社团组织，尤其是白莲教，这个教派预言太平盛世的到来，宣扬弥勒佛（佛教里的弥赛亚）的降临。像1912年的革命一样（它也号召人民推翻外族王朝），这场运动也是从长江下游及广东地区开始的。它发端于1351年，1355年以后，起义蔓延到了整个南方——越过了从前的南宋帝国。起义伴随着骇人听闻的混乱，因为这场运动由为数众多的首领所领导，他们半是爱国者半是强盗,在他们起兵反抗蒙古人的同时,自己人之间也打得不可开交。

其余的五花八门的冒险家,因为他们当中最聪明的一位而黯然失色,此人就是明朝的创立者朱元璋。他是安徽省一个贫穷农民的儿子,17岁那年一场瘟疫夺去了全家人的生命。为了活命,他进了一座寺庙,但他的佛教道行显然很浅,因为当反抗蒙古人的普遍起义在南方爆发的时候——这一年他25岁——他就脱下了袈裟,拿起了武器,在长江下游地区领导了一次起义。尽管他起初只不过是个普通头目,手下的喽啰跟别的造反者也并无不同,但由于他的政治头脑以及他对平民百姓的仁慈,从而在他们当中鹤立鸡群;他很明智地争取民众,而不是压迫他们。无论什么时候打下一座城镇,他都禁止士兵们劫掠,结果,当地百姓都把他当做一位解放者,向他欢呼致敬,感谢他让他们获得自由,不仅仅是从蒙古人的手里,而且也是从其他起义首领的手里。1356年,朱元璋攻克南京,并让它成了自己的都城,成了一个重建秩序、平定动乱的政府的所在地。他的主要竞争对手是一位普通渔民的儿子,控制着湖北、湖南和江西。1363年,朱元璋打败了对手,取了他的性命,占了他的地盘。1367和1368年,他占领了广东地区,这样就拥有了整个华南。接下来,他挥师北京。

这是一次胜利的进军,因为蒙古人的愚蠢而让这位解放者的任务变得轻而易举。他们没有联合起来抵抗起义,而是继续互相争吵,并因此让军队四分五裂。1368年9月10日的夜里,怯懦的妥懽帖睦尔逃出了北京城,躲到蒙古去了,朱元璋进入了这座都城。把北京从蒙古人手中解放出来之后,朱元璋拥兵称帝,成了明朝的创立者。在经过13年的奋斗拼杀之后,这个从叫花子开始起步、脱下袈裟的和尚,终于在40岁时,成了国家的解放者和汉唐遗产的继承者。这位幸运的冒险家,已经比宋朝的开国者们强多了,他们从没有成功地把蛮族人赶出北京城,而他却轻而易举地拿下了它。因此，他在向前寻找榜样的时候，干脆跳过了宋代，直接追溯到了唐朝——最后一个统治全部中国领土的本族王朝。1373年，他颁布了一部基于唐律的行政法规。然而，他并没有把首都搬到北方，而是继续住在南京城[1]。他本人作为长江下游地区土生土长的本地人，率领一支由南方人组成的大军赶跑了外族统治者，首先组建的也是一个南方人的政府。此外，还要记住，整个华北地区在鞑靼人的手里已经有242年，而北京城则被他们控制了432年。在这漫长的几百年里，北方各省已经被蛮族的因素所渗透。而正是华南，从1126年至1279年，一直充当着中国独立的庇护所，新的民族解放运动也正是从那里开始的。因此，南方代表了真正的中国，明王朝的胜利建立也正是在南方。这位新皇帝，依然是一位足够精明的政治家，不可能让南方人长期占优势。为了在南北之间的鸿沟上架设桥梁（两个半世纪的政治分离使得这道鸿沟越来越宽），并着眼于中国的精神和政治的重新统一，1380年，朱元璋作出决定，不仅让南方的官员管理北方，而且还让来自北方的人参与南方的管理。出于同样的原因，1370年，他就曾毫不犹豫地禁止了白莲教和白云教等秘密社团，即便他们对推翻蒙古人的统治作出过很大的贡献；时代已经变了，更何况，这些秘密社团先前就站错了队，声称他们支持新皇帝的竞争对手。

　　这位明王朝的奠基人，试图在各个领域实现价值的回归，试图弥合蒙古人的统治与女真人的统治之间的裂缝，并把中国跟遥远的过去接续起来。毫无疑问，他以极大的热情致力于这项不同寻常的传统主义者的事业，这更多地是因为他本人从前一直是个微不足道的人物。1379年，他改造了科举考试制度，重建了贵族的爵衔。他还隆重地举行了祭孔仪式，皇帝获得了士大夫阶层的支持，他们在蒙元统治时期一直是反对佛教徒教权主义的核心力量。与此同时，这位前和尚也从未忘记他的同门教友。他甚至继续让佛教僧徒环绕自己的左右，毫不留情地惩治试图在这些方面劝谏自己的儒士。有一次，他甚至因此而处死了一位大法官。这一事件是征兆性的，因为随着岁数越来越大（他活到了70岁），皇帝变得越来越容不得谏诤，逐渐丢掉了他广受欢迎的和善性格，这曾经对他的成功大有帮助。他变得习惯性地猜疑，曾经处死了18位权贵以及他们所有的家人。作为一次阴谋（或真或假）的结果，他在南京处死了15万人。这位如今成了天子的前冒险家，希望在他死之前重新建立起绝对的专制。

朱元璋实际上的继任者是第三任皇帝，也就是他的四子，其统治时期使用的年号是"永乐"，我们应该称他为"永乐皇帝"[2]。这位好战的皇帝对自己的角色有一种不切实际的观念。从前的忽必烈打算为蒙古人缔造一个中华帝国，而如今的永乐皇帝却试图为中原赢得忽必烈的子孙们的蒙古遗产。大可汗忽必烈通过从黄河向东京湾推进，从而让整个中原领土俯首归顺，成了名副其实的天子。永乐皇帝打算征服蒙古，扮演大可汗的角色。

正是抱着这一目的，1421年，皇帝把首都从南京迁到了北京。正是他，拟订了建造皇城（这形成了现代北京的中心）的宏大计划，以及更详细的修造"紫禁城"[3]的计划。是他构思了一系列的宫殿、大理石阶、大殿、花园，以及配得上最伟大的中国传统的全景；他扩大了湖泊，修造了假山，在花园里栽植了来自老家长江流域的花卉和灌木。所有这一切，在18世纪被清朝的皇帝们恢复和完善了，但到处都带有明永乐皇帝的标记。正是永乐皇帝，最早在北京南城墙附近修建了天坛（1420年）和先农坛（1420年）。

迁都北京本身就是在宣告一项政策。其他任何一个纯粹的汉人王朝都不曾想到选择这里做首都。北京城的历史角色仅仅是从鞑靼人那里开始的。公元10世纪，契丹人把这里建成了他们的都城之一；12世纪的女真人，以及1260年的忽必烈，都仿效了契丹人的做法。来自北方的征服者们之所以作出这样的选择，一点也不难理解，因为北京坐落于中世纪中原的边缘之外，是主要的边陲重镇之一。满洲就坐落在山海关外，当时尚未得到开垦，穿过南口（当时和现在一样），就是蒙古大草原了。无论是在地理上还是历史上，北京都是汉人—鞑靼人妥协的结果；在那里，汉人依然是在国内，鞑靼人也还没有出离自己的环境之外。永乐皇帝通过把朝廷从南京迁到蒙古的大门口，迁到忽必烈从前的首都，从而声明了自己对忽必烈子孙们的遗产拥有所有权。

事实上，他的父亲在这一方向上已经为他树立了榜样。朱元璋在把蒙古人从明朝领土上赶出去之后，就曾一路追击，进入了他们的本国。1372年，一支明朝军队直逼外蒙古的土拉河。1388年，十万明朝大军再一次穿越戈壁东部，跟蒙古部落一直打到了贝尔湖的东边、喀尔喀河与克鲁伦河之间。然而，这些袭击只不过是穷追败敌，是恐吓那些游牧民的报复性远征。而另一方面，永乐皇帝则在蒙古执行了一项一贯政策，在蒙古，成吉思汗部落的权威因为被赶出明朝所带来的耻辱而受到了严重的削弱。永乐皇帝千方百计煽动其他部落（尤其是卫拉特部，明代称瓦剌，或称西蒙古人）起来反抗他们。在外蒙古随之而来的内战中，他也介入过几次，特别是1410年和1411年的两次，当时，他领着自己的大军一直打到了鄂嫩河的上游，以及成吉思汗的老家。他想以这种方式把外蒙古的霸权从成吉思汗的子孙们那里转移到卫拉特部的可汗们手里，但用不了多久，汉人就有理由为此而懊悔不已了，因为他们让新生的部落取代了那个因为威信扫地而动弹不得的衰落政权。

在印度支那，永乐皇帝也重新采取了汉唐时期的大帝国政策。在安南国，合法的王朝被一个篡位者所推翻。永乐皇帝以此为借口，占领了这个国家，并把它分割成中国的几个行省（1407年）。但不到10年的时间，安南人就展开了一场旷日持久、令人

第 28 章 民族的救赎

筋疲力尽的游击战争，以反抗侵略军。永乐皇帝去世4年之后，起义军首领黎利就攻克了河内，赶走了汉人（1428年）。

永乐皇帝并不满足于对蒙古的宗主权及吞并安南。他还要建立中国在巽他海与印度洋的海上霸权。他的舰队宣告了中国国旗在占婆、高棉、暹罗、马六甲半岛、爪哇、苏门答腊、锡兰（中国海军将领在这里严惩了本地酋长，因为他表现出了敌意）、孟加拉和南印度等海岸地区的霸权地位。他们一直航行到了波斯湾的霍尔木兹海峡、亚丁湾和麦加的港口吉达。这几次航行分别发生在1405年和1424年，在这个世纪末，我们将看到葡萄牙人到达印度（1498年）。当欧洲的航海家们到达印度的时候，如果他们发现自己被中国的海洋力量所统治的话，亚洲的命运又会如何呢？然而在这里，永乐皇帝再一次有了一个不着边际的幻想，这种幻想与中国人的性情气质格格不入，或者更准确地说，它与官僚阶层的意识形态背道而驰。他正在创立的这个中国，对于其自身的力量来说，规模实在是太大了：中国人完全不适应海洋；对于中国的将士们来说，东京湾的气候太热，而蒙古又太冷。士大夫阶层依然一如既往地敌视在他们看来代价高昂而又毫无益处的对外征服。永乐皇帝的"国际事务"毫无前途。中国退回到了自身之内，一切听天由命，无论是在陆地，还是在海上。

在观念世界里，我们也发现了同样的退缩态度。永乐皇帝本人尽管是个佛教徒，但他却下令编辑新儒家的讲义，并在1464年颁布诏令，将这些作品与古代的儒家经典并列，作为官方讲经的基础，这意味着"朱学"成为了明朝的国家信条。然而，一个世纪之后，在王阳明（1472—1529）的学说中，却出现了针对朱学物质主义的反动，或者至少，是对国家实证主义的反动。这位哲学家并没有公开抨击机械论者的实证主义。他认为，我们在宇宙秩序、在普遍法则（理）中所占有的那一份，就潜藏在我们的心里，而不是在理性能力中；为实现与世界本质的交流，我们应该依靠直觉认知（良知），这是心灵深处至高的先天"呼声"，而不是我们可以称之为"推理智慧"的那种东西。王阳明写道："良知之在人心，无间于圣愚，天下古今之所同也。"[4]王阳明的人格力量，以及他的高贵品格，使得他成为一个富有同情心的人物，但他的著作，无论如何也只局限于道德，表现的是一种旨趣，而不是一套体系。朱熹的学说依然保持着它的所有权威，下面的事实就表明了这一点：王阳明不得不声称支持朱学，为的是让自己的教义能够被人接受。

永乐皇帝死于1424年，他是大明王朝皇室家族中最后一位伟大人物。在他死后，他的子孙后代们继续掌权达200多年，但再也没有产生过一位非凡人物。像汉、唐王朝末期一样（尽管比较起来要远为迅速），阉党再一次控制了一系列庸碌无能的君主，以他们的名义统治国家。与此同时，在蒙古，卫拉特部（或称西蒙古人）在永乐皇帝的帮助下，取代了成吉思汗的后代，成了游牧部落的霸主，成了一股强大的势力。他们的可汗额森要求娶汉人的公主为妻，这一要求遭到拒绝后，额森便率领自己的大军，劫掠了山西与河北的边境。英宗皇帝在他宠幸的一位太监（他僭代皇帝指挥将领们）陪伴下率兵亲征。没有给养的明朝大军在宣化附近、在北京与张家口之间的崇山峻岭中被切断了，全军覆没。十万具中原将士的尸体散布在山口中，英宗皇帝被俘（1449年）。卫拉特人的胜利大大出乎他们自己的意料，他们继续前进，在北京的城墙下扎下了营盘。但他们并没有做好围攻的准备，几个月之后，他们的可汗额森决定把英宗皇帝给放了。1453年，额森与明帝国握手言和。

一个世纪之后，来了一次新的恐慌。这一次的危险，并不是来自西蒙古人，而是来自成吉思汗的后代。在15世纪的最后25年里，成吉思汗的家族在蒙古来了一次复辟。这一世系的一位可汗阿勒坦，把自己在内蒙古的畜群赶到了山西北部放牧，在1529至

1579年之间对山西与河北的北部地区发动了几次劫掠。在1550年，他一直打到了北京的城门前，他的军队点起大火烧掉了首都的郊区。最后，他承认了明朝的宗主权，他的主要营地被赐名归化（意思是"向文明转变"）。

蒙古人是中原的宿敌，但如今，在沿海地区出现了新的对手，他们的岛国遥不可及，这使得他们不可征服——这就是大胆勇猛而又难以捕捉的日本人。一大群来自日本群岛各个港湾的冒险家和海盗，开始出没于浙江、福建和广东等地的各个港口。1555年，他们沿长江溯流而上，一直到了南京，劫掠了他们所经过的那些不设防的乡村和城镇。这些海盗只不过是日本扩张的年轻血液，其全部力量，中国人将会在朝鲜事务中领教到。

冲突终于在明代的第十三位皇帝——万历帝的统治时期（1573—1620）爆发了。在这一时期，统治日本的是日本历史上最伟大的政治家之一、大名鼎鼎的丰臣秀吉（1536—1598），他构想了征服明帝国的大胆计划。那些周期性地袭击中亚各港口的海盗毫无疑问对他说到过明王朝的老朽衰弱。无论如何，50年后满族人能够毫不费力地征服北京，这一点至少证明了丰臣秀吉的想法也并非异想天开。为了实现这一计划，有必要为他的军队获得穿越朝鲜的通道，而一直把日本人视为宿敌的朝鲜人则拒绝给他提供这个方便。于是，丰臣秀吉便派出了20万大军，挥师朝鲜。1592年6月12日，他们进入了朝鲜的首都汉城，并朝着满洲的方向一路前进，直抵平壤。日本参谋总部的计划，跟1894年的中日战争期间所采用的计划并无二致。他们的意图是直抵鸭绿江，穿越辽东半岛，通过山海关，直逼北京城。然而，朝鲜人的抵抗，为中国人赢得了时间，使他们能够调动优势兵力进行干涉。日本人被迫撤出了汉城（1593年5月），并向南部沿海溃退。1597年，丰臣秀吉派出了另一支远征军前往朝鲜，但这一次日本人甚至都没能到汉城。他们再一次被打回了南部沿海，这场逐鹿之战演变成了一场围城战(1597—1598)。1598年9月16日,丰臣秀吉去世,他的死导致了日本军队的打道回府,以及敌对状态的终止。日本不得不再等300年,才重新开始这场与中国的角逐。

从这场他们已经打赢了的战争中,明王朝应该得到的教训是:其国家海军与世隔绝的状态已经结束了。事实上,甚至在这种隔绝状态首次受到日本海盗在华中地区的袭击的威胁时,葡萄牙的航海家们已经在广东沿海出现了。

1498年,葡萄牙探险家瓦斯克·达·伽马[5]绕过非洲海岸,抵达了印度,通向中国的海路就此向欧洲人打开。1511年,葡萄牙海军将领阿尔布克尔克攻占了马六甲,其商业与战略价值类似于今天的新加坡。1514年,最早的葡萄牙商船到达中国港口。1549至1557年之间的某个时候,葡萄牙人得到了地方官的许可,在位于珠江口的澳门创立了一个本质上属于商业性质的权力机构。1582年,澳门的葡萄牙当局为这一特权向广州的总督缴纳了500两银子作为贡金。

随着葡萄牙人的到达,在蒙古人垮台之后被赶出中国的基督教,再一次进入了这个国家。负责这次新的传教工作的是耶稣会,尤其是两位耶稣会士利玛窦和汤若望[6]。

意大利耶稣会士利玛窦(1552—1610)于1582年抵达澳门,此后在广东地区履行自己的传教使命长达13年。为了让自己能够被人接受,传教士们让自己混同于现存的社会类别。利玛窦(这是他取的中国名字)起初穿着和尚的僧袍,随后,他以非凡的洞察力,抛弃了这身行头,穿上了儒家文士的装束,从而非常聪明地设法把基督教与儒家的国家信条联系了起来。耶稣会士的整个策略,都是基于对中国人心理的恰当了解。1595年,利玛窦已经设法获得了广东要员们的青睐,得以起程去北方。他首先定居于南京,在那里成功地完成了自己的使命,没有遇到任何干涉。1601年1月4日,他获准去北京,并立即设法与皇帝的宫廷建立了联系，他送给皇帝一架古钢琴、一幅世界地图和两座自鸣钟。他在给万历皇帝的表文中称："臣先在本国忝预科名，已叨禄位。天地图及度数，深测其秘，制器观象，考验日晷，并与中国古法吻合。"[7]利玛窦得到了一份月薪，并获准在皇城居住。当他受命给皇帝的一位儿子讲授科学课程时，利玛窦得到了最高的恩宠。1610年5月11日，利玛窦以78岁高龄在北京去世，此时，中国已经有了300多座天主教堂。他的工作包括绘制一幅大的"世界地图"(《万国舆图》)，以及翻译欧几里得的《几何原本》。

真正继承利玛窦衣钵的是德国耶稣会士汤若望(1591—1666)。他1620年到达中国，最初是在西安传教。汤若望是一位数学家、天文学家和卓越的语言学家，他受朝廷之命进行历法改革。最后一位明朝皇帝庄烈帝——其年号为崇祯(1628—1644)——对汤若望表现出特别的尊重。1636年，他在皇宫的附近建造了一家大炮铸造厂。我们将会看到，在满族人征服中国之后，汤若望从新主人那里受到的青睐，丝毫不亚于明朝。

这位耶稣会士的科学知识在明朝的宫廷里所激发出来的兴趣，表明明朝最后几位君主已经模模糊糊地意识到了国家现代化的必要性，但这种认识来得太迟了。在明代初年(1368年)，就技术和机械技能而言，中国和西方多少处于同一发展水平上。到了明朝末年(1644年)，欧洲已经拥有了现代的科学和装备，而中国依然处于中世纪。

明代的文学创作也支持这一判断。最富有生气的作品是小说和戏剧，明代被认为是小说的伟大时代。五部"经典"小说(其中有四部创作于明代)中，有一部以佛僧玄奘的游历为主题，玄奘于公元629年动身去印度，途经中亚。不幸的是，如果你阅读过那位著名的朝圣者本人所写的关于这次旅行的生动记述的话，恐怕很难在明代小说家据此编造出的神奇故事中发现太多的趣味[8]。这部小说并没有那部中世纪文献中的精确而生动的记述——戈壁大漠的沙暴、大雪覆盖的天山山顶、印度的大棕榈树——而代之以奇异怪诞的冒险、魔法和妖术，就像你在西藏故事中所找到的那些一样。另外一些明代小说所处理的通常是多愁善感的风流韵事以及罗曼蒂克的冒险传奇，不过有一点倒是真的，它们常常让你饶有兴味地瞥见了那个时代的风俗习惯。

明代的绘画可以用一个词来定义——学院派。诸如《芥子园画谱》之类的画论集，研究了宋代山水画的特性，给出了一份详尽细致的配方清单。结果是，所有绘画全都带有一副矫揉造作的样子，比如表现山的绘画中那些不合乎自然规律地高悬于上方的岩石。另一个结果是，绘画中也出现了类似于诗歌中的滥用典故。明代绘画的不幸就在于，人们总是把它跟具有伟大创造力的宋朝时期的那些有压倒性优势的作品相比较。不过，明代的少女肖像及闺阁场景依然颇为可观，在花鸟画上也有不同寻常的精湛技巧，在水墨画中，明代的风景画家们依然表现得相当有力。明代的墓碑肖像——这一绘画类型有一次相当可观的复兴——以其朴素的现实主义、其表达的清晰及其技术的大胆和精确而引人注目，偶尔有某些东西非常接近丢勒、荷尔拜因或克卢埃。

明代最伟大的艺术是陶瓷。在这里，为公平起见，你应该避免跟宋代比较，而要从它们本身的优点来判断明代瓷器。它们值得这样去评价，尤其是因为明朝的皇帝们也为这一艺术做了大量的工作。1369年，明朝的创立者重建了景德镇的官窑（在江西境内），这一行业的绝大部分标准都是在那里确立的，高岭土就是因为在高岭附近发现的白瓷土而得名的。

宋代瓷器，主要是单色，或者是从一种色调渐变为另一种色调，在明代瓷器中你依然可以发现这种单色的运用。有各种各样的青瓷，它们即使比宋代青瓷更暗、更浑浊，但依然非常漂亮；它们被出口到伊斯法罕、开罗和伊斯坦布尔。还有福建德化出产的白瓷——通常是佛像的形式——以及其他的紫色和深蓝色的陶瓷。但最重要的，还是多色的使用，尤其是在说明性的装饰中，明代的陶瓷工匠们做得非常成功。景德镇所使用的高岭土，其品质能够抵抗最高的温度，因此使得最驳杂的釉彩能够并存。高温釉彩中最显著的是青花瓷，其钴蓝色依据本地蓝色与"回回青"的混合比例而或者更深，或者更亮。青花瓷的时尚，因为"三彩"（绿、黄、紫）和"五彩"（三彩加上青和红）的出现而黯然失色。这种对"色彩的大胆并列、鲜艳的色调和彩绘装饰"的偏爱，是这一时期的特征。陶瓷越来越倾向于成为绘画的一个分支，瓷器与明代画家笔下的丝绸卷轴争奇斗艳，他们习惯的主题是精巧的女性形象、蝴蝶和花鸟。

　　这种风格在清代达到了它的巅峰。

【注释】

[1] 原注：南京是新取的名字（意思是"南方的首都"）。元朝的都城大都被改名为北平，后来，当明朝的行政机构北迁的时候（南京依然作为陪都），又被改为北京（意思是"北方的首都"）。

[2] 原注：当我们提到明清两代不同的君主的时候，我们将使用他们的"年号"而不是"庙号"。丢掉江山的明庄烈帝当然没有从满族人那里得到"庙号"，但大约一百年后，他被授予"庄烈"的称号（意思是"大胆而坚决"）。

[3] 原注：据传说，天上有一个紫宫（这是一个星座，其中包括北极星），地上也有一个紫宫，后者就是皇帝的住处。

[4] 王守仁：《传习录·答聂文蔚》。

[5] 瓦斯克·达·伽马（Vasco da Gama,1469?—1524），葡萄牙航海家，最早经海路到达印度。

[6] 利玛窦（Matteo Ricci,1552—1610），字西泰，意大利人，耶稣会传教士，1583年来华。汤若望（Johann Adam Schall von Bell,1591—1666），字道未，德国人，耶稣会传教士，1622年来华。

[7] 利玛窦：《上大明皇帝贡献土物奏》。

[8] 原注：这部小说极受欢迎，但玄奘的"原作"却很少有人读。它有一个非常好的英文译本，是由亚瑟·韦利翻译的，书名为《猴子》（Monkey）。

第 29 章
1644年的大戏

第 29 章　1644 年的大戏

在万历时期，明朝政府成功地抵抗了日本的威胁，但几乎还没等到这一危险过去，他们又要面对满族人的威胁了。

满族人是一个跟女真人颇有渊源的通古斯民族。他们生活在满洲北部的森林空地中，在松花江流域，位于今天俄罗斯的普里莫尔斯克地区附近。这些森林猎人，生活在松树、冷杉和落叶松的浩瀚森林中，那里的气候寒冷而潮湿，最初被分裂为许多互相竞争的部落，但在17世纪初，一位强有力的首领努尔哈赤统一了这些部落，并建立了历史上的后金国。在那个时期，明政府占据着满洲南部，也就是奉天和辽东半岛。努尔哈赤发动了对明政府的战争，并在1621年和1622年占领了整个满洲地区。1625年，他建都奉天，在那里，今天依然可以看到他的陵墓。他甚至试图强行越过长城，但当他遭遇到耶稣会士们为明朝皇帝制造的大炮的时候，这一努力自然也就以失败而告终。

努尔哈赤的儿子皇太极（1627—1643年在位），是在远东历史上经常能找到的蛮族天才之一，他的身上，既有本民族的军事天赋，又有对文明生活方式的本能理解。他认识到，明王朝已经变得衰败堕落、根基不牢，于是公开表明了自己的雄心壮志：有朝一日要成为中国的皇帝。为了让人民配得上他所梦想的更好的命运，皇太极竭力给他们打上中华文明的光泽，就像另一位鞑靼征服者、伟大的忽必烈在三个半世纪之前所做的那样。在1629至1630年间的冬天,他进逼到了北京的城门口,但满族人在装备上尚未作好攻城的准备。然而,在撤兵之前,皇太极探访了从前女真金国的君主——12世纪的"金王"们——的陵墓,举行了庄严的献祭,他因为血缘关系跟他们紧密相连。这一意味深长的仪式,重新联结起了血族关系的传统纽带,宣布了满族人对北京城的皇帝宝座拥有合法的权利。在奉天,他的朝廷里有许多汉人顾问。1636年,皇太极登基称帝,成为大清王朝的第一位统治者。

然而,满族人的袭击无论给河北的乡村和不设防城镇带来了怎样的危害,但迄今为止对整个国家尚未构成严重的威胁。长城的东线堡垒(从山海关到宣化)依然被牢牢地控制在汉人的手里。要想把中原交到敌人的手里,还得继之以全面内战的国内革命。

北京城的明朝皇帝庄烈帝(1628—1644)是个温和文雅、好心肠、受过良好教育却又软弱的统治者。正像当中央政府变得软弱时中国经常发生的那样,叛乱随之蜂起,遍地硝烟。将士们不满自己的薪饷,农民们忍饥挨饿,由造反将领或大胆冒险家所率领的组织化大队盗匪开始劫掠乡村。这些冒险家当中,最富有才智的是李自成,他是一位受过教育的农夫。到1640年,他已经有效控制了河南和陕西,1644年,他挥师北京。当他逼近北京城的时候,发现皇帝的朝廷竟毫无准备。吴三桂将军所指挥的最精锐的皇家部队,驻扎在远离首都的山海关,在那里阻挡着满族人。李自成没有遇到什么正儿八经的抵抗,顺利进军北京城,叛臣们向他打开了城门。就在同一天,不幸的庄烈帝上吊自杀,以免活着落入敌手。

迄今为止,所有事情都朝着有利于李自成的方向发展,但这位大胆的冒险家并没有考虑到远在山海关的皇家大军,以及他们的指挥官吴三桂。刚刚听到北京陷落和皇帝自杀的消息,吴三桂就匆匆忙忙地与满族人缔结了停战协定。后者不但同意停止战斗，甚至还把一支精锐之师交给吴三桂，听从他的调遣，以惩罚叛乱者。当李自成听说边境上的大军已经和满族人联合起来一致对付自己的时候，不免大吃一惊，于是提出要跟吴三桂分享自己的权力。后者拒绝了这项提议，第一个回合就把李自成的大军打了个落花流水（在永平）。李自成为了泄愤，下令处死了吴三桂的父母；从那时起，这两个人就成了不共戴天的死对头。神圣的忠孝之情以及对复仇的渴望，使吴三桂丧失了最基本的审慎。他完全信任了满族人，与他们一起进军北京。就在他逼近京师的时候，李自成把皇家的国库洗劫一空，一把大火烧掉了皇宫，然后撤回了陕西。

吴三桂领着他的满洲盟军进入了北京城。接下来，他为满族人的合作对他们表示了感谢，并试图解散他们。但满族人很快就让他认识到了自己的错误：他们有10万大军在北京，同时来自奉天的新部队使这支大军不断得到增强。他们不理睬吴三桂的抗议，占领了北京的各城门。他们的国王皇太极在几个月前死掉了，留下一个6岁大的儿子作为继承人。满族人的首领们如今宣布这个孩子为中国的皇帝，年号顺治。这宣告了大明王朝已经失去了"天命"。

那位被满族人当枪耍的吴三桂将军，在形势的逼迫下也不得不接受现状，索性成了他们的同伙。满族人把陕西总督的肥缺给了他，条件是他必须把李自成赶出陕西。最近的一系列事件想必让吴将军深感愤怒，如今，他把怒火转向了他的杀父仇敌。吴三桂不依不饶地追击着李自成，迫使他后退到远离陕西的地方，最后，他组织了一场横跨河南、河北两省的名副其实的大围剿，以那位前强盗头子的死亡而告终（1644年）。

与此同时，北京城的摄政王大臣们（年幼的顺治皇帝的叔叔）正在组建满族人的政权。他们很明智地没有改变现有的政体，保留了各个不同的政府职位，并让原有的官员继续留任现职，只是在重要的职位上任命一位满族人官员,与汉人官员并列。剃光前额的习惯,被征服者强加给了汉人,这是标志鞑靼王朝继承大统的唯一符号。

北京清朝政府的权威,依然只是在华北才得到承认。一位明朝的皇子在南京称帝,整个南方都支持他。满族人在征服北京之后,首先关注的就是消灭这个抵抗中心。1645年春,清朝大军会师南京城下。那位新上任的明朝皇帝——等他想到求助于澳门的葡萄牙人的时候已经太迟了——在逃跑的过程中溺水而死。1645年5月9日,南京城被满族人占领。

中国明王朝的最后保卫者们躲到了浙江、广东等地,三位明朝皇子有幸逃过了这场降临在他们家族头上的灭顶之灾,他们试图组织抵抗。不幸的是,他们自己之间没能取得一致,在内讧中耗尽了他们最后的力量。就这样,满族人没费多大力气就征服了浙江和福建(1646年)。

在广东地区的腹地,抵抗力量坚持的时间更长一些。明朝的最后一位皇子朱由榔称帝,年号永历,定都桂林,那里是广西的山区。满族人进军桂林,但被明王朝的拥护者们给击退了,后者得到了葡萄牙人的增援,他们装备着大炮,在尼古拉·费雷拉的率领下从澳门赶来。事实上,正是因为葡萄牙人的介入,才保全了明朝的力量。葡萄牙人的插手不难解释,因为永历帝有一位最受尊敬的顾问就是个耶稣会士,名叫瞿纱微[1]。朱由榔的妻子也是个基督徒,施洗时取名安妮;他的儿子取名康斯坦丁,太后叫海伦。他们最忠诚的拥护者、英勇无畏的瞿式耜也皈依了天主教,取教名托马斯,这位基督徒军人,为南明王朝的末日增添了光彩。1650年,耶稣会神父卜弥格[2]离开桂林,代表南明王朝去欧洲请求基督教国家的帮助。但就在同一年,一支清军带着不惜一切代价征服两广的使命被派往南方。在他们逼近的时候,软弱无能的朱由榔惊恐不已,不顾瞿式耜的恳求,逃出了桂林。尽管被主子抛弃，手下的将士也逃掉了一半，但瞿式耜依然领着最后留下来的追随者保卫着桂林。城市最终还是被攻克了，战斗到最后的瞿式耜被俘。满族人遵循他们一贯的策略，试图获得他的支持，在毅然拒绝背叛主人之后，瞿式耜被斩首。由于他的英雄主义精神，征服者为他举行了隆重的葬礼(1650年)。不久之后，满族人攻克广州，朱由榔逃往缅甸(1651年)。

明朝大业最后的捍卫者是郑成功，荷兰人与葡萄牙人都叫他Koxinga(国姓爷，这是中国老百姓对他的称呼)。

郑成功是远东历史上最奇特的人物之一，是海上中国首屈一指的、也是与生俱来的代表，其在太平洋与印度洋各沿岸地区的扩张，是19世纪最重要的事件之一。郑成功的父亲郑芝龙是个普通渔民，后来成了一名海盗首领。郑芝龙的年轻时代是在澳门度过的，葡萄牙人在那里给他施洗；随后他生活在西属马尼拉，又从那里去了日本，在日本娶妻成家，郑成功就是这次婚姻的产物。回到中国后，郑芝龙成了一名为明王朝效力的海盗，在浙江、福建和广东沿海抗击满族人(1645年)，后来被人出卖，成了满族人的阶下之囚，被押送到北京，从此再也没有回来(1646)。他的儿子郑成功发誓要为父亲报仇。郑成功扬帆出海，率领他神出鬼没的小舰队，16年来不屈不挠地对南部沿海各省的总督展开了海上游击战。

郑成功是从获取岸上的可靠根据地开始的。1653年，他建立了一支以福建的厦门岛为基地的海军。1656年，他攻占了崇明岛，那里控制着长江的入海口。1659年，他溯江而上，大胆地围攻南京城。被击退之后，他把注意力转向了台湾岛，自1625年以来，荷兰人就在那里扎下了脚跟。他在自己的厦门老巢集结了一支强大的舰队，于1661年4月30日在台湾岛登陆。1662年2月1日，在经过长时间的围攻之后，他攻克了荷兰人的热兰遮要塞。他爽快地授予总督所有的战争荣誉，却迫使荷兰人离开了台湾岛。正当郑成功计划以同样的方式从西班牙人手里拿下马尼拉的时候，1662年7月2日，竟以39岁之年过早地去世了。

郑成功的命运颇不平凡。一位华人基督徒与一位日本母亲的儿子，一位西班牙征服者的弟子，被外族入侵所迫而生活在本国的外部边缘，他的视野明显比他的中国同胞更为宽阔。他设想着在中国海上缔造自己的海上帝国，这一想法无疑是仿效西班牙、葡萄牙及荷兰的航海家们。他的这一努力，对历史学家来说颇有意味，它最早显示了此前的历史上绝不可能出现的某种东西：中国人的海上天赋。事实上，郑成功的冒险，可以说是开创了中国人大移民的新纪元，今天在南海的所有沿海地区都可以发现他们的足迹，从西贡到新加坡，从巴达维亚到马尼拉和夏威夷。这是一场极其重要的运动，其最终的重大意义迄今尚无法评估。

郑成功将其统治下的台湾传给了他的儿子郑经，郑经从1662年至1681年一直统治着台湾，未曾受到打扰。郑经死后，1683年，台湾被清朝的康熙皇帝统一。

【注释】

[1] 瞿纱微（Andre Xavier Koffler，1603—1651），又名瞿安德，奥地利人，耶稣会传教士，1640年来华。

[2] 卜弥格（Michael Boym，1612—1659），波兰人，耶稣会传教士。

第 30 章
最后的王朝

第 30 章 最后的王朝

满族人夺取皇位的方式，无论怎么看都像是一招妙手空空的戏法。满人的摄政王大臣们以一种对蛮族人来说确实不同寻常的机敏，利用了李自成与吴三桂之间的斗争，硬是让自己挤进了北京城。他们通过帮助吴三桂惩罚篡位者，从而赢得了忠臣和士大夫们的完全认可，然后，在没有积极有效的中央权力足以对他们构成挑战的时候，他们兵不血刃地让自己成为了这个古老帝国的主人。这种和平接管，与13世纪蒙古人征服中原时长达20年的屠杀与破坏比较起来，有着天壤之别。诚然，在除掉南明王朝最后几位皇位觊觎者之前，满族人在华南不得不打了7年的仗，但这些战役都只局限在南部边境省份，与蒙古征服者在同一地区长达42年的残忍角逐比较起来，简直可以忽略不计。此外，那位代表侄子熟练管理政府的摄政王，也很注意在这项任务中主要任用汉人，那些归顺并支持大清王朝的明朝贵族，也都得到了爵衔和赏金的回报。为了最大限度地利用这些汉人支持者，他在南方创立了三个大的封邑，任命了三位汉人权贵统治它们，其中就有吴三桂。摄政王去世之后，顺治皇帝尽管还很年轻——当时他只有17岁，但他像路易十四一样，声称希望当自己的宰相，直接控制政府（1651年2月1日）。

这位年轻的君主证明了自己的智慧和能力。他对耶稣会神父汤若望表现出了显著的尊重，1645年任命他为钦天监监正，

1653年授予他"通玄教师"的头衔。1654年,汤若望呈递了一篇关于欧洲天文学的论文,次年被朝廷正式采用。此外,汤若望在为他的圣上效力的过程中,似乎有机会扮演更私密的角色。

在皇帝只有17岁或18岁时,有一天,在一次宫廷庆典上,他注意到了美丽迷人的董小宛——他的一位主要官员的年轻妻子——并立刻神魂颠倒地爱上了她。董小宛的丈夫在得知皇上的感情之后自杀了。顺治皇帝让人把这个年轻女人带到了宫里,因为他已经结婚,于是便封她为贵妃。"几年来,他一直很幸福,他的爱越来越强烈。贵妃给他生了个儿子,皇帝的幸福是圆满的。接下来,母子两人都死了,没有人知道她们得的是什么病,多半是被毒死的。"皇帝的悲痛有目共睹。"他下令处死了贵妃的30名随从,把他们埋在她的棺椁的脚头。没人知道他这样做的目的到底是为了给死者报仇,还是按照鞑靼人的古老习俗,为了让他们在另一个世界里给她作伴。"[1]顺治皇帝甚至企图自杀,幸好被及时制止,但他从此之后就变得颓废。汤若望神父(顺治皇帝对他越来越友好)尽自己最大的努力鼓励顺治皇帝恢复自制。有一个广为流传的谣言,说的是顺治皇帝秘密退位了,跑到五台山出家。有人声称,在曹雪芹(卒于1763年)所著的那部伟大的清代小说《红楼梦》中发现了这出戏的回声,但这种暗示,即便有的话,也隐藏得非常之深[2]。

顺治皇帝去世的时候,满洲王爷们把一个8岁的孩子推上了皇位,新年号是康熙。

康熙皇帝的统治时间几乎像他的同时代人路易十四一样漫长,他是中国历史上最伟大的君主之一。就像路易十四一样,他的同时代人也都异口同声地赞颂他的美貌、他与生俱来的威严,以及他的沉着镇定[3]。"他的个头比一般人要高,体形匀称,他的脸形端正饱满,他的眼睛活泼生动,比一般的中国人张得更开,他的前额很大,鼻子稍稍有些鹰钩,嘴巴阔大;他的举止温和而亲切,然而又是那样的庄重而威严,以至于你一眼就可以在众多的廷臣中把他认出来。"——这就是那些很熟悉他的耶稣会传教士们为他画的肖像。他们还补充道:"他那令人愉快的外表预示着一颗高贵的心灵,这使得他能够驾驭自己的激情,预示着敏锐而富有洞察力的头脑,健全而可靠的判断力,以及滴水不漏的非凡记忆力。"他与生俱来的聪慧,结合了对学习的喜爱,这使得这位鞑靼王子成了一位符合儒家士大夫心意的皇帝。然而我们应该看到,无论他有多么汉化,但在处理基督教的事务上,他依然保持着完全不受儒家俗套的约束。对外政策的问题,显露出了这位天子身上的满族首领的本性——或者毋宁说,显露出了他强大个性中的两个方面在这些事情上的互补。毋庸置疑,当他在上亚细亚重新开始历史——不仅是汉、唐王朝,而且还包括蒙古的大可汗们——所遗留下来的宏图大业时,他伟大的想象力要归功于他的满族遗产。

在康熙皇帝未成年时,行使权力的是四位摄政王大臣,他们在某些方面与顺治皇帝的政策背道而驰。比如,1665年1月4日,他们颁布了一道诏令,禁止基督教[4]。汤若望神父尽管是先帝的私人朋友,但他也被逮了起来,并且被判死刑,然而太后发怒了,让人把他给放了。这位老人的精神因为这次飞来横祸而彻底崩溃,没过多久,他就去世了(1666年8月15日)。通过1662年的一篇诏令,摄政王大臣作出规定,从那以后,科举考试将主要根据士子的文学创作来评判,这种命题作文应该解释朱熹学派的官方教义。这项制度一直有效地维持到了1905年。

与此同时,康熙皇帝尽管很年轻,但他急切盼望着结束摄政王大臣们的监护。1667年8月25日,年仅13岁的康熙皇帝亲手抓住了政府的缰绳。两年之后,他开始着手对摄政王大臣们的行政管理进行严格的调查。1669年6月14日,他们当中的一位被逮了起来,并被判处斩首(后改为终生监禁),另一位则遭贬黜。作为在他亲政的愉快时刻赐给中国百姓的一份礼物,他下令将所有被满人非法夺取的土地全部归还给原先的主人。尽管有这些慷慨的措施,但不久之后,一场反对清朝政府的叛乱还是爆发了。

我们已经看到,满洲的征服者们为了尽可能以最小的代价让南方诸省俯首称臣,并确保民众的普遍支持,已经把华南的统治委托给了三位重要的汉人权贵,他们享有亲王的爵位,其封邑实际上是自治的。其中一位亲王管理着福建,另一位统治着广东地区,而第三位则控制着四川和云南——此人并非别人,正是大名鼎鼎的吴三桂。我们已经看到,吴三桂在1644年的那场大戏中所扮演的举足轻重的角色,看到了这位忠诚的将领是如何在拿起武器为大明王朝报仇雪耻之后发现自己竟然在无意中充当了满族入侵者的排头兵。这位被满族人当枪耍的将军,被形势所迫,成了他们的同伙,也得到了他们慷慨的回报,先是陕西总督的位置,然后是西南的封邑。这里不仅是他的独立王国,而且实际上也固若金汤,因为四川和云南的崇山峻岭保护了这两个偏远省份,似乎足以抵挡任何攻击。满族人并没有忘记他们欠吴三桂的情(因为如果没有他在1644年的合作,他们根本攻占不了北京城),因此总是迎合他,对他几乎是平等相待,他们甚至把顺治皇帝的一位妹妹下嫁给了吴三桂的儿子。

新皇帝康熙不喜欢这种地方自治,看着吴三桂俨然自命为独立自主的统治者,他不免有些惴惴不安,于是便召吴三桂进京觐见。起初,吴三桂以年迈为借口,后来,在收到进一步的、更恳切的邀请的时候,这位老人干脆就揭竿而起,公开反叛,他号召汉人加入他的针对满族人的民族起义(1674)。他的榜样,得到了南方另外两位自治亲王、广东和福建的统治者的效仿。与此同时,在内蒙古,最重要的蒙古部落、在河北省北部放牧的察哈尔人,也起来反叛。察哈尔人的可汗布尔尼(他是成吉思汗与忽必烈的直系后裔)请求东蒙古人加入这次对满人宗主国的反叛,但另外一些部落并不支持他,他兵败被杀。在南方,福建和广东地区很快就被征服了(1676—1677)。吴三桂从四川撤退到了云南,清军相信,深入云南山区去追击他是不明智的。不久之后,吴三桂老死云南(1678年10月)。清军直到1681年才占领云南,吴三桂全家被处死。造反者的残余势力被碾成粉末,飘散在风中。康熙皇帝通过统一台湾从而让自己获得了圆满的胜利。

察哈尔人的溃败,牢固地确立了康熙皇帝对内蒙古(察哈尔人与鄂尔多斯人)的宗主权,他现在可以放开手脚去关注外蒙古了。

外蒙古被分成了两个部落群:东蒙古人(或称喀尔喀人)和西蒙古人(或称卫拉特人)。喀尔喀人分属5位不同的可汗统治,全都是成吉思汗的后代,他们占据着严格意义上的蒙古,从克鲁伦河下游,到科布多诸湖。卫拉特人把他们的畜群放牧到了更远的西部和西南部,在科布多与天山之间。卫拉特人中最重要的是绰罗斯人,他们生活在塔尔巴哈台群山的周围地区,位于科布多与伊犁河之间,绰罗斯人包括一个被称为准噶尔的部落。从1676年至1697年,准噶尔人的首领是一个名叫噶尔丹的非凡人物,可以说是一位功败垂成的"成吉思汗",他梦想着重建古老的蒙古帝国,并置于西蒙古人的统治之下。年轻的时候,噶尔丹作为一名小喇嘛生活在西藏,在拉萨的达赖喇嘛(相当于喇嘛教的教皇)的手下。他与这位喇嘛教的"圣座"保持着非常友好的关系,达赖喇嘛对上亚细亚喇嘛教徒(如今几乎所有蒙古人都是喇嘛教徒)的巨大政治影响力随时可以为他所用。噶尔丹既是西藏的喇嘛教的保护者,同时又是喀什噶尔的伊斯兰教的捍卫者,他推翻了那里的从成吉思汗一脉相传下来的可汗,代之以和卓人的穆斯林神权国家。接下来,他着手征服蒙古的喀尔喀人,经过两年的战争(1688—1690)之后,成功地征服了这一地区,从科布多一直延伸到克鲁伦河。

被赶出家园的喀尔喀亲王们躲到长城附近避难，并寻求康熙皇帝的帮助。皇帝可受不了让一个新的蒙古帝国在中国的大门口崛起。再说，噶尔丹在开始追击喀尔喀人之后，如今竟胆敢沿库伦到张家口一路向前，进入内蒙古。于是，康熙皇帝便派出了一支装备着火炮的大军去对付他——这些火炮是耶稣会士们在北京修造的。在1690年9月2日爆发的那场战役中，在一片沼泽的后面占据了有利位置的准噶尔人，本可以抵挡住清军的进攻，但炮火似乎把他们给吓着了，1690年的晚些时候，噶尔丹撤出了喀尔喀人在外蒙古的全部领土。康熙皇帝的介入，把喀尔喀的亲王们从准噶尔人的统治下解救了出来，1691年5月，在多伦诺尔举行的一次会议上，他们庄重地向康熙皇帝表示效忠。

当时所确立的外蒙古的地位，一直维持到了1912年。喀尔喀的亲王们一直向大清帝国纳贡，作为回报，皇帝颁赐给他们头衔和礼物。成吉思汗的子孙们与清朝皇帝之间的个人忠诚的纽带就这样形成了，同时，通过两个家族之间的几次联姻而使这种关系得以增强。明朝的永乐皇帝曾设想过类似的方法，但作为一个汉人，是决不可能让蒙古人接受的。而康熙皇帝却轻而易举地成功了，因为他本人也是个鞑靼人。事实上，蒙古的新地位，乃是基于蒙古可汗与满族大可汗之间的游牧民对游牧民的关系。一等到清王朝垮台，蒙古的亲王们就把他们的忠诚誓言丢到了一边，擅自宣布独立。

1695年，当噶尔丹再次入侵外蒙古——喀尔喀人的国家——并直逼克鲁伦河的时候，这位准噶尔人的首领与大清帝国之间的战火又重新点燃了。为了一劳永逸地解决掉这一威胁，康熙皇帝集结起了一支强大的远征军，由他亲自指挥。1696年2月16日，他把自己的所有将领都召到宫里，亲手为他们奉上壮行酒。4月13日，他启程出征，跟随他鞍前马后的耶稣会神父张诚[5]，留下了一份关于这次远征的目击者的记述。他注意到了"被维持得完美的秩序,圣上及随从们的朴素,以及他对将士们的关心。他总是坚持要等到看见将士们扎好营帐之后,才肯回到自己的大帐里"。"行军的队伍穿过一个一直以来都很穷的国家,当时那里已被战火所摧毁,这让部队吃了不少苦头。皇帝跟他们同甘共苦,轻蔑地拒绝了官员们的恳请,他们求他别再跟将士们一起风餐露宿了。他饱满的精神赋予了将士们以新的勇气。"部队在皇帝的亲自指挥下向克鲁伦河进逼,与此同时,他的副将费扬古也正在向土拉河进军,为的是切断噶尔丹的退路。1696年6月12日,费扬古在土拉河南岸、库伦以南的昭莫多与敌军短兵相接,多亏了他的火枪和大炮,给了敌人致命一击。噶尔丹的妻子被杀,他所有的辎重和畜群全都落入了清军之手。在损失了一半人马之后,这位准噶尔人的首领朝着科布多的方向落荒而逃。康熙皇帝的介入再一次救了喀尔喀人,他们永久占有了自己的国家,北京朝廷对他们的保护从那以后再也未受到过挑战。

这一次伟大的功绩——喀尔喀人的解救、重整旗鼓以及最终平定——是康熙皇帝亲手取得的。他全身心地投入到了这项任务中,竭力跟蒙古的亲王们建立起长期信任、互相友好的关系。他对蒙古的一切都非常喜欢,每当他与喀尔喀人或鄂尔多斯人的首领们在一起的时候,这位中国的天子便成了游牧部落的真正领袖。他用他们能听懂的语言跟他们说话,迎合他们"旗"的荣誉和军事忠诚,拥有跟他们的心灵贴得非常近的情感。跟这些人的接触,似乎重新唤醒了他身上遗传的游牧民气质。远离了紫禁城的富丽堂皇,在蒙古封臣们的陪伴下猎杀野兔和羚羊,他从未像这时候这么快乐过。在一次战役中,他写信给儿子说:"鄂尔多斯的野兔别有风味。这里的每样东西比北京所能拿出的最好的东西都更有风味。"

康熙皇帝只满足于把准噶尔人赶出严格意义上的蒙古,而不打算追击到他们的老家——由科布多、塔尔巴哈台和伊犁等地区所组成的准噶尔。准噶尔人的首领噶尔丹在1696年的兵败之后不久就去世了，但他的侄子和继任者策妄阿拉布坦很快就重新开始了他叔叔的那些雄心勃勃的计划，这一次他们转向了西藏。1717年12月2日，准噶尔大军进入拉萨城，把充当汉人党羽的喇嘛全给杀了，准备永久性地定居在这座圣城。康熙皇帝立刻派出了一支远征军去西藏，但被赶了回来（1718年）。皇帝在等待时机，1720年秋，一支规模更大的清军进入了拉萨城，赶跑了准噶尔人。属于帝党的达赖喇嘛登上了王位，同时任命了两位中国高级专员，负责指导喇嘛教会的对外政策。

在南满洲，康熙皇帝与俄罗斯的扩张发生了冲突。自16世纪末以来，俄国人一直控制着西西伯利亚，在他们向太平洋推进的时候，到达了黑龙江的两岸，1651年，他们在那里修建了雅克萨要塞。在这一地区定居的通古斯部落与满族人有很亲近的血缘关系，并且被置于清朝的宗主权之下，盛产黑貂。俄罗斯人刚刚站稳脚跟，就与本地的捕猎手和汉人皮毛商展开了竞争。当1682年一位俄罗斯总督被派到雅克萨的时候，北京政府终于生气了。康熙皇帝断然采取了行动，这多亏了耶稣会士们拥有高效的火炮。1685年6月，一万五千名清军携带着150门火炮和50门迫击炮被派往雅克萨，俄罗斯人乖乖投降。他们被迫离开，他们的工事被摧毁。然而，中国人刚走，哥萨克人又回到了雅克萨，建起了一个新要塞，但很快就被中国人所包围。最后，双方在尼布楚展开了谈判，中国代表团里有两位耶稣会士，其中有一位就是张诚。最终条约的达成，在很大程度上要感谢张诚，1689年9月7日，《尼布楚条约》签订，这份条约是用拉丁文、满文、汉文、蒙文和俄文拟写的。俄罗斯人放弃了雅克萨的领地，他们在那里修建的要塞也被夷为平地，但他们保住了尼布楚。石勒喀河与额尔古纳河标志着两个帝国之间的边界。整个黑龙江流域，包括它的北部支流，都归属中国。长话短说吧，俄国人被阻止在远离黑龙江两岸的地方，在外兴安岭的那边；满洲——大清王朝的故国家园——则免除了一直悬在头顶上的危险[6]。康熙皇帝表示了对张诚神甫的感激之情，他的这次外交胜利，张诚立了头功。

康熙皇帝亲政的时候，摄政王大臣们1655年1月4日所颁布的一项法令依然有效，该项法令禁止基督教。然而，耶稣会士们因为他们的科学知识而变得不可或缺。在汤若望神父的同事中有一位比利时的耶稣会士——南怀仁[7]神甫，以其数学和天文学知识而著称。1669年，康熙皇帝不顾儒家士大夫的忠告，在科学领域对南怀仁表示尊敬，并采纳了他的历法改革，同时还任命他为钦天监监副。基督教当然会受益于皇帝对南怀仁及其他耶稣会士的青睐。很显然，康熙皇帝一方面因为耶稣会士们的知识而对他们优礼有加，并违反1665年的诏令允许他们私下里信奉自己的宗教，另一方面又在维护1669年和1671年的禁令：禁止劝诱中国人入教。但各地的总督们（他们了解到了耶稣会士们在朝廷所受到的礼遇）却对基督教的传教活动表现出了最大限度的宽容。1674年，在吴三桂叛乱期间，南怀仁的声誉得到了极大的提升，当时，他修造了大量的火炮，对清军的胜利可谓居功至伟。

1688年1月29日，恩宠正隆的南怀仁神甫在北京去世，2月7日，来了一个继承他的衣钵的人，此人便是法国耶稣会士张诚。在3月21日的觐见中，张诚给康熙皇帝留下了很好的印象，皇帝特意安排人教授他满语，为的是更方便地与他对话。当他们能够一起交谈的时候，皇帝便频繁地与这位传教士谈论科学话题，并让他用满文撰写一部对欧几里得几何学的解释。张诚作为《尼布楚条约》的谈判代表为中国所作的贡献，上面已经提到过了，出于感激，康熙皇帝颁布了两道谕旨，容许基督教的信仰自由（1692年3月17日和19日）。第一道上谕宣称："查得西洋人，仰慕圣化，由万里航海而来。现今治理历法，用兵之际，力造军器、火炮，差往俄罗斯，诚心效力，克成其事，劳绩甚多。各省居住西洋人,并无为恶乱行之处,又并非左道惑众,异端生事。喇嘛、僧等寺庙,尚容人烧香行走。西洋人并无违法之事,反行禁止,似属不宜。相应将各处天主堂俱照旧存留,凡进香供奉之人,仍许照常行走,不必禁止。"

中国就这样对基督教敞开了大门。但那场不幸的"礼仪之争"——它在西方引起了相当大的轰动,并且完全被误解了——却让迄今为止取得的所有成果付诸东流。耶稣会士们承认,在原则上,儒家的"天"的概念,是可以与基督教的"上帝"的概念相协调的,而且,不管是为纪念孔子而举行的仪式,还是对祖先的敬畏,都可以被视为纯粹的世俗仪式,视为对圣贤的尊崇或普通的孝行。这样,他们没有牺牲任何基督教信条或承认任何异教行为,就避开了与儒家士大夫——换句话说,就是整个官僚阶层——的直接冲突。教皇亚历山大七世也同意这种做法,在近代,教皇庇护十一世和庇护十二世也都采取了同样的态度。反对"礼仪"的行动是由某些基督徒发起的,对中国的事情,他们所懂得的,远比耶稣会士们要少得多,因此也就不大能够欣赏中国人观念中的形而上学和神学意义。1715年,"礼仪"受到天主教教会的谴责。康熙皇帝是个相当文明的人,他本人对这个问题很有兴趣。他想方设法让人们相信:在献给孔子牌位或祖先牌位的敬意当中,并不存在偶像崇拜的嫌疑。他写道:"中国供神主,乃是人子思念父母养育。……圣人以五常百行之大道,君臣父子之大伦,垂教万世,……此至圣先师之所应尊应敬也。"发现自己的解释并没有被人重视,他被刺痛了,于是在1717年5月17日颁布了一道诏令,禁止基督教的传教活动,以此作为报复。

詹森派信徒反对耶稣会士的战役结出了它的果实。中国在对基督教打开大门之后,再一次关上了。

康熙皇帝在海子公园打猎的时候不幸染上风寒,于1722年12月20日去世,终年69岁。他把皇位留给了皇四子,年号雍正

(1723—1735)。

46岁登上皇位的雍正皇帝把他大部分兄弟给关了起来，或者安排他们从这个世界上消失。尽管这个开局很不吉利，但他是个勤勉刻苦的统治者，对公共利益也很用心，然而，跟父亲比起来，他可算是个苍白的人物。而他父亲所表现出的独立精神，无疑要归功于满族人的培养教育；雍正皇帝则更多地受到士大夫们的影响，常常表现出极端的狭隘，尤其是对基督教的态度。1724年，他下令赶走所有的传教士，除了那些由于他们的科学知识而被允许留在朝廷的人之外。在对外事务上，他重新开始了与准噶尔人的角逐。1731年，他派出了一支远征军去准噶尔，并占领了科布多，但两个月之后，遭到敌军的奇袭，全军覆没。1734年，另一支清朝军队再次进军科布多地区，但第二年，雍正皇帝就中止了敌对状态。

雍正皇帝死于1735年10月8日，他把皇位留给了他的第四个儿子、一个24岁的年轻人。新的年号是乾隆(1736—1796)。

乾隆皇帝像他的祖父一样，统治了60年。这是大清王朝最后一个伟大的统治时期，我们将看到，他如何在蒙古和西藏完成了康熙皇帝未竟的大业。这些征服并不是皇帝本人亲自实现的，因为，乾隆皇帝不像康熙皇帝，他并不是一个军人，而是一个外交家和管理者。

我们已经看到，雍正皇帝吞并准噶尔的努力以失败而告终。形势对乾隆皇帝更有利一些。准噶尔正处在一场内战的剧痛中，1754年，准噶尔的一位王位觊觎者阿睦尔撒纳到清朝廷寻求庇护。乾隆皇帝在热河召见了他，派他和他的人马作为清军的前锋去攻占准噶尔。但阿睦尔撒纳与他的保护者们闹翻了，并号召准噶尔人协助他进攻占领军，这一仗让清军遭受了重创。精力充沛的清军统帅兆惠收复了阵地，在叶密立河与塔尔巴哈台打垮了叛军，攻占了敌军的另一个抵抗中心固尔扎(1757年)。阿睦尔撒纳逃到了西伯利亚,在那里消失不见了。

这次溃败是准噶尔作为一个国家的末日。大致由科布多、塔尔巴哈台以及伊犁河沿岸的固尔扎等地区组成的准噶尔,直接并入了大清帝国的版图。乾隆皇帝让来自整个帝国的移民重新住进了这个国家,他们当中有来自喀什噶尔和甘肃的穆斯林。1771年,他又让土尔扈特人(他们是西蒙古人以及准噶尔人的同族)定居在固尔扎的南边和东边;他们在俄罗斯的阿斯特拉罕生活了一段漫长的时期之后,重新回到了自己的故乡。

我们已经看到,准噶尔人在1680年把他们的宗主权强加给了喀什噶尔,安置了和卓人的穆斯林神权国家作为他们的封臣。等到准噶尔刚一被占领,清军统帅兆惠就进入了喀什噶尔地区(1758年),并在经过两场不屈不挠的围攻战之后,占领了喀什噶尔和叶尔羌这两座城市(1759年)。整个东突厥斯坦地区被并入了大清帝国,这一地区后来被称为新疆。

喀什噶尔的征服,标志着一项长期计划的最终实现,这项计划已有1800年的历史,伟大的汉、唐王朝就曾执行过这一计划。

在西藏,乾隆皇帝也完成了他祖父的工作。尽管任命了两位中国高级专员在拉萨城监督达赖喇嘛,但在这座圣城,依然存在着一个亲准噶尔人、反中原人的团体。1750年,这一团体煽动了一场叛乱,结果导致两位中原高级专员及其他所有中原居民被屠杀。皇帝派出了一支大军去拉萨,没费多大力气就恢复了那里的秩序。然后他利用这个机会使西藏跟大清帝国的关系变得更紧密了。两位中国高级专员(满语为amban,即大臣)接管了全部的政治权力,并握有提名新任达赖喇嘛的决定性选票。喇嘛教的教权就这样纳入了清朝行政管理的框架之内。为了对达赖喇嘛所失去的独立做出适当的补偿,乾隆皇帝正式授予他西藏王的世俗头衔,这样就增加了他的位置的荣誉和尊严。但是,作为一种额外的防范措施,乾隆皇帝又煞费苦心地相应增加另一位西藏宗教领袖、扎什伦布寺住持的特权，让他做了日喀则的国王。1779年，这位喇嘛朝觐了乾隆皇帝，皇帝分别在热河与北京隆重接待了他。西藏一直紧密地隶属于大清帝国，直到1912年。

乾隆皇帝作为西藏教权保护者，导致他插手尼泊尔的事务。1791年，尼泊尔的廓尔喀人袭击西藏，大肆劫掠。乾隆皇帝立即派出了一支远征军，他们横穿了青藏高原，越过了喜马拉雅山，进入了尼泊尔。这支大军把廓尔喀人打得落花流水，迫使他们成了大清帝国的附庸国（1792年9月）。

在中国的南部，依然是森林覆盖的群山，以及贵州的石灰石高原，充当着苗族人的庇护所，这些"生番"到这时为止一直都守护着他们的自治权，汉人移民仅仅满足于清理那些河谷。1775年，乾隆皇帝着手征服这些体格健壮的山地人。他们位于悬崖峭壁间修筑了防御工事的隐蔽处，一个接一个地遭到狂风暴雨般的猛攻，人员损失惨重。首领们被押解进京，在那里被折磨至死，他们严重扭曲的头颅暴露在囚笼里。

对苗人的征服标志着一个时代的结束。它完成了中国人对中国的征服，这是一项千秋大业，由巴比伦时期和迦勒底人的吾珥城时代的那些传说中的王朝开始，在法国大革命前夕结束。乾隆末年，也就是1796年，像汉、唐鼎盛时期一样，中华帝国的版图再一次包括了那块被西伯利亚、阿尔泰、天山、帕米尔高原和喜马拉雅山所环抱的"封闭的大陆"。

从经济和社会的观点看，清王朝通过其对耕地问题的处理，给中国人帮了大忙。在明代，已经发展出了一种免除了役工和税捐的特权财产，规模之大到了相当危险的程度。这些为亲王、朝臣或官吏们所创立的大领地，由佃农和长工们耕种，他们不受《大明律》的保护。马伯乐指出："《大明律》赋予主人以惩罚胆敢违抗的奴仆或佃户的权利，即使这种惩罚导致受罚者的死亡，也不能要求主人赔偿。"同时，皇室家族自己也获得了巨大的地产，当然同样也用不着分派役工、缴纳税捐，而且在持续不断地扩张，毫不理会一些更诚实的官员的抗议。在大庄园里从事耕作的农业人口任由管理官员的盘剥勒索。清王朝为了它的信誉，把属于皇室家族的部分土地转交给了国家。富户的特权财产被没收了，部分分给了农民，作为他们的私有财产。

清王朝并没有就此罢手。据马伯乐说，它不断鼓励小土地所有者的发展，保持着严厉的监管，为的是阻止回到过去的大庄园制度。大地主失去了强制的权利，这种权利使得他们借助农奴和长工来实现大庄园的扩张变得更便利。严厉的强制性法律规定，通过虐待而致农奴或长工死亡的地主，将杖一百，流放三年。更加重要的一项规定是，那些全家耕种同一块土地达数代以上的人，将最终获得对其地表的合法所有权，地主则保持对地下的权利。农民可以买卖"表面"土地。

这些措施，以及实施这些措施的精神，导致了普遍的土地再分配。

与明代比较起来，乡村百姓的生存条件得到了极大的改善，这导致了人口的迅速增长。据当时的统计数据，人口总数从1578年（晚明）的60 692 000增长到了1661年的104 700 000，直到1766年的182 076 000，在1872年，甚至达到了329 560 000。再来看看乾隆皇帝的宗教政策吧，我们发现，他像其父亲一样，也任用了那些有才能的天主教传教士。就这样，1715年，修道士郎世宁来到北京，并一直留在北京，直到1764年去世。他成了皇帝的宫廷画师之一。郎世宁受乾隆皇帝之命为宫女们画肖像；他还画过皇帝接受的吉尔吉斯人进贡的很多战马，在巴黎的吉美博物馆里可以看到这幅画。大约在1760—1765年间，皇帝委托郎世宁与另外两位耶稣会士——王致诚（Jean Denis Attiret）和艾启蒙（Ignatius Sickelpart）——以及圣奥古斯丁修士会修士安德义（Jean Damascene）一起，绘制了一套表现征服准噶尔的场景的画作。这套画后来被送到法国,在皇家美术学院院士贝尔坦的指导下进行雕刻(1765—1774年)。

然而,乾隆皇帝对某些耶稣会士画家和数学家的私人友谊并没能阻止他禁止他的臣民信奉基督教(1736年4月24日的上谕)。同时,耶稣会士们也并没有误解他的真情实感,汪达洪(Jean-Mathieu de Ventavon)神甫以完全客观的态度写道:"他是一位事必躬亲的伟大君主。年龄越大,他对欧洲人的态度变得越偏袒。他和他的王公贵族们都承认:我们的宗教是善的。即使他们禁止我们公开宣教、不允许有传教士在他们的地盘上存在,这也纯粹是因为政治的原因,因为担心我们在宗教的幌子下隐藏着别的图谋。他们都知道欧洲人在印度的征服,唯恐类似的事情在中国发生。"此外,欧洲本身似乎也决定阻止天主教传教团的进一步发展。1764年,路易十五的政府把耶稣会的神甫们赶出了法国。接下来,在来自凡尔赛与马德里的宫廷的压力下,教皇很不情愿地暂时做出让步,1773年,耶稣会不得不在欧洲和中国消失。巴黎的知识界为这一措施鼓掌喝彩,但他们压根儿就没认识到,法国因为否认她最优秀的精神先驱,而正在远东遭受挫败,这差不多就像加拿大的那"几亩雪地"[10]的损失一样大。

康熙、雍正、乾隆三朝,以艺术的复兴而著称,尤其是在建筑和陶瓷领域。

我们已经看到,1409—1424年间,明朝的永乐皇帝开创了"紫禁城"(位于现代北京的中心)的总体规划。这一组无与伦比的建筑,在1644年明朝垮台的时候被夷为平地,三位伟大的清朝皇帝对它进行了重建和完善。事实上,他们非常理解明代建筑师们的抱负,以至于完全可以说,他们是紫禁城的第二代奠基人。此外,也只有通过他们的重建,我们才能对永乐皇帝的工作做出评判。

众所周知,紫禁城的建筑,不仅符合美学的规则,而且也符合一系列在古代中国宗教中扮演重要角色的几何学与天文学的考量。回廊、楼梯、露台、宫室和大殿的整个排列，都坐北朝南，但就重要性而言又是从南向北递进，"与宇宙秩序相和谐"。它同时又与人类的秩序相和谐，因为一切都朝上通向皇座，那是世界的中心。由午门进入紫禁城，皇帝通常在这里接见得胜还朝的军队。你先过金水河——那是一条装饰性的小河，从大理石桥下蜿蜒流过，再通过太和门，来到一个举行仪式的大院子，院子被大理石露台所环绕，每座露台上耸立着一座宫殿。正中间是有着镀金屋顶的皇座大殿——太和殿，这座大殿是打算用来举行某些庄重仪式的，比如新年，事实上就是"皇帝的仪式生活的中心"——帝国宗教的中心。在这幢建筑物的后面、属于同一建筑群的，是另外两座同样重要的皇座大殿：中和殿与保和殿。前者是皇帝在春耕仪式开始之前检查农业器具的地方，后者则是他接见诸王的地方。再往北一点，依然在中轴上，是乾清宫，这是用于皇帝朝会的大殿，他就是在这里处理国事。在同一根中轴上，但在紫禁城的北墙之外，耸立着煤山（更恰当的叫法是景山），一共有5座小山丘，其上各有一座亭阁。

在紫禁城的西边，几乎挨着城墙的是西苑三海，那是一片延伸的水域，被一座桥和一条狭地分隔开来；在那条分开南海与中海的大理石桥的正北方，是白塔，一个矗立着一座白色佛塔的假山，这座佛塔是顺治皇帝修建的。

在从白塔到煤山的路上，你将经过大高殿，一座覆盖着黄色琉璃瓦的寺庙，是在明代嘉靖年间（1522—1566）修建的，在清代雍正和乾隆时期被装饰一新。干旱时节皇帝到这里来祈雨。

在北京的南城区，离外城墙不远的地方，有一个栽植着刺槐和松柏的大公园，这是天坛，它实际上是由不下于5座祭坛和庙宇所组成的，是明代的永乐皇帝在1420年建造的，后经乾隆皇帝重修。每一年，皇帝以3000年宗教的大祭司的角色，在三次庄重的场合来到这里：一次是冬至，皇帝来到圜丘坛，把他的训令呈递给上天；另一次是正月的上辛日（正月上旬的辛日），他回到这里，上天把他的训令授予给皇帝，让他在这一年里统治国家；还有一次是夏至，他来到这里祈求上天让这一年风调雨顺、五谷丰登。在两排白色大理石柱廊的那边，矗立着皇穹宇，这是一座由八根柱子支撑着一个圆形屋顶的圆形建筑。在皇穹宇的西边，是先农坛，始建于明代，后经乾隆皇帝重修。

康熙、雍正和乾隆三位皇帝并不满足于重修和完善那些始建于明代的建筑。他们在北京的西北郊区修建了被西方人称为"夏宫"（Summer Palace）、堪称"中国凡尔赛"的皇家园林。它由两组建筑群所组成：康熙皇帝所使用的长春园，以及雍正皇帝最爱去的圆明园[11]。乾隆皇帝把这两组宫殿结合到了一起，并在这项工作中任用了传教士郎世宁和王致诚，他们因为拥有画家的技能而获选。对这个地方，王致诚为我们留下了一段令人愉快的描述：

> 20至60英尺高的小山丘垒起来了，修造了无数条小河谷。清澈的沟渠灌溉着这些河谷，其水源来自这一地区的高山上，它们分开，再又在几个地方汇合到一起，形成了盆地、池塘和所谓的"海"。高山和小丘的斜坡上覆盖着那些在中国很常见的开花树木。沟渠并不是按直线修造的，那些砌在沟渠边缘的粗糙石头放置得如此艺术，以至于你完全可以说它们是大自然的作品，因为这些水道忽而变宽，忽而变窄，以最自然的方式蜿蜒扭曲。沟渠的两岸点缀着从岩石中长出的花卉，每一个季节都有不同的鲜花。

这位著名耶稣会士的描述，对于研究18世纪中叶中国的造园艺术——这一艺术明显是基于明、清绘画的经典——是最合适的

材料之一。王致诚继续写道:

> 在到达一条河谷的时候,你会注意到那些建筑。整个正面是由廊柱和窗户构成的。木质构件有镀金、彩绘,或者被涂了漆。墙是灰砖砌成的,切割得方方正正,打磨得平滑光洁。屋顶覆盖着红、黄、蓝、紫等色的琉璃瓦,通过对它们的混合与排列,从而产生了赏心悦目的各种图案。每一条河谷都有亭阁,跟周围的环境比起来并不大,但也足够装得下我们最显赫的贵族及其仆从。其中有几座亭阁是用雪松木修造成的,这些雪松木是从1200英里之外的地方运来的。在这个巨大的围场中,总共很可能有200余座宫殿,这就更不用说太监们居住的简陋建筑了。
>
> 沟渠上横跨着千姿百态的小桥。其中有些桥的栏杆是用白色大理石做的,样式精巧,雕刻着浮雕。在大湖中央的一块岩石上,是一座小宫殿,建筑师把它修建在一个中心位置上,这样你就可以从这里纵览公园里的所有美景。你可以乘坐华丽的小船沿着最大的水道上下来往。

从这里,我们可以看到康熙、雍正和乾隆时期艺术表现的趋向。如果说这一时期的绘画和雕饰堕入了衰落的话,那么,建筑——尤其是城市建筑师和造园艺术家的技艺——已经达到了空前的高度。也正是在这一时期,中国瓷器最后的杰作被创造出来了。

康熙年间(1662—1722),江西景德镇的官窑得以重建(1680年),陶瓷艺术在诸如牛血红、桃红和宝石蓝这样明亮单色上达到了它的顶峰,尤其是像五彩釉(绿色为赏心悦目的排列和多色彩形成了背景)、粉末蓝或非常罕见的黑地彩这样的带有彩绘装饰的瓷器。雍正年间(1723—1735),出现了我们称之为"粉彩"

的极其精致的带有彩绘装饰的瓷器。乾隆年间(1736—1796)另外产生了一种被称为"乳花"的漂亮装饰。但几乎紧接着这一时期，随着中国陶瓷开始为出口欧洲市场而生产，衰落也就开始了；欧洲需要中国式装饰风格，供应也就依此而产生。

这一艺术的衰微，是大清王朝衰落的征兆，这种衰落可以追溯到8世纪——追溯到"理性时代"的贤哲们为中国人的教化大唱赞歌的时期。中国历史的模式就是：在出现两三代有能力的统治者之后，王朝就陷入衰落。古老的帝国，被王朝的创立者所重建，然后再一次土崩瓦解。1644年赢得皇位的满族部落，也逃不出这一规律。从第七位统治者嘉庆皇帝的统治时期(1796—1820)开始，衰落就变得日益明显。不幸的是，大清王朝的衰竭，与世界上其他地区在科学和机器文明影响下的繁荣兴旺，正好是同一时期。17世纪后半叶，中国依然与欧洲处于同一水平，荷兰人被赶出台湾，以及俄国人在雅克萨受挫，都说明了这一点。1820至1850年间，中国突然发现自己已经落后了几百年。跟正在扩张的欧洲比起来，中国如今成了一个蛮荒未化的国家，不过，因为福音传教和商业拓展，这个国家依然存在着无限的可能性。

欧洲人对中国的第一场战争，是大英帝国在1840年发动的。这场战争是由于中国官方不愿意接受一种能最便利地维持贸易平衡的日用品——鸦片——而激起的，所以被称为"鸦片战争"。10年后，太平天国革命爆发。大约15年的时间，这场内战把华中地区蹂躏得一片狼藉，几乎标志着大清帝国的末日。这场革命的失败，似乎有三个主要原因：首先，是领导者们的腐化堕落，这导致内部纷争，致使没能实施改革。其次，是士大夫反对一个有着反儒意识形态的军事政权(太平军的"天王"得到了基督教教义的启示并声称是耶稣基督的兄弟)。最后，是英国和法国在1860年占领北京并获得了事实上等于是废除中国主权的媾和条款之后，便腾出手来，帮助清政府镇压叛乱者。

从1860年起，直到1912年最终退位，清王朝一直只是一个已经破产并缓慢瓦解的帝国有名无实的统治者，交替地受到入侵和造反的威胁。随着西方列强工业化进程的加速，入侵的危险也就越来越大，但也因为列强之间的竞争而被减弱。造反的危险主要在于衰落时期惯有的地方自治的增长，但在接近世纪之交的时候，也发展出了一股相当可观的改革情绪的浪潮。清王朝拒绝接受"西化者"们的计划，而是鼓励所谓的"义和拳"的兴起，结果无果而终。它最终被外国列强的军队所镇压，紧接着就是拖延得太久的改革措施的出台。1912年，清王朝逊位，让位给有名无实的民国政府，它事实上是处在地方军阀的控制之下。与此同时，整个东北（满洲）却任由俄国和日本在你争我夺，而其他列强则在这个国家的不同地区占据着各自的"势力范围"。

假如中国依然保持着与世隔绝的状态，那么一位能干的将领就可能会建立起一个新的王朝，继承清朝的大统。但是，西方的力量和西方的理念正在侵蚀传统的政治观念。史无前例的物质因素和意识形态因素进入了这场权力的角逐，帝制的大厦终于坍塌。

【注释】

[1] 原注：苏利埃·德·莫朗《耶稣会士在中国的史诗》（*L'épopée des jésuites en Chine*）。

英译者注：格鲁塞所讲的这个关于董小宛与顺治皇帝的故事长期以来被人们所接受，但俞平伯等人的研究表明，这只是一个历史传说。事实上，这位贵妃与董小宛是两个不同的女人。董小宛是一位美丽迷人、多才多艺的歌女，后来成了一位中国学者的小妾，并在很年轻的时候就死了。巧的是，在皇帝的年龄大到能够欣赏她的魅力之前，她就已经死了。而这位贵妃则是一位满人将领的女儿。她的家族姓"董鄂"，与董小宛是同一个"董"字，这明显足以让某位作家相信，那位风流浪漫的歌女事实上就是这位浪漫的贵妃。据记载，贵妃的随从也不是被屠杀的，而是自杀的，后来也有这样的事例。

[2] 原注：《红楼梦》的基本主题是一次热烈恋情的受挫和一个贵胄世家的衰落。长期以来人们觉得它表现了某些真实事件，需要大量冗长而详尽的注释。是胡适把人们从这一泥沼中解救了出来，他通过认真细致的研究，证实了第一章里有一个简单明了的暗示：这个故事是自传性质的。这一发现，解决了大多数历史人物的"影射"，而这正是注释家们煞费苦心地想要揭示的。

[3] 原注：张诚及其他耶稣会士给我们留下了许多关于康熙皇帝的逸闻趣事。下面就是一个例子：有一天，康熙在御花园骑马的时候，突然瞥见身边的一位官员，康熙知道此人曾向一位求他办事的人勒索了两万两银子。皇帝对这位官员说："牵住缰绳，领我绕场一周。"他们刚一回到原地，皇帝便下了马。"这是你的辛苦费。"皇帝说着，给了他一两银子。"现在，"皇帝补充道，"轮到你了。上马！"对方不得不照他说的做，皇帝牵住缰绳，领着他同样走了一圈，说："现在该你付钱了。我应该比你多多少呢？"这位官员结结巴巴地说："无……无……无限。"皇帝简单地回答道："就让我们按照两万倍算吧。你欠我两万两银子。"这位官员不得不乖乖地付钱。

[4] 原注：耶稣会士的对头们指控他们组织了一个秘密社团，对皇帝下咒。

[5] 张诚(Jean Francois Gerbillon，1654—1707)，字实斋，法国人，耶稣会传教士。

[6] 原注：最大的危险是俄罗斯人与西蒙古人结成联盟。

[7] 南怀仁(Ferdinand Verbiest，1623—1688)，比利时人，耶稣会传教士，1658年来华。

[8] 原注：对中国臣民来说，接受外国统治者(教皇)的命令被认为是错误的(也是危险的)。

[9] 郎世宁(Giuseppe Castiglione，1688—1766)，意大利人，耶稣会传教士，1715年来华，成为清初最重要的宫廷画家。书中关于郎世宁的卒年有误。

[10] 语出法国作家伏尔泰。1750年代，英法两国为争夺加拿大而兵戎相见，伏尔泰称，这根本就是"为了争几亩雪地而打仗"。

[11] 作者这里介绍得并不准确，事实上，圆明园是由三组园林建筑群所组成的，即：圆明园、长春园和万春园(后改名绮春园)。

[12] "鸦片战争"实质上是英帝国主义试图向中国倾销和走私鸦片引起的，展现了当时大英帝国的全球贸易战略，并非只是为了贸易平衡那么简单。——译者注

译 后 记

在我的印象里，就地域而言，西方近代考古和史学研究的热点也有一个明显的"东渐"过程。这个过程从地中海及周边地区开始(这也难怪，这里是欧洲文明的摇篮)，然后逐渐东进，至埃及、土耳其、两河流域、波斯、印度次大陆、中亚腹地，一直到远东。19世纪末和20世纪初，斯文·赫定(Sven Hedin)、斯坦因(Sir Aurel Stein)、伯希和(Paul Pelliot)等人在亚洲腹地和中国西北部所进行的考察与探险，都曾是轰动当时欧洲学界的大事，一时间，对这一地区的历史文化研究蔚然成风。法国研究东方文化的泰斗勒内·格鲁塞就是在这一知识背景下开始了他的学术生涯，其学术旨趣受这一风气的影响也就不足为怪了。

格鲁塞1885年出生于法国中南部小城格勒诺贝尔，是小说家司汤达的老乡。从蒙彼利埃大学历史系毕业后，格鲁塞进入法国美术部，从此开始了他辉煌的学术生涯。第一次世界大战期间，他曾在法国军中效力。1925年，被任命为巴黎吉美博物馆副馆长(1933年起担任馆长)和《亚洲杂志》(*Journal Asiatique*)的秘书。到第二次世界大战爆发的时候，格鲁塞已经出版了几部研究亚洲史和东方文化的重要著作：《亚洲史》(*Histoire de l'Asie*, 1922)、《沿着佛陀的足迹》(*Sur les Traces de Bouddha*, 1929)、《东方的文明》(*Les Civilisations de l'Orient*, 1929-30)和《草原帝国》(*L'Empire des Steppes*, 1939)。二战期间，维希政府解除了格鲁塞的馆长之职，但他并没有就此停止研究，在此期间出版了三部研究中国和蒙古的重要著作：《蒙古帝国》(*L'Empire Mongol*, 1941)、《中国史》(*Histoire de la Chine*, 1942)和《世界的征服者》(*Le Conquérant du Monde*, 1944)。法国解放后，格鲁塞的馆长职务得以恢复，并于1946年被推选为法兰西学院院士。1952年，格鲁塞在巴黎去世。

吉美博物馆是法国乃至整个欧洲收藏亚洲艺术品及文献的重镇，格鲁塞长期担任该馆的掌门人，可谓是近水楼台，获益匪浅。有意思的是，跟斯坦因、伯希和这些注重田野调查的研究者不同，格鲁塞几乎一辈子都是关在书斋里做案头研究的，他甚至从未踏入过中国国门，仅有一次利用开会的机会在日本有过短暂逗留。这样埋首书斋的学术大师其实不乏其人，人类学的泰斗级人物弗雷泽便是。跟弗雷泽堪有一比的是，格鲁塞的著作也有非常强的文学性与可读性，没有丝毫学术八股的味道，这也是他的书深受普通读者欢迎的原因之一吧。

本书的英文版本有一个较长的书名《华夏帝国的崛起与辉煌》(*The Rise and Splendour of the Chinese Empire*)，我们的中译本所依据的，便是这个版本。跟通常意义上的"通史"相比，这本《伟大的历史》有其鲜明的特色。首先，格鲁塞的研究方向主要是东方文化和艺术，这一学术旨趣在本书的侧重点上表现得很明显，单是从他把宋徽宗单列一章，就能看出作者的偏好。其次，这部作品的着墨，明显是重西北、轻东南，这与我们上面提到的学术风气显然是一脉相承的。而且，就西方所收藏的中国文献和古物来说，也是西北重于东南。不过并不能将此视为作品的不足。至少在我看来，一部带有作者鲜明个性、有偏好、有侧重的著作，总比四平八稳的所谓"通史"要有趣得多。

译者深知自己的学识根基甚是浅陋，翻译这样一部书，一个最大的困难便是引文的查对。有一点必须说明的是：书中所引中文文献，绝大多数我都查找并注明了原始出处，但仍有极少数引文没有找到出处。这里可能有两个原因，一是译者的闻见有限，读书不广，这自然是不消说的。但也还有另一种可能，因为作者不懂汉语，所以他的引文都是辗转引自其他西文著述，由此我猜想，其中有些引文可能是引自他人的转述，这样自然就有些出入。因此，有几处这样的引文就只好据原文意译，读者当中倘有博学君子，肯不吝教正，译者自然是欢喜雀跃，不胜感谢了。